U0603689

中国社会科学院创新工程学术出版资助项目

中东黄皮书
YELLOW BOOK OF
THE MIDDLE EAST

中东发展报告 *No.17*
（2014~2015）

ANNUAL REPORT ON DEVELOPMENT IN THE MIDDLE EAST
No.17 (2014-2015)

低油价及其对中东的影响
Low Oil Prices and the Impact on the Middle East

主 编／杨 光
副主编／陈 沫

社会科学文献出版社
SOCIAL SCIENCES ACADEMIC PRESS（CHINA）

图书在版编目（CIP）数据

中东发展报告.17，2014～2015：低油价及其对中东的影响/杨光
主编.—北京：社会科学文献出版社，2015.11
（中东黄皮书）
ISBN 978-7-5097-8027-5

Ⅰ.①中…　Ⅱ.①杨…　Ⅲ.①社会发展-研究报告-中东-2014～
2015②中外关系-研究-中东-2014～2015　　Ⅳ.①D737.069
②D822.337

中国版本图书馆 CIP 数据核字（2015）第 208937 号

中东黄皮书
中东发展报告 NO.17（2014~2015）
低油价及其对中东的影响

主　　编/杨　光
副 主 编/陈　沫

出 版 人/谢寿光
项目统筹/祝得彬　高明秀
责任编辑/王晓卿　于占杰　何晋东

出　　版/社会科学文献出版社·全球与地区问题出版中心（010）59367004
　　　　　地址：北京市北三环中路甲29号院华龙大厦　邮编：100029
　　　　　网址：www.ssap.com.cn
发　　行/市场营销中心（010）59367081　59367090
　　　　　读者服务中心（010）59367028
印　　装/北京季蜂印刷有限公司

规　　格/开　本：787mm×1092mm　1/16
　　　　　印　张：19.75　字　数：329千字
版　　次/2015年11月第1版　2015年11月第1次印刷
书　　号/ISBN 978-7-5097-8027-5
定　　价/89.00元

皮书序列号/B-1998-004

中东黄皮书编委会

主　编　杨　光

编审组　（按汉语拼音排序）

安春英　陈　沫　成　红　唐志超　王林聪

邢厚媛　杨　光

主编简介

杨　光　先后就读于北京外国语学校、法国巴黎政治学院、中国社会科学院研究生院，研究生学历。现任中国社会科学院西亚非洲研究所所长、研究员，中国社会科学院研究生院西亚非洲研究系主任、教授、博士研究生导师，中国社会科学院海湾研究中心理事长，兼任中国中东学会会长。主要研究经济发展问题、能源安全问题、中国与西亚非洲国家关系问题。

摘　要

本年度的《中东发展报告》以"低油价及其对中东的影响"为研究专题，论述了国际油价下跌这一中东国家自 2014 年以来共同面临的重大发展环境变化的原因和前景，及其对中东经济和地缘政治可能产生的影响，着重对石油输出国组织的地位和作用、沙特阿拉伯的市场行为、中东金融市场的变化，以及伊朗核问题谈判的前景，进行了专题分析。

专题报告认为，本轮油价下跌的原因既包括国际石油市场供求关系的变化，也包括世界和地区大国的地缘政治博弈。本轮油价下跌将不会是一个短期的现象，而很可能是一个持续数年的低油价周期的开始。尽管中东国家有石油输出国和非石油输出国之分，但低油价的持续对于中东经济带来的消极影响可能大于积极影响，欧洲经济持续低迷造成的中东国家出口市场不景气，将在很大程度上冲销油价下降对中东石油进口国带来的进口成本下降红利。低油价对于中东地区的地缘政治也会产生影响，特别是对伊朗核问题的谈判会产生推动作用，但不会改变中东地缘政治格局的多极化趋势。

本报告回顾和分析了一年多以来中东地区政治局势的新发展，重点揭示了中东地区局势乱中有治的特征。一方面，围绕"伊斯兰国"的出现和扩张，以及也门危机的爆发，论述了中东地区局势动乱的新热点；另一方面，围绕一批国家顺利举行大选和实现政权交接，分析介绍了埃及、沙特阿拉伯、突尼斯、土耳其、阿富汗等国家新一届领导人的国家治理方略，特别介绍了一些曾经遭受"阿拉伯之春"运动冲击的国家逐步实现由乱到治的进程。

本报告还回顾和分析了一年多来中东地区市场的发展趋势，着重介绍了中东国家的货物贸易市场、建筑工程承包市场和投资市场的新变化；介绍了近年国内外中东研究学科的新进展，整理了中东地区的大事记，为跟踪中东地区的市场变化和中东研究学科的研究前沿，提供了全面扎实的信息。

关键词：中东经济　中东政治　中东市场　中东学科　石油价格　伊斯兰国

目 录

Ⅳ　市场走向

Ⅴ　资料文献

皮书数据库阅读使用指南

主 报 告

Main Report

Y.1

低油价及其对中东经济
和地缘政治的影响

杨 光[*]

摘　要： 2014 年下半年以来，国际石油价格出现暴跌。油价急剧变化
的表面原因既有市场供求关系的变化，也有中东地缘政治形
势的影响；而深层原因却是一场相关方面的战略利益博弈。
这种博弈可能使国际石油市场进入一个长达数年的低油价新
周期。低油价周期的持续，给中东经济带来的负面影响可能
大于正面影响，对于伊朗核问题谈判产生推动作用，但不会
改变中东地区多极化的地缘政治格局。

关键词： 油价　中东　地缘政治

* 杨光，中国社会科学院西亚非洲研究所所长、研究员，中国社会科学院海湾研究中心主任，
主要从事西亚非洲地区经济发展和能源安全问题研究。

国际石油价格自从 2008 年达到顶点以后，随着国际金融危机的爆发和中东地缘政治局势缓和而开始逐渐下降。但其真正跳水式的暴跌始于 2014 年的第三季度。以欧佩克一揽子原油参考价为例，其月平均价位在 2008 年 7 月上升到每桶 131 美元以上的顶点后开始逐渐下降，并且在起伏之中下降到 2014 年 6 月的每桶 108 美元。然而从这时以来，油价走势急转直下，下跌速度加快，2015 年 1 月已跌至每桶 44.38 美元。[①] 如今的油价，只及 2008 年时的1/3。不仅名义石油价格下跌，而且按固定汇率计算的实际石油价格也下跌明显。按照 2013 年美元固定价格计算，英国布伦特原油的价格在 20 世纪 70 年代末和 80 年代初的高油价周期与 2008 年和新世纪第一个十年结束前后的高油价周期，都曾达到每桶 100 美元以上的水平，但到 2015 年 1 月中旬已经下降到不足每桶 50 美元（按 2015 年时价计算），这一水平大致相当于上一次低油价周期中 20 世纪 80 年代中期的水平。[②] 关于国际油价的下跌，特别是 2014 年以来的暴跌，人们固然关心其原因所在，但更关心其究竟会持续多久及其可能带来的影响。

一　油价下跌的表面原因

造成国际油价下跌的原因是国际石油市场的基本面发生的变化，主要是石油生产供大于求局面的出现，但也有地缘政治因素的影响。

从石油需求方面来看，石油需求一向与经济增长速度呈正相关的关系。2008 年以来发生的国际金融危机，严重影响了世界经济的增长，导致国际石油需求长期不振。多年来，遭受金融危机冲击的美国经济复苏缓慢，日本经济长期不振，欧洲经济长期不见复苏势头，世界石油需求的增长放慢。在世界经济增长较快的 2004～2007 年这 3 年之中，世界石油需求从平均每日8250 万桶增加到 8590 万桶，一共增加了每日 340 万桶；而在 2011～2014 年这 3 年中，世界石油需求量仅从每日 8810 万桶增加到 9120 万桶，总共增加

---

① OPEC, *Monthly Oil Market Reports*, August 2008, p. 5; July 2014, p. 5; February 2015, p. 5.
② 关于按照 2013 年美元不变价格计算的油价，参见 BP, *Statistical Review of World Energy*, June 2014, p. 15 图表。

了每日 310 万桶。[1] 2014 年 10 月到 2015 年 1 月，国际货币基金组织等机构一再调低世界经济增长率，特别是对世界石油需求增长曾经发挥至关重要作用的中国经济从多年高速增长转入中高速增长的新常态，更是使长期低迷的世界石油需求雪上加霜，使国际市场对近期石油需求的预期进一步下降。

如果说从石油需求方面来看，变化还不是特别剧烈，那么从石油供给方面来看，问题就比较严重了。近年来国际石油供给出现的最大变化是，随着加拿大的油砂和美国的页岩油等非常规石油勘探开发的进程加快，美国和加拿大成为中东产油国在国际石油市场上的强有力竞争者。通过 2004 ~ 2008 年和 2011 ~ 2014 年两个时期的对比可以看到，前一个时期世界石油需求的增长还主要依靠欧佩克增加供给来满足，包括加拿大和美国在内的非欧佩克石油产量仅从每日 4840 万桶增加到 4940 万桶，供应能力只提高了每日 100 万桶，世界石油市场增加的需求大部分需要依靠欧佩克增产供给。而在后一个时期情况已经完全不同，非欧佩克的供给能力显著提高，供应量从每日 5240 万桶增加到 5620 万桶，提高幅度达到每日 380 万桶，[2] 甚至超过了同期世界石油需求的增量。近年的非欧佩克石油产能的增量几乎全部来自北美的美国和加拿大。2011 ~ 2014 年，美国的石油产量从每日生产 900 万桶增加到 1280 万桶，增量达每日 380 万桶；加拿大的同期产量从每日 350 万桶增加到 420 万桶，增加每日 70 万桶。在这一时期，全世界的石油供应量从每日 8760 万桶增加到 9210 万桶，增量为每日 450 万桶，几乎全部来自于这两个国家，并且远远超过了同期世界石油需求量的增长。[3] 在这种情况下，非欧佩克产油国，特别是美国和加拿大已经不再给欧佩克国家留有任何满足需求增量的空间，而是成为欧佩克国家在国际石油市场上咄咄逼人的市场竞争者。国际石油市场的竞争是而日益激烈，供大于求的局面日益严重。

中东地缘政治因素经常成为影响国际油价的重要因素。在多数情况之下，地区冲突的爆发对于油价的影响是短期的，甚至是短暂的，但如果冲突发生在

---

[1] OPEC, *Monthly Oil Market Reports*, August 2008, p. 53; February 2015, p. 89.

[2] OPEC, *Monthly Oil Market Reports*, August 2008, p. 53; February 2015, p. 89.

[3] OPEC, *Monthly Oil Market Reports*, February 2015, p. 92.

石油主产区或主要运输通道且持续时间较长，也会给油价造成明显的上升压力，甚至产生周期性影响。这种情况曾经出现在20年代70年代末到80年代初，当时苏联入侵阿富汗并逼近海湾石油输出国，接着发生了伊朗和伊拉克这两个主要石油输出国之间的两伊战争，结果导致伊朗和伊拉克的石油供应中断，海湾地区的石油供应安全和石油航道安全也受到威胁，这成为第二次石油危机的重要原因。21世纪以来伊朗核问题和伊拉克战争的影响是又一个典型的案例。伊朗核问题自21世纪初爆发以来，美国和以色列多次威胁对伊朗使用武力，伊朗也以频繁的军事演习加以回应，并威胁阻断霍尔木兹海峡的石油运输，这种紧张局势一直持续到2008年美伊开始直接谈判解决核问题。2003年爆发的美国对伊拉克的战争，直接导致了伊拉克石油供应的中断。这些事件对国际石油价格的影响贯穿了21世纪初的整个高油价周期。伊朗核问题危机频发和伊拉克战争的爆发，不仅造成市场恐慌并直接推高油价，而且给国际金融市场提供了炒作油价的机会，成为21世纪以来推高油价的持续性因素。然而，2008年以来伊朗核问题逐渐走上谈判解决轨道，没有再发生危机，对国际油价的影响也明显弱化。谈判的主要方面美国和伊朗都有谈判解决核问题的需要，表示出不放弃谈判的决心，谈判进程始终没有中断并不断产生实质性进展。伊朗核问题相关方面在2015年4月达成解决伊朗核问题的框架性方案，目前正在朝着6月30日以前达成解决伊朗核问题的最终协议努力。随着谈判的进行和进展的取得，美伊双方因核问题发生战争和石油供应中断的风险不断减小，地缘政治因素推高油价的影响力明显减弱。主要石油输出国沙特阿拉伯在2015年阿卜杜拉国王去世后顺利完成王位继承，也减少了人们对沙特阿拉伯在继承问题上可能发生动乱的担忧。中东地区虽然仍然有"伊斯兰国"势力扩张、叙利亚问题危机、利比亚和南苏丹局势动荡及石油供应中断等动乱因素，但这些因素对于石油主要产区海湾地区尚未构成直接威胁，暂时不至于引起对石油供应中断的担忧。利比亚和南苏丹虽然都是产油国，因国内动乱而造成一定数量的石油供应中断，但这些国家的石油产量不大，只要石油主产区的海湾地区形势总体稳定，这两个国家的石油供应中断还不足以给国际石油市场带来供应不足的现实风险或风险预期。在海湾地区地缘政治形势基本稳定的情况下，国际石油价格所含的战争和动乱"升水"因此大为减少，这也是造成国际油价下跌的重要原因。

二　低油价背后的利益角逐

在国际油价变化的利益相关方之间，其实存在着激烈的战略利益的博弈。这些战略利益的博弈才是低油价周期背后的深层原因。

在国际石油供大于求的情况下，石油输出国，特别是以美国和加拿大为代表的非欧佩克产油国与以沙特阿拉伯为代表的欧佩克产油国，出于各自的战略考虑，都不愿意限制产量和促进油价的回升。美国的石油产量在继续上升，预计 2015 年可达每日 1360 万桶；沙特阿拉伯则继续把产量维持在每日 960 万桶左右的水平。[①] 市场竞争的白热化，实际背后是双方战略利益的图谋与角逐。低油价尽管在短期内会使美国和沙特阿拉伯在石油收入上遭受一些损失，但是从长远来看，会给双方带来重要的战略收益。因此，双方都没有抬高石油价格的迫切需要。

从美国方面来说，其在低油价情况下的收益是显而易见的。首先，美国目前仍然是一个严重依赖石油能源的国家，2012 年石油在美国初级能源结构中占比高达 40%，美国的石油消费总量多达 8.73 亿吨。[②] 美国的经济复苏进程仍然需要低能源成本支持，因此国际石油价格走低总体上对于美国经济利大于弊。其次，目前的油价水平尽管下降，但还是不能阻止美国追求能源独立的步伐。美国从 20 世纪 70 年代尼克松总统执政时期开始，长期追求能源独立的战略目标。21 世纪以来页岩油和页岩气的大量开发，使美国的能源独立步伐大大加快。2014 年，美国的石油自给能力已经达到 66.2%。[③] 目前的国际低油价虽然可能在一定程度上制约开发成本相对较高的页岩油生产，但远不足以中止美国能源独立的步伐。美国页岩油的边际生产成本固然较高，但各油田因生产条件不同，其成本也不尽相同。有分析认为，美国页岩油主流的盈亏平衡点在50 美元/桶左右，生产环节的成本只有 6~8 美元/桶。[④] 最后，从地缘政治角

---

①　OPEC, *Monthly Oil Market Reports*, February 2015, p. 59.

②　IEA, *Statistics, United States*, http://www.iea.org/statistics/statisticssearch/report/? country = USA = &product = balances&year = Select.

③　计算数据来自 OPEC, *Monthly Oil Market Reports*, February 2015, pp. 41, 89。

④　《价格或跌破成本线　美页岩油行业遭遇强力"逆风"》，《中国证券报》2014 年 12 月 12 日，http://www.cs.com.cn/xwzx/cj/201412/t20141212_4588112.html。

度来看，低油价有利于美国对俄罗斯和伊朗等严重依赖石油进口收入的战略对手的遏制和削弱，为其在伊朗核问题和中东热点问题上与这些战略对手的较量中，赢得较多的主动。

从沙特阿拉伯方面来说，其在低油价状态下也有重要的经济和政治收益可图。沙特阿拉伯是世界主要石油资源国，不仅石油资源储量位居世界第一，独占世界探明石油储量的 15.8%，而且其储采比（石油开采年限）也远远高于绝大多数石油输出国，长达 63.2 年。① 更为重要的是，沙特阿拉伯的油田规模大，埋藏浅，压力大，因此生产成本极低，目前的最高生产成本也只有每桶 3 美元。这种资源禀赋的特点，决定了沙特阿拉伯长期石油市场战略的独到之处。其长期市场战略的核心目标是，尽量延长世界对沙特阿拉伯石油依赖的时间。尽管沙特阿拉伯的官员很少公开阐述其石油市场战略，但综观 20 世纪 80 年代以来沙特阿拉伯在石油市场的实际作用可以看出，其石油市场战略奉行两条基本方针。其一是预防沙特阿拉伯的石油市场被其他石油输出国所挤占。在此轮低油价情况下，面对主要来自美国和加拿大石油增产造成的市场份额竞争，沙特阿拉伯为了捍卫市场份额，坚持拒绝单方面减产。沙特阿拉伯石油和矿产资源大臣阿里·纳伊米明确表示，"在非欧佩克成员国原油生产不变的情况下，要求欧佩克成员国减少石油产出是不公平的"，沙特要"捍卫市场份额"。② 其二是预防石油过早地被替代能源所取代。曾长期担任沙特阿拉伯石油和矿产资源大臣的谢赫·亚马尼，面对石油替代能源在高油价刺激下的迅速发展，自 20 世纪 70 年代以来多次向那些主张高油价的石油输出国发出告诫，指出"石器时代的结束并不是因为人们缺少石头，石油时代的结束也将不会是因为人们缺少石油"。③ 他的话深刻反映出沙特阿拉伯对油价过高可能刺激替代能源技术发展的担忧，担心因石油替代能源技术的加速发展，会提前结束世界对石油能源的依赖。因此，从 20 世纪 70 年代以来，沙特阿拉伯就一直在欧佩克中扮演主张较低油价的鸽派角色。为了实现其长期战略目标，沙特阿拉伯的石油政策并不追求在短期之内实现出售每桶石油的收入最大化，而是要发

① BP, *Statistical Review of World Energy*, June 2014, p. 6.

② 国际能源署：《国际油价尚未触碰市场底线》，2015 年 1 月 19 日。

③ 《谢赫·亚马尼预测石油时代结束和油价暴跌》，英国《电讯报》（*Telegraph*）网站，http://www.telegraph.co.uk/，Thursday, 19 February 2015。

挥其拥有世界最低生产成本油田的优势，通过维持较低的石油价格，与生产成本较高的市场竞争者和石油替代能源在市场份额和生存空间上一争高下，同时尽量延长石油时代，防止因追求短期高油价而落入"石器时代"陷阱。这种战略在当前形势下的体现，就是以低油价与美国和加拿大等生产成本较高的页岩油和油砂竞争石油市场份额，以低油价遏制太阳能、风能等替代能源技术的快速发展。

除此之外，防止油价过高以维护世界经济的稳定，进而维持世界石油需求的稳定，也符合沙特阿拉伯的战略利益。沙特阿拉伯不愿意看到油价过高对世界经济造成冲击和衰退，因为沙特阿拉伯是一个对世界经济有巨大依赖性的国家，其拥有的各种海外资产遍布世界各地，特别是美国和西方发达国家。到 2013 年为止，仅沙特阿拉伯官方拥有的海外资产规模就已经达到 6759 亿美元，大约相当于当时沙特阿拉伯全年的国内生产总值。其中相当大一部分是持购买的美国财政部债券。根据美国财政部和联邦储备委员会公布的数据，仅在 2013 年 12 月至 2015 年 6 月，欧佩克国家持有的美国国债（美国财政部债券）数额就从 2383 亿美元增加到 2967 亿美元，[①] 其中绝大多数是沙特阿拉伯持有。除了官方海外资产以外，沙特阿拉伯私人投资海外形成的资产数额巨大，尽管数额不详，但其规模至少超过官方海外资产的 1 倍。因此，如果过高的油价导致美国经济乃至世界经济的衰退，那么沙特阿拉伯海外资产也将遭受巨大损失。这也是沙特阿拉伯长期以来不主张高油价的重要战略考虑之一。

从地缘政治角度来看，低油价现象也是中东地区的一场博弈。长期以来，中东地区油价与地缘政治关系的一般特点是，地缘政治局势的紧张引发或助推高油价，而在这一轮的低油价中，油价成为沙特阿拉伯与地缘政治对手博弈的手段。在当下的中东，伊斯兰教逊尼派与什叶派之间的冲突是地缘政治格局的重要特点之一。以沙特阿拉伯为首的逊尼派和以伊朗为首的什叶派两大教派政治力量，双方在对待叙利亚、巴林、也门等国爆发的动乱，以及对待"伊斯兰国"等问题上，立场相左，相互角力，而双方的实力来源，主要来自沙特阿拉伯和伊朗各自的石油出口收入。中东地缘政治的另外一个特点，是俄罗斯

---

① 美国财政部网站，2015 年 8 月 25 日，http://www.treasury.gov/ticdata/Publish/mfh.txt。

利用叙利亚问题重返中东政治舞台，事实上站在了与沙特阿拉伯对立的立场。而俄罗斯得以重返中东的实力来源，与21世纪以来油价上涨及其石油收入的大幅度增加也有必然的联系。因此，作为对低油价有相对较强承受能力的沙特阿拉伯而言，维持较低的国际油价，对于削弱对手的竞争实力，改善地缘政治力量对比，具有明显的战略利益。尽管沙特阿拉伯方面从未公开宣示有这方面的战略图谋，但伊朗的领导人则公开指责低油价是针对伊朗和俄罗斯设计的政治阴谋。对于地区形势的分析也令人无法排除这样的推断，即低油价背后隐藏着地缘政治博弈的战略考量。

三 新一轮低油价周期

自从20世纪70年代以来，国际油价已经经历了70年代初到80年代初的高油价、80年代初到90年代的低油价和21世纪前8年的高油价三个高低油价轮番出新的周期。这次国际油价下跌究竟是油价的短期波动，还是新一轮低油价周期的开始呢？

根据上述分析，这次低油价能够持续多少时间，主要取决于对两个因素的判断，即取决于对世界经济恢复速度的判断，以及关于美国和沙特阿拉伯对低油价承受能力的判断。

世界经济没有强劲增长的短期前景。根据国际货币基金组织2015年1月发布的《世界经济展望》，预计2014~2015年和2016年世界经济的增长率可恢复到3.5%和3.7%，仅比2013年和2014年的3%略有提高，[1] 而与2007年曾经达到的5.7%的增长速度更是相去甚远。美国尽管出现经济复苏势头，根据国际货币基金组织比较乐观的预计，2015年和2016年经济增长率可从2014年的2.4%恢复到3.6%和3.3%，但欧佩克比较悲观的估计是，2015年美国经济增长速度只能达到2.9%。[2] 而且，美国的国内石油产量也处在高速增长期，预计2015年将再增长每日80万桶，达到每日1364万桶，增幅达6.2%。因此，即便其经济增长会导致石油需求的一定回升，其石油需求增量在很大程

---

① 国际货币基金组织：《世界经济展望》，2015年1月。

② OPEC, *Monthly Oil Market Reports*, February 2015, p. 16.

度上将由国内石油供给。预计美国石油自给能力将在 2015 年进一步提高到 69.1%，对进口石油的需求不会有明显的增加。① 其他主要石油消费国的石油需求增长则很难比金融危机爆发以前更加强劲。从 2014 年起，中国已经从高速经济增长转入中高速经济增长的新常态，国际货币基金组织预测中国的经济增长速度将从 2014 年的 7.4% 下降到 2015 年和 2016 年的 6.8% 和 6.3%，其石油消费需求的增长速度势必随之下降。作为世界第一大石油进口国，中国石油进口需求增长速度下降，将对国际石油市场的总体需求产生比较明显的负面影响。欧洲经济普遍低迷，欧元区债务危机还在向深度发展，恢复经济增长的势头还未有所见。英国经济虽好于其他国家，但英国恰恰不需要石油进口。日本的经济状况在近年内也难有起色，其石油进口负增长的势头恐怕难以逆转，近年很难给世界石油需求的增长带来正能量。国际货币基金组织预测欧元区和日本的经济增长率在 2014 年分别为 0.8% 和 0.1%，而在 2015 年和 2016 年也只能分别达到 1.2%、1.4% 和 0.6%、0.8%。②

因此，从石油消费需求方面来看，并没有大幅度上升的短期前景。根据欧佩克的预测，2015 年与 2014 年相比，世界石油需求的主要增量仍然来自于中国，但同期中国石油需求的增幅也会从每日 40 万桶下降到每日 30 万桶。美国的石油需求有每日 18 万桶的增加。而欧洲和除中国以外的亚太地区的石油需求将分别净减少每日 10 万桶。2015 年的国际石油需求总量为每日 9230 万桶，与 2014 年相比，增长幅度从每日 120 万桶下降到每日 110 万桶。③

相反，国际石油供给的增长势头有可能继续保持。其重要原因在于目前市场供给竞争的两方都仍然有保持现有供给水平的动力。美国保持页岩油和页岩气开发的势头，既可以为美国经济复苏创造有利的油价条件，又能推进能源独立进程，遏制俄罗斯和伊朗等战略对手，其战略性收益可谓一举多得。因此，美国在低油价面前并没有收手的理由。美国继续推动页岩油和页岩气开发的意向相当明显。美国能源部能源信息署 2015 年 1 月 13 日发布的报告说，2014 年 12 月美国原油平均日产量为 920 万桶，2015 年美国原油日产量预计将增长到

---

① 计算数据来自 OPEC, *Monthly Oil Market Reports*, February 2015, pp. 41, 56。
② 计算数据来自 OPEC, *Monthly Oil Market Reports*, February 2015, pp. 41, 56。
③ 计算数据来自 OPEC, *Monthly Oil Market Reports*, February 2015, pp. 41, 89。

930 万桶，2016 年将增长到 950 万桶。2016 年有望成为美国有史以来原油产量第二高的年份。① 沙特阿拉伯出于维护市场份额、遏制替代能源发展、保持世界经济稳定，以及遏制战略对手的长期和短期战略利益，也很难做出减产的选择。值得注意的是，沙特阿拉伯此轮拒绝减产，得到了欧佩克国家，特别是海湾地区石油资源丰富的阿联酋的支持。阿联酋等国在低油价情况下反而增加产量，其利益图谋与沙特阿拉伯颇有相同之处，这就进一步黯淡了欧佩克集体限产的前景。因此，美国和沙特阿拉伯这两个国家出于各自的战略考量和利益权衡，都不会在石油供给竞争中放手。沙特阿拉伯作为单一石油经济国家，其对于低油价的承受能力并不是没有底线。例如，在 20 世纪 90 年代后期国际石油价格下跌到每桶仅有 9 美元（沙特阿拉伯重油）的时候，沙特阿拉伯也曾联合委内瑞拉和伊朗限产促价。但就现在的油价水平而言，距离沙特阿拉伯的承受能力底线尚远。其超低的石油生产成本的优势及其大量海外资产可以发挥的缓冲优势，完全可以使沙特阿拉伯在现有油价水平下至少再坚持数年的时间。值得关注的是，目前有关伊朗核问题的谈判正在取得进展，一旦相关各方达成解决伊朗核问题的全面协议并解除对伊朗的经济制裁，则伊朗的石油出口潜力可能释放出来。伊拉克也制订了雄心勃勃的石油增产计划。两伊石油供给能力的提升，只能使国际石油供应的规模进一步扩大。

根据以上分析，国际石油市场的重新平衡和油价的企稳回升，恐怕不会因国际石油需求明显回升或沙特阿拉伯大幅度减产而实现，而只能是随着国际石油低价格的持续，一些石油生产成本较高的边际生产者部分退出市场而慢慢到来。从表 1 可以看出，最有可能开始退出市场的是边际生产成本较高的一部分欧洲乙醇汽油和生物柴油、巴西的海上油田、俄罗斯的北极油田、加拿大的油砂、美国的高成本页岩油等。就短期而言，由于过剩的石油供给能力还没有完全退出市场，国际油价可能还有一些下降空间。如果伊朗核谈判成功而伊朗增加石油出口，则低油价的持续时间还会进一步延长。综合多方面的判断，预计在 2015 年国际石油价格有可能浮动于每桶 40 美元到 70 美元之间。国际石油市场上的低油价的状况，可能会持续若干年的时间，而不

---

① 国际能源署：《国际油价尚未触碰市场底线》，2015 年 1 月 19 日。

是一种很快就会结束的短期现象。我们应当做好进入新一轮低油价周期的准备。

表 1　世界石油边际生产成本比较

单位：美元/桶

地　点	类　型	边际生产成本	运至主要销售渠道的成本
沙 特 阿 拉 伯	陆地油田	3	4
其他中东国家	陆地油田	14	4
俄 罗 斯	陆地油田	18	12
其他原苏联加盟国	陆地油田	21	12
委内瑞拉和墨西哥	标准油田	32	4
挪 威 和 英 国	北海油田	50	2
美 国	深海油田	57	2
巴 西	乙醇汽油	66	5
巴 西	海上油田	80	2
美 国	页 岩 油	73	12
加 拿 大	油 砂	90	15
欧 洲	乙醇汽油	103	2
欧 洲	生物柴油	110	2
俄 罗 斯	北极油田	120	5

资料来源：转引自《用油价打击俄罗斯　奥巴马很悲壮》，凤凰网，http://news.ifeng.com/a/20141021/42259245_0.shtml，2014 年 10 月 21 日。

四　低油价对中东的影响

（一）对中东经济的影响

国际油价的下跌，对中东国家的经济影响可以说是喜忧参半，对于不同类型的国家，特别是石油输出国和石油净进口国会产生不同的影响，但总体上对于中东地区经济的负面影响大于正面影响，这种影响也可能需要若干年的时间才能更加明显地显现出来。

国际石油价格下跌和低油价的持续，给中东石油输出国的经济蒙上阴影。这类国家对石油收入的依赖程度不尽相同，但严重依赖石油出口单一收入的传统经济结构并没有发生根本性的改变，每年的经济状况与油价水平息息相关。

国际油价水平是每个国家经济发展规划的基本依据。根据国际货币基金组织的测算，如果要满足2015年的财政开支需要，石油出口量大而人口稀少的沙特阿拉伯、阿曼等国家需要油价保持在每桶80美元以上；而人口众多或石油出口能力较低的国家，如也门、利比亚、阿尔及利亚、伊朗等国则需要油价保持在每桶100美元以上。[1] 由于不同石油输出国对国际油价下跌冲击的缓冲能力不同，石油价格下跌对不同石油输出国的影响程度也可能有所不同。海湾合作委员会国家拥有大量的剩余石油收入，这种收入通常以海外存款、债券、海外直接投资等海外资产的形式存在，也常被称为主权财富基金（见表2）。这些国家建立这种海外资产的战略目的之一，就是将其作为应对油价波动的缓冲器。因此，这些国家面对低油价造成的冲击，可以抽回一部分海外资产，暂时弥补国内财政和投资的不足，从而缓冲油价下跌对经济的影响。这样一来，这些国家的经济就有可能承受较长时间的低油价冲击。但对于那些人口众多、财政开支庞大、原本剩余石油收入较少，也没有大量主权财富基金的石油输出国而言，如伊朗、阿尔及利亚、伊拉克、也门等国，油价下跌的负面效果在短期内就会表现得比较明显。

表2 2013年中东主要主权财富基金一览

单位：亿美元

国家	基金名称	成立时间	总额
阿联酋阿布扎比	阿布扎比投资局	1976	7730
阿联酋阿布扎比	国际石油投资公司	1984	653
阿联酋阿布扎比	穆巴达拉发展公司	2002	555
阿联酋迪拜	迪拜投资公司	2006	700
沙特阿拉伯	沙特阿拉伯货币管理局	不详	6759
科威特	科威特投资局	1953	4100
卡塔尔	卡塔尔投资局	2005	1700
阿尔及利亚	阿尔及利亚收入调节基金	2000	772
利比亚	利比亚投资局	2006	600
伊朗	伊朗国家发展基金	2011	586

资料来源：美国主权财富基金研究所，转引自华尔街见闻网，http://wallstreetcn.com/node/83786，2015年3月16日。

---

[1] 国际货币基金组织中东与中亚局：《最新地区经济展望》，2015年1月21日。

2015 年乃至 2016 年国际油价的悲观前景，注定会给中东的石油输出国经济带来显著的负面影响。国际油价下跌在短期内的负面影响主要表现为，石油出口收入减少，以及国际收支顺差和政府财政收入状况恶化。海湾合作委员会国家在 2014 年只有巴林和阿曼出现财政赤字，预计 2015 年除了科威特仍然可能保持财政盈余以外，其他国家都会出现财政赤字。伊朗、伊拉克、也门、阿尔及利亚等国的财政赤字会雪上加霜。如果低油价状况继续发展，则这些国家的经济增长速度也会出现下降。

对于土耳其、摩洛哥、突尼斯城、约旦、黎巴嫩等石油净进口国而言，国际油价下跌无疑是一个利好消息。石油价格的下跌意味着这些国家的进口成本可能有所下降。然而，这类国家的经济并不像海湾国家那样主要受石油单一产品的价格所支配，而是取决于多种因素的影响。作为这些国家的主要货物和劳务出口市场的欧洲国家的经济复苏前景黯淡，将使这些国家的出口难以有显著的增长，出口收入、旅游收入和侨汇收入的增长都将受到限制。这类国家一般依据包括美元和欧元等多种货币在内的货币篮子决定汇率，美国退出量化宽松政策和美元走强，欧元汇率继续疲软，导致这些国家的货币对美元趋于贬值，而对欧元趋于升值，进一步减弱了它们对欧元区国家的货物和服务出口竞争力。因此，对于中东非石油输出国而言，其经济发展的外部条件虽然会因油价下跌而获得一些改善，但不利因素仍然广泛存在。低油价带来的红利在很大程度上会被其他不利因素所冲销。因此，低油价会导致石油净进口国的经济改善，但改善的幅度不会太明显。预计 2015 年石油进口国经济增长率将从 2.5% 提高到 3.8%，仍然处在低增长区间。国际收支经常项目和政府财政赤字会继续存在，但赤字的规模可能略有减少。由于能源补贴等项开支的减少，通货膨胀率可下降到 1 位数范围。[①]

（二）对中东地缘政治的影响

油价的高低一般不能构成影响中东地区格局的决定性因素，但低油价周期的持续，有可能对中东地区的热点问题产生影响。

低油价周期对伊朗核问题的影响最为引人关注。伊朗与美国展开核问题谈判，并且愿意在核问题上做出一些让步，在很大程度上是为了解除经济制裁，

---

① 国际货币基金组织中东与中亚局：《最新地区经济展望》，2015 年 1 月 21 日。

中东黄皮书

特别是为了缓解美国和欧洲在能源和金融方面实施的单方面制裁给伊朗经济造成的严重困难。由于这种制裁的实施，伊朗的石油出口量从 2011 年的平均每日 260 多万桶下降到 2014 年以来的平均每日 140 万桶。用 2014 年头 5 个月与 2015 年头 5 个月相比，由于伊朗重油的国际市场价格从每桶 104.7 美元下降到每桶 52.98 美元，伊朗的石油出口收入也相应下降了一半。石油价格下降加上美国和欧盟对伊朗实施单方面金融制裁，使伊朗不仅石油出口额大幅度下降，而且大量的石油销售款无法收回，从而直接导致政府财政连年赤字、负债累累，通货膨胀多年来高居两位数水平，货币也出现贬值。制裁严重限制了伊朗的经济发展，大量的天然气和石油资源得不到开发利用，人民生活水平受到明显的影响。因此，2013 年鲁哈尼总统执政以来，把推动核问题谈判并以此换取缓解经济制裁作为政府的当务之急，大力予以推动。2014 年以来国际油价的暴跌和伊朗石油收入的急剧减少，进一步加大了伊朗政府以达成核问题协议换取解除制裁的紧迫感。因此，尽管伊朗核问题达成最终协议还存在一些障碍，也不能指望一旦达成协议就实现伊朗与美国的全面和解，但国际油价的下跌无疑进一步增加了伊朗核问题达成最终协议的希望。

低油价周期的持续，也会对俄罗斯在中东地区的作用产生一定的影响。俄罗斯也是一个严重依赖石油和天然气收入的国家。国际油价下跌和乌克兰危机的爆发，以及西方对俄罗斯实施制裁，对于俄罗斯在中东地区的干预能力是一个严峻考验，特别是油价的下跌会使俄罗斯的经济实力受到显著影响。根据俄罗斯中央银行 2015 年 3 月发布的预测，该国因油价下跌，2014 年经济增长已基本陷入停滞（增长率仅为 0.6%），2015 年将出现 3.5%~4% 的负增长，2016 年仍将保持负增长局面。① 原本依照每桶 100 美元油价制定的政府财政预算，② 将出现很大的赤字。俄罗斯原本在中东地区只能发挥非常有限的作用，在经济陷入困难的情况下还有多大的能力投入中东事务，成为一个问号。在这种形势下，美国想控制中东但力不从心，欧洲国家深陷危机自顾不暇，中国也没有实力和愿望在中东地区寻求主导权，中东地区的大国力量对比，仍然是一个多极格局。

① 《俄罗斯预计今年 GDP 增速最低 -4%》，《第一财经日报》2015 年 3 月 16 日。
② 《为什么原油价格对俄罗斯经济至为重要》，中国行业研究网，2015 年 3 月 16 日，http://www.chinairn.com/news/20141112/143547383shtml。

专题报告

Special Report

Y.2

欧佩克在石油市场的
地位与作用

刘 冬*

摘 要： 无论从石油的资源量、产量还是从出口量来看，欧佩克都是
全球最重要的石油供给方集团，且该组织在国际石油市场上
的重要性仍在稳步提升。不过，从组织机制来看，近些年由
于受产量约束机制不断松动，配额遵守率不断下降的影响，
欧佩克的卡特尔属性也在不断弱化。目前，欧佩克国家中，
仍在积极影响国际石油市场的主要是以沙特阿拉伯为首的少
数核心国家。在石油政策方面，欧佩克当前执行的石油政策
旨在维持石油市场"适度"紧张的状态，这一政策虽然无助
于平抑国际油价的短期波动，但对于维持和影响 21 世纪形

---

* 刘冬，经济学博士，中国社会科学院西亚非洲研究所助理研究员、中东研究室副主任，主要
研究理领域为能源经济和中东经济。

成的高油价均衡起到了十分重要的作用。

关键词：　欧佩克　卡特尔　国际油价

一　欧佩克依然是石油市场最为重要的供给集团

欧佩克是由世界上最具影响力的石油出口国组成的石油供给集团，无论按资源量、石油产量还是石油出口量来衡量，该组织在国际石油市场上均占有十分重要的位置。并且，从以上几个指标的变化来看，近十年来，欧佩克在国际石油市场上的重要性不但没有下降，反而在稳步提升。

（一）欧佩克在世界石油市场中占有重要地位

根据 BP 公司的统计数据，如果将委内瑞拉奥里诺科重油、加拿大油砂等非常规石油资源纳入统计，2013 年，欧佩克可探明石油储量总计约为 16.88 亿桶，占到全球可探明石油储量的 71.94%。该年，在全球石油资源最为丰富的 15 个国家中，欧佩克产油国占据 9 个席位，分别是委内瑞拉（第 1 位，2.98 亿桶）、沙特阿拉伯（第 2 位，2.66 亿桶）、伊朗（第 4 位，1.57 亿桶）、伊拉克（第 5 位，1.50 亿桶）、科威特（第 6 位，1.02 亿桶）、阿联酋（第 7 位，0.98 亿桶）、利比亚（第 9 位，0.49 亿桶）、尼日利亚（第 11 位，0.37 亿桶）和卡塔尔（第 13 位，0.25 亿桶）。

按照石油产量计算，2013 年，欧佩克石油总产量约为 8675.37 万桶/日，占到全球石油总产量的 42.45%。该年，全球石油产量最大的 15 个国家中，欧佩克产油国占据 8 个席位，分别是沙特阿拉伯（第 1 位，1152.55 万桶）、阿联酋（第 6 位，364.65 万桶）、伊朗（第 7 位，355.83 万桶）、伊拉克（第 8 位，314.41 万桶）、科威特（第 9 位，312.61 万桶）、委内瑞拉（第 11 位，262.30 万桶）、尼日利亚（第 12 位，232.15 万桶）和卡塔尔（第 14 位，199.51 万桶）。

按照石油出口贸易计算，2013 年，欧佩克石油出口贸易总额为 9952.48 亿美元，占到全球石油出口贸易总额的 59.55%。该年，全球石油出口贸易额最大的 15 个国家中，欧佩克产油国占据 10 个席位，分别是沙特阿拉伯（第 1 位，2911.54 亿美元）、阿联酋（第 3 位，1655.51 亿美元）、伊拉克（第 4 位，876.68 亿美元）、科威特（第 5 位，796.67 亿美元）、尼日利亚（第 7 位，789.53 亿美元）、安哥拉（第 8 位，665.00 亿美元）、委内瑞拉（第 10 位，538.01 亿美元）、伊朗（第 12 位，477.28 亿美元）、卡塔尔（第 13 位，455.51 亿美元）和利比亚（第 15 位，348.84 亿美元）。

（二）欧佩克在国际石油市场上的重要性仍在稳步上升

近十年来，无论在石油储量、石油产量还是石油出口量方面，欧佩克在国际石油市场中的重要性仍在稳步提升（见图 1）。

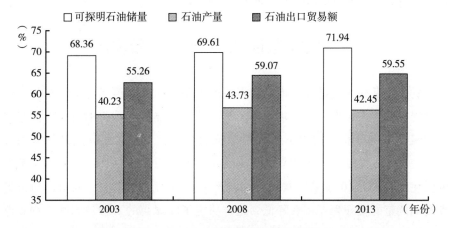

图 1　2003、2008、2013 年欧佩克可探明石油储量、石油产量、石油出口贸易额在国际石油市场所占比重

资料来源：BP, *BP Statistical Review of World Energy*, June 2014, http://www.bp.com/statisticalreview, 2014 - 10 - 1; UNCTAD, http://unctad.org/en/Pages/Statistics.aspx, October 13, 2014, 2015 - 2 - 13。

首先，在石油资源量方面，2003 年，欧佩克可探明石油储量为 13.34 亿桶，占到该年全球石油总储量的 68.36%；2008 年，欧佩克石油可探明石油储量上升至 14.72 亿桶，在全球石油资源总量中占比上升至 69.61%；2013 年，欧佩克可探明石油储量进一步上升至 16.88 亿桶，在全球石油资源总量中占比也进一步提升至 71.94%。

其次，在石油产量方面，2003 年，欧佩克石油总产量为 7763.89 万桶/日，占该年全球石油总产量的 40.23%；2008 年，欧佩克石油总产量达到 8295.48 万桶/日，在全球石油总产量中占比也进一步上升至 43.73%；2013 年，欧佩克石油总产量上升至 8675.37 万桶/日，但受北美地区石油产量快速增长的影响，其在全球石油总产量中占比略微压低至 42.45%。

最后，在石油出口贸易方面，2003 年，欧佩克石油出口贸易额总计为 2284.16 亿美元，占全球石油出口贸易总额的 55.26%；2008 年，欧佩克石油出口贸易总额达到 9101.94 亿美元，在全球石油出口贸易总额中占比提升至 59.07%；2013 年，欧佩克石油出口贸易额进一步提升至 9952.48 亿美元，其在全球石油出口贸易总额中占比也进一步提升至 59.55%。

二　欧佩克的卡特尔属性不断弱化

欧佩克是一个通过划分市场获得垄断价格的卡特尔组织，该组织主要是通过配额调整来影响石油供求平衡，进而达到影响国际油价的目的。配额制是欧佩克作为石油卡特尔影响国际油价的主要工具。因此，配额制是否完善、是否有效也就成为决定欧佩克卡特尔属性的重要依据。从欧佩克配额制的变化来看，近 10 年来，欧佩克的配额制度逐渐变得松散，成员国对欧佩克配额调整的遵守程度也在降低，这也决定了欧佩克的卡特尔属性正在不断弱化。

（一）欧佩克产量约束机制不断弱化

欧佩克成立于 1960 年，但直到 1973 年"石油禁运"之后，欧佩克产油国才开始执行独立的石油政策。从欧佩克政策的实践来看，该组织逐渐从一个价格卡特尔调整成为一个产量卡特尔。1982 年 4 月，欧佩克正式实行配额制，这也标志着欧佩克开始成为一个通过划分市场影响产品价格的产量卡特尔组织。不过，配额制建立之初，价格政策依然居于欧佩克石油政策的主导地位。直到 1986 年底，欧佩克废除了以沙特阿拉伯 34°轻油为基准的标价与差价体系，并正式启用包含有 7 种原油价格的一揽子"目标油价"制度，欧佩克才正式成为一个产量卡特尔组织。① 产量卡特尔想要影响产品的销售价格，必须严格限制组织的产量或者销售量，而这又涉及卡特尔总产量在成员之间的分配问题，而欧佩克解决这一问题的机制便是其配额制。

自 1982 年 4 月正式启动以来，欧佩克的配额制度经历了一个不断弱化的过程。从配额制正式实施到 2007 年 10 月，虽然一直备受超产问题的困扰，但欧佩克的配额制还比较完善。在这期间，欧佩克部长级会议每次对组织配额进行调整时，都会明确欧佩克成员的具体配额数，也就是明确规定每一个欧佩克成员应该生产多少石油，2006 年 10 月召开的欧佩克协商会议和 2006 年 12 月召开的欧佩克第 143 次特别会议尽管没有规定欧佩克成员国的具体配额产量，但也都明确规定了欧佩克成员国配额的具体调整幅度。②

不过，从 2007 年 9 月召开的欧佩克第 145 次会议开始，该组织的配额制度却开始变得松散，主要表现在两个方面：（1）不再明确每个成员国的具体配额任务；（2）欧佩克配额调整的间隔时间变长。从 2007 年 11 月开始，欧佩克分配给成员国的配额任务变得模糊起来，2007 年 9 月召开的欧佩克第 145 次会议虽然做出从 2007 年 11 月 1 日开始增产 50 万桶的决定，但没有明确每个成员国的具体产量或是具体的产量调整幅度。这也是自 1982 年 4 月欧佩克建立配额制后首次出现这样的情况，这一状况此后也没有得到改善，从 2007 年 11 月到 2015 年 4 月底，除 2008 年 12 月召开的第 150 次特别会议，欧佩克都只是公布组织的总体配额，不再明确每个成员国的配额任务。

除此之外，欧佩克配额体系的松散还表现在欧佩克配额调整频率的降低上。自 2007 年 11 月开始，欧佩克调整组织配额的频率亦开始下降，特别是从 2009 年 1 月到 2015 年 4 月底，整整六年半的时间里，面对纷繁复杂的市场变化，欧佩克始终未对组织配额做出实际性调整，仅在 2012 年 1 月将伊拉克的

---

① 这一价格综合 7 种原油价格的算术平均值，其中包括 6 种欧佩克主要原油，分别是阿尔及利亚 44.1°撒哈拉布兰德原油、印度尼西亚 33.9°米纳斯原油、尼日利亚 32.47°博尼轻油、沙特阿拉伯 34.2°轻油、阿联酋 32.4°迪拜原油、委内瑞拉 32.47°提亚瓜纳原油，以及墨西哥 32.8°伊斯玛斯原油。

② OPEC, *Annual Statistical Bulletin 2014*, Vienna：OPEC, 2014, pp. 7 – 12.

产量纳入欧佩克总体配额之中。①

因此，从欧佩克配额制的变化来看，欧佩克对成员国的产量约束机制经历了一个不断弱化的过程，目前，欧佩克几乎不存在任何约束成员国石油生产行为的组织机制，欧佩克成员国的产量政策已具有高度独立性。

（二）欧佩克政策的执行力开始弱化

在欧佩克的产量约束机制不断弱化的同时，欧佩克政策的执行力，也就是欧佩克成员国对组织配额的遵守率也在不断降低。虽然备受超产问题的困扰，但在历史上，为应对特定市场冲击，欧佩克成员国在产量方面采取了较一致的协同行动。例如，20世纪80年代初期到80年代中期，在欧佩克实施"限产保价"战略期间，绝大多数欧佩克成员国都在产量方面做出了巨大牺牲。而在世纪之交（1999年4月至2000年3月），欧佩克采取的减产促价行动也得到了大多数欧佩克成员国在产量方面的配合。

表1　欧佩克配额调整幅度与欧佩克、非欧佩克国家产量调整幅度的对比

单位：%

配额生效时间	欧佩克配额调整幅度	欧佩克产量变动幅度	欧佩克核心成员国产量变动	其他欧佩克成员国产量变动	非欧佩克产量变动
2003年2月	6.52	13.67	11.37	16.54	0.43
2003年6月	3.67	-3.59	-7.26	0.57	1.10
2003年11月	-3.54	1.64	1.36	1.93	1.87
2004年4月	-4.08	0.29	0.42	0.16	-0.48
2004年7月	8.51	0.59	0.62	0.56	-1.83
2004年8月	1.96	0.03	0.49	-0.48	-1.77
2004年11月	3.85	0.01	0.00	0.02	-0.80
2005年4月	1.85	-0.04	-0.34	0.29	0.94
2005年7月	1.82	0.41	1.03	-0.25	-0.83
2006年11月	-0.94	-1.70	-1.78	-1.63	-0.24
2007年2月	-1.90	-1.33	-1.31	-1.36	0.60
2007年11月	5.63	1.53	2.13	0.90	-0.76
2008年1月	2.06	0.22	1.40	-0.85	0.31

---

① OPEC, *Annual Statistical Bulletin 2014*, Vienna：OPEC, 2014, pp. 7–12.

续表

配额生效时间	欧佩克配额调整幅度	欧佩克产量变动幅度	欧佩克核心成员国产量变动	其他欧佩克成员国产量变动	非欧佩克产量变动
2008 年 10 月	−2.92	−2.42	−4.98	−0.04	4.02
2008 年 11 月	−5.21	−4.57	−7.61	−1.77	0.90
2009 年 1 月	−9.02	−3.36	−5.47	−1.54	1.03

注：2003 年至 2008 年 1 月数据不涉及安哥拉、伊拉克；2008 年 10 月至 2009 年 1 月数据不涉及伊拉克；欧佩克核心成员国包括沙特阿拉伯、科威特、阿联酋；配额调整幅度是指当前生效配额数相较于未调整前配额数的变化值；产量变化幅度是指配额生效后一月产量较配额生效前一月产量的变动。

资料来源：OPEC，*Annual Statistical Bulletin 2014*，Vienna：OPEC，2014；EIA，*International Energy Statistics*，http：//www. eia. gov/cfapps/ipdbproject/IEDIndex3. cfm，2015 − 5 − 14。

但是，从 2004 年下半年开始，欧佩克的配额遵守率开始不断下降。表 1 所示是欧佩克配额调整幅度与欧佩克、非欧佩克国家产量调整幅度的对比。从表 1 可以看到，2003 年 2 月开始，欧佩克总共对其配额做出过 16 次调整，从这 16 次配额调整的效果来看，2003 年 6 月至 2005 年 7 月间，欧佩克成员国的配额遵守率非常低，在这期间，欧佩克对组织配额进行调整时，成员国实际产量的调整方向与欧佩克配额的调整方向经常背道而驰。2006 年 11 月至 2007 年 2 月是欧佩克产量协调程度最高的一段时期，无论是欧佩克核心国家，还是欧佩克普通产油国，其配额遵守率都十分高。但是，从 2007 年 11 月开始，普通欧佩克产油国配额遵守率开始下降，欧佩克配额遵守率的提升主要是依靠沙特阿拉伯等欧佩克核心国家的产量调整来实现的。

三　欧佩克石油政策偏重产量，力图维持石油供求"适度"紧张

欧佩克的石油政策一般会涉及价格和产量两个方面。进入 21 世纪以后，面对石油需求的迅速增加和国际油价的快速攀升，欧佩克的价格政策暂时退出历史舞台，而欧佩克的产量政策则主要集中于维护石油供求"适度"紧张的状态。

（一）欧佩克油价政策退出历史舞台

如同产量约束机制一样，欧佩克的价格约束机制同样经历了一个不断弱化

的过程。1973 年"石油禁运"之后，欧佩克最先设立的是以固定油价为目标的、严格的"基准油价与差价体系"（20 世纪 70 年代中期到 80 年代中期）。1986 年"价格战"之后，欧佩克石油政策的重心虽然转向了产量调整，但该组织仍然设定了用于指导成员国产量调整的、以 7 原油平均价为标志的欧佩克"一揽子"油价。

不过，进入 21 世纪以后，国际石油市场开始朝有利于卖方的方向发展，在需求的拉动下，国际油价从 2003 年开始进入上升通道，到 2004 年，欧佩克平均油价高达 36 美元/桶，较欧佩克当时设立的 22 ~ 28 美元/桶价格带上限还要高出 8 美元/桶。在市场的压力下，欧佩克于 2005 年 1 月举行的第 134 次会议上正式宣布，欧佩克将放弃"不现实"的价格带政策。① 欧佩克的这一决定也就标志着该组织正式放弃了油价目标。

（二）欧佩克的产量政策旨在维持石油供求"适度"紧张

在欧佩克油价政策退出历史舞台后不久，欧佩克的配额制也开始变得松散起来，一方面是配额遵守率的下降，另一方面是配额制的不断松动。欧佩克配额制的松动和卡特尔属性的弱化，并不意味着欧佩克的产量政策如同油价政策一样退出了历史舞台。在产量政策方面，2005 年以后，欧佩克多次提出"合理"的剩余产能是欧佩克总产量的 10% 或是 15%，即 300 万 ~ 600 万桶/日的石油产量。这一产量调节能力虽然能应对一般性的石油供应中断，但 300 万桶/日的剩余产能下限在应对严重的供应中断时会显得捉襟见肘。因此，2005 年以后，欧佩克石油政策的核心便是要将国际石油供求维持在"适度"紧张的状态。从欧佩克政策的实践来看，2005 年以后，沙特阿拉伯、科威特和阿联酋三国在欧佩克中的作用日益凸显，这些国家实际上在产量和产能方面担负起国际石油市场"机动产油国"的角色。

1. 欧佩克的产量调整

首先，在产量调整方面，虽然通过产量调整平抑油价波动依然是欧佩克产量政策的重要内容，但在 2005 年以后，在国际石油市场不存在出现结构性产能过剩风险的市场环境下，沙特阿拉伯等欧佩克核心国家对国际油价下跌的干预程度要远远高于对国际油价上涨的干预。欧佩克产量政策的这一变化，从欧

① OPEC, *OPEC Bulletin*, February 2005, Vol. XXXVI, No. 2, pp. 4 – 14.

佩克配额调整幅度与配额调整后产量变化率的对比中很好地表现出来。从两者的对比来看，近些年，在宣布配额削减后，欧佩克实际产量往往会出现较大幅度的下调，而这主要是依靠沙特阿拉伯等欧佩克核心的超额减产来实现的。例如，2008 年 10 月，欧佩克将组织配额下调了 2.92%，配额生效后，欧佩克实际产量下降了 2.42%，而欧佩克核心国家的实际产量降幅高达 4.98%；又如，2008 年 11 月，欧佩克将组织配额下调了 5.21%，配额生效后，欧佩克实际产量下降了 4.57%，其中，欧佩克核心国家的实际产量降幅高达 7.61%。不过，与配额下调时期相比，当欧佩克做出上调组织配额的决定时，欧佩克实际产能做出的调整幅度要低出很多。例如，2007 年 11 月，欧佩克将组织配额上调了 5.53%，而欧佩克实际产量仅增长了 1.53%，欧佩克核心国家的实际产量增幅也仅为 2.13%；又如，2008 年 1 月，欧佩克将组织配额上调了 2.06%，配额生效后，欧佩克实际产量仅增长了 0.22%，其中，欧佩克核心国家实际产量增幅为 1.40%，其他欧佩克国家的实际产量反而有所下降。

欧佩克产量波动出现上述这一变化，主要是因为 21 世纪以后，国际市场经常处于一种供求"适度"紧张的状态，面对国际油价的短期上扬，欧佩克核心国家用于阻抑国际油价的剩余产能并不多，受制于捉襟见肘的剩余产能，欧佩克实际上很难在石油产量上做出大幅度的调整。

其次，由于 2003 年以后，欧佩克石油政策的重心已经变为维持石油供求"适度"紧张的状态。在国际石油市场可能会出现结构性产能过剩的情况下，为了重新将石油供求推回到"适度"紧张的状态，面对国际油价的持续下滑，欧佩克也不一定会为支撑油价而去削减石油产量。例如，2014 年第三季度，国际货币基金组织接连多次下调转型与发展中国家的经济增长预期。转型与发展中石油消费大国经济增长不确定性的增加导致受市场出现结构性产能过剩的风险迅速增大。在这一背景下，2014 年 9 月开始，国际油价开始步入快速下跌的通道，截至 2015 年 3 月 17 日，北海布伦特油价已从 2014 年 9 月初的每桶 100 美元左右降至 52.17 美元，WTI 油价亦从 2014 年 9 月初的每桶 95 美元左右降至 43.39 美元。[①] 面对国际油价的断崖式下跌，欧佩克却执行了"不作

---

① EIA, *Spot Prices*, 2015 - 1 - 14, http：//www.eia.gov/dnav/pet/pet_ pri_ spt_ s1_ d.htm, 2015 - 1 - 15.

为"的产量政策，始终都未下调欧佩克的市场配额，任由国际油价走出自由落体式的下跌过程。而且，在 2015 年 3 月，当国际油价跌入到谷底之时，沙特阿拉伯作为欧佩克核心国家的领袖，并没有像 2008 年金融危机期间那样，为支撑油价大幅削减石油产量，反而将其产量上调至 1010 万桶/日以上，接近于该国历史最高产量。①

2. 欧佩克的产能调整

进入 2000 年以后，欧佩克石油政策的重心是要维持国际石油市场供求"适度"紧张，而"适度"紧张策略的执行，必然要涉及产能调整。在产能调整方面，普通欧佩克国家与欧佩克核心国家存在着巨大差异，普通欧佩克产油国与经济严重依赖石油出口收入的非欧佩克产油国一样，其在产能调整上遵循目标收益的规则，也就是说，如果这些国家资金需求较大，便会为获得更多石油出口收入扩充石油产能；反之，则会满足于现状，放弃石油产能的进一步提升。与普通欧佩克产油国不同，沙特阿拉伯等欧佩克核心国家产能调整的目的则是主动影响国际石油供求，让石油市场维持在"适度"紧张的状态，而从其石油政策的实践来看，欧佩克核心国家主要会在以下两种市场环境下做出扩张上游产能的决定，或是对外宣布大规模的产能扩张计划。

（1）为避免国际石油市场出现产能不足。例如，2003 年美国发动的伊拉克战争结束后，受制于战后混乱，伊拉克石油产量生产并未像预期中的那样很快恢复。面对石油市场可能会出现的产能不足，沙特阿拉伯等国均宣布要实施新的石油上游投资项目。2005 年 4 月，阿联酋阿布哈比国家石油公司（ADNOC）与埃克森美孚签署了合作开发上扎库姆地块的战略合作协议，其中埃克森美孚公司占股 28%。② 科威特也于 2005 年开始通过"优惠回购合同"的方式吸引外资投入该国的上游业务。③ 2005 年 4 月初沙特阿拉伯石油和矿业大臣阿里·纳伊米对外宣布，未来 15 年，沙特阿拉伯的石油可探明储量将会增加 2000 亿桶，达到 4610 亿桶。④ 而此后，面对伊拉克安全局势的恢复和

---

① *MEES*, Vol. 58, No. 15, 10 April, 2015, p. 13.

② Oil & Gas Directory, "Research Profile: United Arab Emirates," *Oil & Gas Directory Middle East – 2009*, 2009, http://oilandgasdirectory.com/2009/research/UAE.pdf, 2011 – 9 – 22.

③ 王基铭主编《国外大石油石化公司经济发展战略研究》，中国石化出版社，2007，第 87 页。

④ 刘明：《新形势下的沙特阿拉伯石油战略》，《亚非纵横》2005 年第 4 期，第 15 页。

石油产量的迅速提高，以及金融危机后世界经济发展和石油需求增长的不确定性，沙特阿拉伯等国才又相继取消或延缓了计划实施的一些上游投资项目。

（2）面对国际石油市场结构性产能过剩风险加大的情况，通过实施或宣布实施产能扩张计划来降低市场的油价预期，威慑国际石油公司对高成本油田的投资，将石油市场存在的"过剩"投资挤出市场。例如，2009年下半年，面对转型与发展中国家经济不确定性增加，国际石油市场出现结构性产能过剩的风险不断增大的市场环境。阿联酋、科威特两个增产潜力有限的欧佩克核心国家均逆市宣布了大规模石油产能扩张计划。2014年9月，就在国际油价刚刚步入下跌通道之初，阿联酋能源部长便向外宣布，阿联酋计划于2017年将石油产量由目前的300万桶/日提高到350万桶/日。2014年10月，科威特石油部长亦向外宣布，科威特计划于2020年将石油产能由目前的300万桶/日提升至400万桶/日。①

四　欧佩克的油价影响力

欧佩克对国际油价的影响可以分为短期影响和长期影响。虽然在短期，欧佩克执行的维持市场"适度"紧张的政策并无助于平抑国际油价的短期波动。但在长期，这一政策对于维持和影响21世纪形成的高油价均衡发挥了十分重要的作用。

（一）欧佩克仍无力平抑国际油价短期波动

在短期，石油供给和需求都十分缺乏弹性，石油供给、石油需求的略微变化都会带来石油价格的大幅波动。而包括石油工人罢工、战争、动乱、飓风等自然灾害等带来的供给冲击，以及经济波动带来的需求冲击又几乎是国际石油市场的常态，频繁受到供给、需求冲击影响的国际油价，也就不可避免地陷入

---

①　中华人民共和国驻科威特经商处：《油价下跌不会影响科威特石油产量计划》，中华人民共和国驻科威特经商处网站，http://kw.mofcom.gov.cn/article/jmxw/201410/20141000764746.shtml，2015-2-28。

频繁的短期波动之中。

　　虽然在欧佩克石油政策中，平抑油价短期波动占据十分明显的位置，但20世纪80年代中期，欧佩克放弃固定价格的策略，也就是放弃以沙特阿拉伯34°轻油为基准油价的严格的差价体系，将其石油政策的重心移向产量调整之后，欧佩克想要平抑国际油价的短期波动几乎已不可能。欧佩克配额制之所以难以平抑国际油价的短期波动，主要是因为影响油价短期波动的各种因素往往具有突发性，面对这些冲击，欧佩克若想抑制住国际油价的波动，就必须在产量方面做出迅速调整，及时让国际石油供求重新恢复平衡，即当特定石油产区发展供应中断时，欧佩克必须及时增加产量，抑制国际油价的迅速上涨；反之，面对经济危机带来的需求下滑，欧佩克必须及时削减产量，以及抑制住国际油价的下跌。但是，欧佩克的石油政策却存在认识时滞、决策时滞和行动时滞问题。欧佩克判断石油市场是否已陷入失衡状态需要时间，用于成员国商讨政策的欧佩克会议的召开需要时间，欧佩克配额制定后成员国调整本国石油产量也需要时间。由于欧佩克石油政策发挥效果存在时滞，石油市场出现的供给或需求冲击将会不可避免地带来国际石油供求的暂时失衡，进而带来国际油价的短期剧烈波动。

　　而且，近些年来，由于欧佩克执行了维持市场"适度"紧张的策略，国际油价短期波动的幅度较以前还有所扩大。这主要是因为欧佩克维持市场"适度"紧张策略的核心是维持较小规模的剩余产能，当石油市场出现超出预期的需求快速上涨或是由于战争、动乱等因素，特定石油产区的石油生产出现意外中断，欧佩克剩余产能将很快被吞噬，而剩余产能又是石油市场参与者衡量石油市场供求紧张状况的标杆。欧佩克剩余产能下降后，国际石油市场将会陷入现实性的供求紧张状态，由于油价预期提高，市场参与者将会加大对与石油相关的金融衍生品的投入，从而在短时间内将国际油价推入到偏离供求基本面的短期暴涨通道。

　　此外，在国际石油市场可能出现结构性产能过剩时，出于维持石油供求"适度"紧张的目的，欧佩克将会采取竞争性策略，通过释放剩余产能来压低油价，打击国际石油公司对高成本油田的投资活动。而欧佩克采取的这一策略，必然会加剧石油市场供过于求的程度，从而在短期内给国际油价施加更大的下行压力。

（二）欧佩克有能力对国际油价长周期波动施加影响

虽然在油价影响力方面，欧佩克不但难以平抑国际油价的短期波动，其执行的维持市场"适度"紧张的策略还有可能会加重国际油价短期波动的幅度，但判断欧佩克是否具备影响国际油价的能力，不应将目光仅仅局限于国际油价的短期波动上。这是因为，与其他市场垄断者一样，欧佩克建立的最终目的是要获得垄断高价，而非左右国际油价的短期波动。因此，判断欧佩克是否具备油价影响力的重要标准就是要看该组织是否能够将国际油价长期维持在垄断高位。

从国际油价波动的历史来看，石油市场存在着稳定的高油价均衡与低油价均衡的交替。而从国际油价长周期波动的原理来看，需求快速增长时期积累的过剩产能往往是将国际油价从高位均衡推入到低位均衡的重要原因。正是因为意识到这一点，进入 21 世纪以后，欧佩克才会执行维持供求"适度"紧张的石油政策。在高油价下，为避免国际石油公司的投资活动给市场带来"过剩"产能，欧佩克特别是以沙特阿拉伯为代表的欧佩克核心国家不但放弃了对国际油价的坚定支持，每当国际石油市场出现结构性产能过剩的迹象时，还会向外界宣布扩张上游产能的决定，以此降低市场参与者对高油价的预期，打击国际石油投资行为，降低石油市场出现结构性产能过剩的风险。作为世界上最优等石油资源的所有者，欧佩克发出的威慑也在一定程度上影响了石油公司的投资行为。对于国际石油公司而言，成本低廉的欧佩克原油进入市场，是其经营活动中不能忽视的重要风险。因此，进入 21 世纪以后，面对石油投资成本不断上升而石油需求缓慢增长的市场环境，国际石油公司的上游投资活动也一直保持谨慎。高油价并没有带来常规石油资源的投资繁荣，反而催生出具有快进快出特点，能够让石油公司短期内获益的，以"页岩油"为代表的致密油资源的开发"革命"。

不过，欧佩克维持下的高油价均衡看似稳定，实际十分脆弱，任何可能带来国际石油市场结构性产能过剩的因素都会对当前的高油价均衡构成威胁，其中，最大的威胁便是发展中石油消费大国经济减速带来的全球石油需求增幅的持续下滑，而这也是国际石油市场上正在发生的事情。由于产量调节能力存在限制，欧佩克核心国家几乎很难阻止这一威胁变为事实。不过，这也并不意味

着沙特阿拉伯等国只能在危机面前"坐以待毙"。国际石油市场存在的结构性产能过剩是导致国际油价从高位均衡滑落到低位均衡的重要原因,因此,产能过剩的严重程度也就决定了低油价均衡的持续时间。所以,对于欧佩克核心国家而言,即便是不能阻止低油价均衡的来临,也要在"危机"真的到来前,将尽可能多的过剩投资挤出市场,以此缩短低油价均衡的持续时间。这也就是为什么在 2014 年第三季度开始的国际油价"断崖式"下跌过程中,欧佩克核心国家并没有像 2008 年金融危机发生后那样,为支撑油价大幅削减石油产量,反而是执行了"不作为"的石油政策,始终都不减产,任由国际油价走出"自由落体"式的下跌轨迹,而且,"不差钱"的科威特和阿联酋两国还逆市宣布了产量扩张计划。欧佩克核心国家此举的目的就是要向市场表明承担低油价的意愿和决心,通过降低市场对高油价的预期来打击国际石油投资行为,最大限度地挤出国际石油市场存在的过剩投资,以此避免低油价均衡的来临或是尽力缩短低油价均衡的持续时间。

由于卡特尔的价格影响力主要体现在对垄断高价的维持上,而 21 世纪高油价均衡的维持又与欧佩克执行的石油政策密切相关。因此,欧佩克并非国际石油市场的一般性参与者,而是具有一定垄断力量的产油国集团。但是,欧佩克影响国际石油市场依靠的主要是产能调节能力,在欧佩克中,只有沙特阿拉伯等少数几个国家具备主动调节石油产量和产能的意愿与能力,而其他国家则与非欧佩克产油国一样,更多的是在遵循目标收益的规则。因此,严格来讲,能够主动影响国际油价长周期波动的并非是欧佩克,而是以沙特阿拉伯为首的少数欧佩克核心国家。

透视沙特阿拉伯的市场行为

陈 沫*

摘 要： 沙特阿拉伯在 2014 年以来的低油价时期，不顾要求其减产促价的呼声，坚持不对国际石油价格进行干预，反而采取强势应对的市场行为，继续保持高产态势。这种市场行为实际符合沙特阿拉伯的战略利益，即最大限度地维持沙特阿拉伯的国际石油市场份额利益，确保其在石油市场上的主要地位。沙特阿拉伯拥有巨额国际储备和主权财富基金以及强大的偿债能力，使它对一段时间内的石油收入减少具有较强的承受能力，能够为实现这一长远的战略利益，在较长时期内应对低油价的冲击。

关键词： 沙特阿拉伯 低油价 市场行为

2014 年以来，由于世界经济增长乏力，国际石油市场供应充沛，需求不足，加上受到美国页岩油等非常规石油勘探开发进展的推动，国际石油价格迅速下跌，欧佩克一揽子原油价格从 2014 年 6 月 14 日的 108 美元/桶一路下滑，到 2015 年 1 月 15 日已跌到 44 美元/桶。①

石油价格的大幅度下跌对以石油收入为财政收入主要来源的产油国经济产生严重冲击，按说欧佩克应当采取限产保价或限产促价的措施，维护石油收入的利益，然而，在欧佩克中具有决定性影响力的沙特阿拉伯在此轮低油价周期

---

* 陈沫，中国社会科学院西亚非洲研究所副研究员，中国社会科学院海湾研究中心秘书长，主要研究能源问题及中东经济。

① OPEC, *OPEC Basket Price*, http：//www.opec.org/opec _ web/en/data _ graphs40.htm, 2015 – 4 – 3.

的市场行为并非如此。它不顾国际上要求沙特阿拉伯减产保价的呼声，任凭石油价格一路走低，始终维持石油高产的水平，拒绝限产促价。其实，沙特阿拉伯的这种在低油价周期的市场行为符合其战略利益。这个战略利益就是沙特阿拉伯合理地利用国际石油市场价格的变化以维持其在石油市场上的主要地位，与那些试图与其争夺市场份额的竞争对手一争高下。

一 依赖石油收入不等于依赖高油价

沙特阿拉伯拒绝限产促价，并不是不在意石油收入的减少，相反，沙特阿拉伯是一个严重依赖石油收入的国家。然而，对于石油资源数量巨大的沙特阿拉伯而言，依赖石油收入并不等于依赖高油价，而是出于具有更加全面的市场战略考虑。

（一）严重依赖石油收入

石油收入是沙特阿拉伯经济社会发展、政治稳定和国家安全的基础。长期以来，虽然沙特阿拉伯努力推行经济多样化战略，非石油工业取得了较大的发展，对石油收入的依赖有所下降，但总体来看，石油工业仍一直是沙特阿拉伯经济发展的支柱产业，也是主要的出口收入和财政收入来源，石油收入占其国内生产总值的45%以上和财政收入的70%以上。① 所以，石油价格的变化对沙特阿拉伯有着举足轻重的影响。沙特阿拉伯的石油产量与出口量在一定程度上也影响着世界石油市场价格。2003～2013年，沙特阿拉伯石油产量浮动在世界总产量的11.7%～13.4%。② 沙特阿拉伯实行经济多样化战略的重要基础也基于石油工业的发展，石油工业对沙特阿拉伯石化、钢铁、建筑材料、食品加工、机械、化学和金属制造等工业部门，以及农业和服务业的发展都具有重要的作用。因此，沙特阿拉伯国家经济安全的重要保障来自于石油出口收入的稳定。

高额的石油收入也是沙特阿拉伯政府用于社会稳定的重要经济来源。巨额

① EIU, *Country Report：Saudi Arabia*, April 2015, pp. 8, 9.
② BP, *Statistical Review of World Energy*, June 2014, p. 10.

的石油收入不仅为沙特阿拉伯推行高福利政策奠定了雄厚基础，而且也成为沙特阿拉伯应对社会变革或局势紧张时可以利用的重要手段。2010 年开始爆发的"阿拉伯之春"运动，也曾经在沙特阿拉伯引起一定的反响。当时的国王阿卜杜拉迅速稳定了局势，其中向国民发出总额达 1300 亿美元的福利红包，①就是稳定局势的重要举措之一。萨勒曼国王在 2015 年 2 月登基时向民众发放总值达 210 亿英镑的福利红包，相当于 300 万国家公职人员，包括军人、学生、退休老人在内，每人领取两个月工资的金额。②

沙特阿拉伯一直以来试图维持地区大国地位，维持国家军事安全所依赖的资金基本上来源于石油收入。沙特阿拉伯的国家安全开支，不仅限于大量购置军火，加强自身的国防力量，而且延伸到维护本国在中东地区的安全利益。无论是在支持巴勒斯坦的问题上，还是在 1991 年海湾战争中支持联军收复被伊拉克入侵的科威特，或是 2003 年支持推翻伊拉克前总统萨达姆的战争，沙特阿拉伯的财力支持都发挥过重要作用。如今，"伊斯兰国"的崛起威胁到沙特阿拉伯的安全，"伊斯兰国"的头目多次声称要进军沙特阿拉伯，攻占麦加，使得沙特阿拉伯不得不在与伊拉克交界处修建上千公里的防护墙作为防御工事；面对"伊斯兰国"日益对中东地区稳定产生的威胁，沙特阿拉伯与其他GCC 成员国、埃及、约旦和伊拉克等国联合组建反"伊斯兰国"联盟。这些重大军事和安全行动所需的巨额资金，无不依赖于石油收入的支撑。

（二）追求适度的油价水平

然而，对沙特阿拉伯来说，高度依赖石油收入并不等于只能通过高油价来实现。相反，如果油价过高，其对于沙特阿拉伯长期石油收入稳定所带来的负面影响可能远远超过高油价的短期收益。油价过高会阻碍世界经济的增长，从而导致石油需求的下降；会促进替代能源的开发和加快生产，从而导致市场对石油的需求不可逆转地加快减少；也会导致高成本的石油供应竞争对手获得进入国际石油市场的机会。当然，如果国际油价过低，或者低油价持续时间过长，超过沙特阿拉伯所能承受的底线，沙特阿拉伯也必须做出反应。因此，对

---

① http：//baike. baidu. com/view/5489723. htm，2015 - 4 - 5.

② http：//www. people. com. cn/viewarticle_ 886700. html，2015 - 4 - 5.

于拥有巨额石油资源的沙特阿拉伯来说，面对国际石油市场的风云变幻，往往必须在短期的高油价收益与长远的市场需求和市场份额利益之间做出权衡，追求合适的油价水平。每逢油价下跌就限产促价，并不是从沙特阿拉伯的石油安全考虑的必然逻辑。

反观过去 40 多年沙特阿拉伯的市场行为，就会清楚地看到这一点。事实上，与其他欧佩克成员国相比，沙特阿拉伯一贯不追求高油价，而是通过产量和产能的调节并利用油价的变化追求其利益的最大化。20 世纪 70 年代的高油价刺激了替代能源的开发和节能技术的发展，非欧佩克高成本油田的开发，以及西方国家为预防石油危机建立的相对充足的石油储备，致使世界石油市场严重供过于求，油价大幅下跌，以沙特阿拉伯为首的欧佩克的市场份额迅速下降。沙特阿拉伯虽然参与了欧佩克国家的减产促价行动，但是在欧佩克讨论价格目标的时候，它所主张的目标价格都明显低于欧佩克中的鹰派国家。

20 世纪 80 年代中期，随着减产保价战略的实施，欧佩克市场份额逐步被非欧佩克大量占有，丧失了国际石油市场的主要地位。为了夺回市场主要地位，以沙特阿拉伯为首的欧佩克选择了收回市场份额的战略，与非欧佩克展开了价格战，力图通过低价格竞争，将一部分高石油生产成本的非欧佩克石油输出国挤出国际石油市场。虽然在这场价格战中，国际石油价格因此降低到每桶 10 美元，应该说包括沙特阿拉伯在内的欧佩克石油输出国在石油收入方面都蒙受了巨大的损失，但一批高成本石油供应者被挤出国际市场，替代能源开发的势头受到一定的遏制，欧佩克收回市场份额的努力取得了比较明显的成果。

沙特阿拉伯在价格战后，为收复市场份额和维持世界经济及世界石油需求的稳定，与其他欧佩克成员国一起采取了平衡价格政策，制定了欧佩克一揽子石油参考价格，试图把油价恢复到一个石油输出国和石油进口国都可以接受的适度较低水平。1986 年，欧佩克将一揽子石油价格的目标确定在较低的 18 美元/桶的标准。

1991 年海湾战争的爆发，导致国际石油价格再次出现暴涨。沙特阿拉伯使用了平衡价格政策，与其他欧佩克成员国一起及时采取了扩大生产配额，以及临时全部放开配额管制的措施，通过增加国际石油供应量，迅速缓解了国际石油价格暴涨的局面。

然而，由于多种原因的影响，国际石油价格在海湾战争结束以后再次下跌，特别是 1998 年亚洲金融危机爆发导致世界经济增长的减缓，石油需求严重下降，国际油价一度下跌到 10 美元/桶。长期的油价低迷已经导致石油输出国的财政紧张，沙特阿拉伯甚至在 20 世纪 90 年代中期破天荒地举借了国际债务，当时的低油价已经接近沙特阿拉伯的承受能力底线。为此，1999 年，沙特阿拉伯决定联合伊朗和委内瑞拉等欧佩克主要成员国，开始新一轮的减产促价行动，并且把减产促价的目标确定在每桶 22～28 美元，这在当时被称为欧佩克减产促价行动的目标价格带。欧佩克的这次减产行动得到一些非欧佩克石油输出国的支持和配合，为 21 世纪以来国际油价的回升打下了基础。

2007 年美国次贷危机演化为国际金融危机以后，世界经济受到严重影响，国际石油价格一路下滑。为维护世界经济的稳定，推动油价回升，沙特阿拉伯与欧佩克一起再次采取了减产促价行动，并成功促进了油价的上升。

由此可见，沙特阿拉伯在欧佩克的每次减产和增产中，从来不盲目追求高油价，而是比较强调保持世界经济稳定增长和对石油的长期需求，抑制替代能源的开发和维护市场份额，主张以充分的石油供应和较为低廉的石油价格为手段达到目的。沙特阿拉伯追求适度油价的市场行为是为其长期战略利益服务的。

（三）市场战略成效初现

长期以来，沙特阿拉伯的石油储产量都居世界前列。2013 年，沙特阿拉伯的石油储量为 3.6 亿吨，居世界第二位，占世界总储量的 15.8%，储采比 63.2 年;[①] 产量为 5.4 亿吨，居世界第一位，占世界总产量的 13.1%。[②] 同时，沙特阿拉伯还具有超过其他产油国的剩余石油产能。丰富的石油储量和高居世界首位的产量，决定了沙特阿拉伯若要长期保持石油市场上的重要地位，不仅要防止石油供应的竞争对手进入市场，还要维持世界市场对石油的长期需求。因此，对沙特阿拉伯来说，对油价问题必须有长远的考虑，沙特阿拉伯在一段时期内会把这种不干预的政策坚持下去。

---

① BP, *Statistical Review of World Energy*, June 2014, p. 6.

② BP, *Statistical Review of World Energy*, June 2014, p. 8.

（1）维持市场份额和保障世界经济及石油需求的稳定，是沙特阿拉伯坚持坐观油价下跌而不加干预的战略意图。

面对2014年以来持续下跌的石油价格，沙特阿拉伯若在此刻减产，损失会更大。更高的价格只会刺激竞争对手加大产出，挤压沙特阿拉伯的市场份额，让如前所述20世纪70年代到80年代初的历史教训重演。值得注意的是，国际市场的结构性供应过剩主要来自轻质原油。而这种过剩是由阿尔及利亚、安哥拉、利比亚和尼日利亚的生产所驱动的，并非沙特阿拉伯所为。① 沙特阿拉伯主要生产的原油并非轻质低硫原油，这意味着沙特阿拉伯即便减产，也无助于解决轻质原油过剩的问题。关于这个问题，沙特阿拉伯前石油部长纳伊米（Ali Al-Naimi）在欧佩克2014年11月召开的会议上回答《中东经济调查》记者的提问时做了清楚的阐述。他说："把削减产能作为欧佩克政策不符合成员国的利益。油价降到每桶20美元、40美元或60美元并不重要，欧佩克不减产的战略不仅仅是对当前油价暴跌局面的回应，而且是着眼于未来的决定。让高效率的产油国减产，而让低效率的产油国增产，是不正常的。尽管沙特阿拉伯希望油价高一些，但对于刺激石油需求、促使全球最大石油企业减少开支和勘探活动来说，在一段时期内将油价保持在较低水平是有必要的。"② 据沙特阿拉伯媒体报道："沙特阿拉伯政府内阁会议认为，该国石油政策源于经济基础，旨在从短期和长期两方面维护沙特阿拉伯本国以及生产者和消费者的利益。"③ 纳伊米的言论和沙特阿拉伯政府的考虑，明确表达了沙特阿拉伯希望利用其低油价优势对高成本石油生产国的竞争形成长期制约，以保证沙特阿拉伯及欧佩克的市场份额。

事实上，沙特阿拉伯坚持利用降低油价保护其市场份额的努力已经初见成效。总体上来说，沙特阿拉伯甚至欧佩克的石油生产成本是世界上最低的。欧佩克成员国的平均开采成本在40美元/桶左右，沙特阿拉伯则在4～5美元/桶。④ 而美国页岩油的生产成本则在60美元/桶或以上。低油价的持续对于沙特阿拉伯来说，仅仅意味着盈利的减少，而对于页岩油生产国来说，则意味着

① http：//m. wallstreetcn. com/node/209627，2015 – 04 – 08.
② *MEES*, 19 December 2014, p. 12.
③ http：//sa. mofcom. gov. cn/article/jmxw/201412/20141200817810. shtml，2015 – 04 – 10.
④ http：//wallstreetcn. com/node/212330，2015 – 04 – 29.

有可能因陷入亏损而被挤出市场。全球主要的页岩油产量出自美国，美国尽管在页岩油开采上采取了很多措施降低成本，但页岩油成本仍上升较快。根据美国能源信息署的数据，石油工业在 2000～2012 年的上游成本因钻机、水深和地震等因素上升了 12%；在过去 3 年中，没有一个大型石油项目的盈亏平衡价格低于 80 美元。① 2015 年 1 月 4 日，美国页岩油企业 WBH Energy 宣布破产，也许这只是页岩油企业破产重组的开始。自 2010 年以来，美国能源企业的债务增长了 55%，标普 1500 指数中的能源板块迅速下跌。在这种背景下，北美的页岩油气革命不仅遭到低油价的冲击，还有投资者们的"落井下石"，面临流动性枯竭的挑战。经过这场低油价的寒冬之后，中小页岩油企业将会破产或者被兼并。② 为应对油价下跌，少数美国页岩油生产商和加拿大油砂生产商开始削减资本支出预算，减少在美国北达科他州贝肯油田等地的钻机数。国际能源机构报告显示，较低油价已导致美国运行中的钻井数量锐减 60%，美国页岩油生产已"撑不下去"，"持续多年的连胜纪录明显终止"。③ 这些迹象都表明，低油价对于遏制竞争者进入国际石油市场的预期效果正在显现出来。

对沙特阿拉伯来说，要长期维持石油市场的份额，还需要世界经济的增长和石油需求稳定的保证。有一种观点认为，虽然石油价格下跌确实可以在一定程度上对全球经济复苏产生积极影响，但也会给世界经济带来负面影响。因为，低油价可能加剧全球通货紧缩的风险，而目前包括欧洲、日本在内的很多经济体正面临严峻的通缩风险。低油价造成的通缩，将会给这些经济体带来更大的冲击。2005 年 1 月国际货币基金组织（IMF）将其对 2015 年和 2016 年全球经济增长的预测都下调 0.3 个百分点已充分说明了这一点。④ 通缩可能导致经济增长的减缓及石油需求的严重不足。因此，过低和长期的低油价对沙特阿拉伯维持市场需求的战略利益是不利的。然而，尽管低油价或许是造成通缩的一种可能因素，但不是造成世界经济减缓和通缩的主要原因，低油价对沙特阿拉伯的战略利益和世界经济的利好因素是主要的，这种担心在短期内不会改变沙特阿拉伯利用低油价保护其市场份额的决心和信心。

① http：//www.mofcom.gov.cn/article/i/dxfw/gzzd/201411/20141100782681.shtml，2010－04－29.
② http：//gb.cri.cn/42071/2015/01/12/882s4837027.htm.
③ http：//caijing.chinadaily.com.cn/2015－05/14/content_ 20712728.htm，2015－05－15.
④ http：//world.people.com.cn/n/2015/0120/c157278－26417885.html，2015－04－29.

（2）用石油武器遏制地缘政治对手，也是沙特阿拉伯坚持对国际油价下跌不加干涉的战略考虑。

在中东地区，沙特阿拉伯与伊朗长期以来由于教派不同的冲突，矛盾尖锐且复杂。在叙利亚问题上，伊朗支持沙特阿拉伯的敌对势力巴沙尔政权，更增添了双方的矛盾。俄罗斯在叙利亚问题上也积极支持巴沙尔政权，而且还援助伊朗建立布什尔核反应堆，使沙特阿拉伯产生安全的担忧。因此，削弱伊朗在中东地区的力量，以及阻止俄罗斯插手中东，加强沙特阿拉伯在中东反对派的势力是沙特阿拉伯的战略需要。

2014 年以来的低油价，对同样是以石油收入为经济支柱的伊朗和俄罗斯产生了严重打击，况且，伊朗和俄罗斯受到西方国家的制裁，油价的持续下跌雪上加霜，国家经济遭受重创。对俄罗斯来说，20 世纪 80 年代后期的低油价是导致苏联经济崩溃、民族分裂、国家解体的重要原因之一。近年来，俄罗斯经济仍然过度依赖能源出口，石油出口一直是俄罗斯的经济支柱。因此，油价的下跌对俄罗斯是灾难性的。而对伊朗来说，2014 年伊朗预算收入为 750 亿美元，其中约 400 亿美元来自原油出口，[1] 因此，国际油价下跌对伊朗财政收入影响巨大。沙特阿拉伯对低油价的抗击能力比伊朗和俄罗斯要强，于是，低油价成为沙特阿拉伯可以用来挤压其地缘政治对手伊朗及俄罗斯的武器。因此，保持充分的市场份额，利用低油价遏制对手，赢得石油市场和地区的重要地位是沙特阿拉伯在低油价下采取的合乎自身利益的市场行为。沙特阿拉伯与伊朗和俄罗斯等地缘政治对手的较量还远远未见分晓，沙特阿拉伯以石油价格为手段与对手的博弈，也会继续下去。

二 低油价承受能力远未突破底线

2014 年以来的油价下跌，对沙特阿拉伯经济产生了严重的冲击。沙特阿拉伯依靠长期石油高收入的积累、丰厚的国际储备和所持有巨额的主权财富基金的海外资产，以及较强的举债的能力，在相当一段时期内完全有能力承受低油价的冲击。

---

① EIU, *Country Report: Iran*, April 2015, p. 8.

（一）低油价影响显而易见

的确，作为一个严重依赖石油收入的国家，沙特阿拉伯已经受到国际油价下降的影响。低油价导致的石油收入减少，以石油收入为主要来源的财政收入显著下降，经济增长减缓。2015 年 GDP 增长率从 2014 年的 3.6% 下降到 2.4%；财政收入占 GDP 的比重从 37.7% 下降到 27.2%；财政预算赤字占 GDP 的比重从 1.0% 下降到 -13.4%，[①] 财政预算赤字也是 2010 年以来的第一次出现。

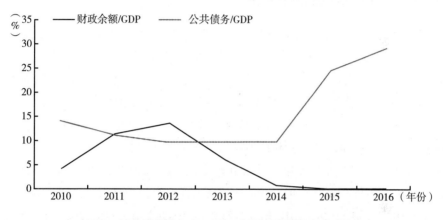

图 1　沙特阿拉伯 2011～2015 年财政预算及公共债务

资料来源：EIU, *Country Report：Saudi Arabia*, April 2015, p. 9.

沙特阿拉伯拥有长期以来依靠高额石油收入的积累，虽然以上经济指标受到低油价的冲击，但沙特阿拉伯的通货膨胀率不高，国际储备仍然居高不下，2015 年虽然有所下降，但预计仍然能保持高位。所以，从总体上看，沙特阿拉伯在一定时期内有足够的能力抵御低油价的冲击。沙特阿拉伯对于继续既定的国际市场战略表现得信心满满。

2015 年 1 月 6 日沙特阿拉伯国家电视台宣读国王阿卜杜拉的讲话稿：作为全球最大的石油出口国，沙特阿拉伯将"以坚定的意志"应对低油价带来的挑战。"你不能对全球石油市场的紧张视而不见……这些都不是新的发展，我们在过去就已经以坚定的意志和智慧处理过……我们将同样会处理这一新状

---

① EIU, *Country Report：Saudi Arabia*, April 2015, p. 9.

况。"① 沙特阿拉伯强势应对低油价的冲击，相信历史的经验及丰厚的石油财富能够支撑其渡过低油价的难关。

沙特阿拉伯前石油部长高级顾问穆罕默德·萨巴赫（Mohammed al-Sabban）称，沙特阿拉伯至少可在八年内成功应对低油价。目前沙特阿拉伯的政策是通过忍受低油价，保卫其当前市场份额。而且，油价越低，越能迫使边际生产者离开市场。沙特阿拉伯"巨大的财政后备"能够应对低油价。②

（二）强大的低油价承受能力

沙特阿拉伯对坚持既定市场战略的信心是建立在其强大的应对能力基础之上的。沙特阿拉伯可以用来应对低油价的手段主要有两个，一是动用国际储备及以主权财富基金形式掌控的海外资产；二是在必要的时候举债。而这两种手段的前提都是沙特阿拉伯长期积累起来的巨额石油美元财富。

如图 2 所示，2002～2008 年，欧佩克一揽子石油价格从 24.36 美元/桶上升为 94.45 美元/桶，使沙特阿拉伯赢得了石油收入迅速增加的 8 年时间。虽然 2008 年受金融危机的影响，油价开始受挫，在 2009 年下降到 61.06 美元/桶，但也与 2006 年基本持平。油价随后又迅速反弹，一路飙升，到 2011 年已上升到 107.46 美元/桶，2012 年达到峰值的 109.45 美元/桶，2013 年小有回落，依然在 105.87 美元/桶。2014 年受世界经济增长乏力，需求不足的影响，油价开始下跌，但仍然保持了 96.29 美元/桶的水平，直到 2015 年 1 月才降到谷底。但此后又呈现出缓慢回升的迹象。③

在油价攀升的同时，沙特阿拉伯的国际储备随石油收入的增加而不断积累。2010 年为 4451.4 亿美元，2011 年为 5410.9 亿美元，2012 年为 6568.8 亿美元，2013 年上升为 7257.3 亿美元，2014 年继续上升为 7323.5 亿美元，2015年虽然受到低油价的影响，国际储备有所减少，但仍预计为 7157.9 亿美元。④

随着沙特阿拉伯国际储备持续增加，国际储备满足进口用汇需要的月份数则基本上处于上升状态，2010 年为 38 个月，2013 年上升为 40 个月，2014 年

---

① http://www.ogedata.com/news/show-3409.html, 2015-04-16.

② http://finance.huanqiu.com/view/2015-01/5448749.html, 2015-04-18.

③ http://www.opec.org/opec_weeb/en/data_graphs/40.htm/.

④ EIU, *Country Report: Saudi Arabia*, April 2015, p.9.

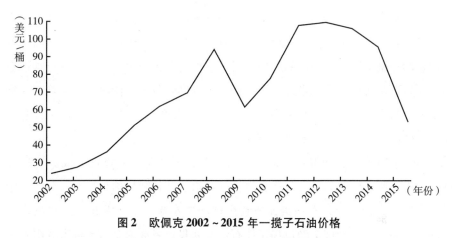

图 2　欧佩克 2002～2015 年一揽子石油价格

资料来源：http：//www. opec. org/opec_ web/en/data_ graphs/40. htm, 2015 – 05 – 21。

随着油价下跌稍有下降，为 37 个月，预计 2015 年会下降为 35 个月（见图 3）。① 沙特阿拉伯充足的国际储备已远远超过国际上公认的国际储备适度量，足以应付短期的外汇资金短缺情况。其在高油价时期积累的外汇，使其在低油价时期拥有了强大的承受力。

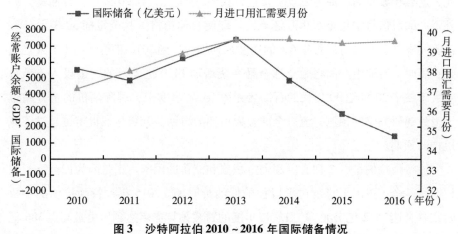

图 3　沙特阿拉伯 2010～2016 年国际储备情况

资料来源：根据 EIU，*Country Report*：*Saudi Arabia*，April 2015，p. 9 数据计算。

---

① 根据 EIU，*Country Report*：*Saudi Arabia*，April 2015，p. 9 数据计算。

沙特阿拉伯的巨额国际储备中，大部分来源于石油美元。对中东产油国来说，巨额石油美元由于国内和地区市场有限，为了获得更高利润而投向西方发达国家的金融市场。产油国的石油美元最终作为资源由央行掌握，央行则把石油美元投资于海外资产以稳定货币，使之免受国际收支平衡波动的影响。沙特阿拉伯央行主要的投资目的是保持稳定性，以现金和长期政府债券（目前主要是美国国债）的形式持有外汇储备。

2002～2008年，随着石油价格不断攀升，石油美元的投资者成为构成全球金融市场巨大转变的最大和增长最快的要素，沙特阿拉伯央行在这一转变中发挥了作用。2006年，石油美元成为全球净资本流的最大源泉，这些收入的大部分又循环流入全球金融市场，使石油美元投资者成为全球金融市场中越来越强大的参与者。麦肯锡全球研究院（MGI）2008年时制作的一个分析模型对石油美元增长的判断显示，以石油价格每桶50美元计算，到2012年石油美元国家的年净资本流出将达到每年3870亿美元。这个总量意味着石油美元将以每天超过10亿美元的速度向全球金融市场注入资本。以石油价格每桶70美元计算，流入全球市场的石油美元将会更多，到2012年会达到每年6280亿美元，这意味着新的石油美元投资接近每天20亿美元，到2012年，石油美元海外资产的总值将增长至6.9万亿美元。即使石油价格下跌至每桶30美元，石油美元海外资产也将以每年6%的速度强劲增长，到2012年达到约4.8万亿美元；届时，石油生产国将为全球金融系统增加1470亿美元的资金投入。该数字大于整个20世纪90年代的石油美元盈余。① 事实上，国际油价的上升超过了麦肯锡研究院的预测，流入全球金融市场的石油美元数量，肯定也超过了该机构的预期。

沙特阿拉伯是一个拥有巨额资金积累和储备的国家。正是因为拥有巨额主权财富基金，该国平稳度过了以往的低油价时期。2015年沙特阿拉伯的主权财富基金达7572亿美元，② 虽然该年度的财政预算赤字达到历史最高点386亿美元，③ 但是与其巨额主权财富基金相比，其实微不足道，依然在可承受范围

① http：//finance. people. com. cn/GB/67543/7038549. html，2015 - 05 - 04.
② http：//www. swfinstitute. org/fund - rankings，2015 - 04 - 28.
③ http：//news. sohu. com/20141226/n407311556. shtml，2015 - 04 - 23.

之内。值得注意的是，上述沙特阿拉伯主权财富基金数额，还只限于沙特阿拉伯政府拥有的持有美国财政部债券的数量，就该国政府和私人持有的海外资产总额而言，要远远超过这个数额，但准确的数额难以判断。仅就沙特阿拉伯在美国的投资情况来看，除了持有美国财政部债券以外，在美投资分布相当广泛，主要包括石油加工业、加油站行业、房地产业、建筑业、新闻出版业、金融行业、零售业、矿产冶炼行业、旅馆饮食业、化妆品行业、农业等领域。例如，沙特阿拉伯曾以18亿美元的价格购得德士古石油公司在美国东部和墨西哥沿岸的3个炼油厂和美国23个州11450个加油站的一半股权。[①] 正是由于沙特阿拉伯持有的海外资产在美国金融市场具有重大的分量，"9·11"事件后，美国政府冻结沙特阿拉伯在美资产，沙特阿拉伯也因此从美国大量撤资，这成为导致纳斯达克指数一路下滑的重要原因之一（见图4）。沙特阿拉伯在美国的海外资产数额之巨大，由此可见一斑。因此，在低油价导致经济发展受挫，需要大量资金支撑时，沙特阿拉伯是可以抽回其海外资产作为补充的。沙特阿拉伯这

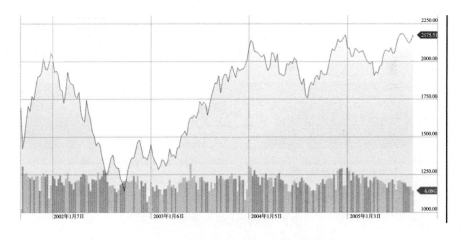

图4　2001～2005年纳斯达克指数变化情况

资料来源：http：//finance. yahoo. com/q/ta？s = ^ixic + interactive# ｛% 22customRangeStart% 22：1000191600,% 22customRangeEnd% 22：1126422000,% 22range% 22：% 22custom% 22,% 22showPrePost% 22：false｝，2015 － 05 － 25。

---

① http：//202. 119. 108. 161：93/modules/showContent. aspx？ title ＝ &Word ＝ &DocGUID ＝ 53e42246ab9145fa9f3e20798d18772f, 2015 － 04 － 13.

种以海外资产形式存在的巨大资金储备使其无须削减公共支出，仍然可以避免经济大幅滑坡。

虽然随着油价的下跌，沙特阿拉伯的外债出现持续上升，但由于具有巨额国际储备和对外贸易长期保持较大的顺差，以及长期稳定的财政收入，沙特阿拉伯的外债偿还能力仍有较强保障。沙特阿拉伯的举债资信不会发生问题。2010 年，沙特阿拉伯外债总额为 850.1 亿美元，占当年 GDP 的 18.9%；2014 年上升为 1679.5 亿美元，占 GDP 的 22.5%；2015 年继续上升到 1755.52 亿美元，占 GDP 的 26.4%；预计 2016 年将上升到 1827.3 亿美元，占 GDP 的 24.4%（见图5）。[①] 2010~2016 年，偿债率为 0.9%~2.3%（见图5），远低于国际警戒线 20% 的水平。现有外债完全处于沙特阿拉伯政府控制范围之内。正是因为具有如此巨额的国际储备和较强的偿债能力，沙特阿拉伯才能够强势应对此轮低油价及其造成的影响。

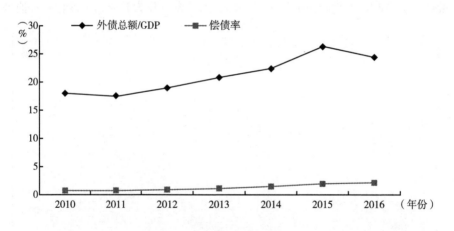

图5　沙特阿拉伯外债情况

资料来源：EIU, *Country Report*：*Saudi Arabia*, April 2015, p.9.

综上所述，沙特阿拉伯在 2014 年以来的低油价中坚持不减产促价的市场行为完全符合其战略利益。这种低油价政策的持续时间则取决于油价距离其可承受的底线有多远。在可承受的范围内则无须减产，而且还能以较低油价阻止

---

① EIU, *Country Report*：*Saudi Arabia*, April 2015, p.9.

替代能源的快速发展，同时利用较低油价遏制其他产油国对市场的争夺，获得理想的市场份额；此外，还能利用较低油价拖垮地缘政治对手。但是，如果低油价持续时间过长，迟迟不能回升，将会对沙特阿拉伯经济产生重大影响，严重消耗其国际储备及海外资产，导致社会的不稳定。长期低油价还将导致中东地区的动荡加剧。在这种情况下，沙特阿拉伯则会改变现行的市场行为，对其石油市场政策进行调整。

Y.4

低油价对中东金融投资市场的影响

姜英梅*

摘　要：由于自然禀赋和经济结构差异，低油价对中东石油出口国和进口国的影响不尽相同。低油价对中东石油出口国和进口国经常账户和财政状况的影响正好相反。低油价导致中东银行部门风险敞口增大，但仍具有较高弹性；低油价对中东股票市场和其他资本市场造成冲击。低油价导致中东 FDI、主权财富基金和项目融资市场出现下滑迹象，但市场前景仍比较乐观。总之，近期来看，低油价对中东金融和投资的影响是可控的，但如果油价持续低迷，中东投资和金融市场前景不容乐观。

关键词：低油价　投资　金融　银行　主权财富基金　FDI

2014 年，全球经济呈现不均衡增长，经济增长率为 3.4%。发达经济体经济复苏，新兴经济体和发展中国家经济增长放缓。然而，新兴市场和发展中国家对全球经济增长的贡献率仍高达 75%。[①] 2014 年中东经济继续呈现差异化发展。大多数石油出口国，尤其是 GCC 国家，经济继续稳定增长，经济基本面和金融部门良性发展，尽管自 2014 年中期以来面临油价大幅下跌的挑战。相比之下，其他石油出口国，主要是伊拉克、利比亚、也门等冲突国家，油价下跌令其经济雪上加霜，遭受人道主义和经济停滞的双重打击。主要石油进口国，尤其是转型国家，如埃及、突尼斯，继续推进经济重建进程，然而，这些

---

* 姜英梅，法学博士，中国社会科学院西亚非洲所副研究员，主要研究领域为中东经济发展问题和中东金融。

① IMF, *World Economic Outlook: Uneven Growth*, April 15, 2015, p.1.

国家正处于政治过渡期,面临艰难的社会条件和严峻挑战。低油价、疲弱的外部需求及强势美元和高利率构成中东经济增长下行风险因素。

低油价对石油出口国和石油进口国的影响并不相同。油价下跌导致石油出口国出口收入和财政盈余减少,并进一步影响政府支出及非石油经济增长。石油进口国则受益于支付的石油进口支出和国内能源补贴减少,从而增加政府及居民可支配收入,降低生产成本,进而促进国内需求增长。然而,如果油价持续低迷,石油进口国的侨汇收入、外国直接投资和外国援助(主要来自 GCC 国家)也将出现下降,从而不利于石油进口国的经济重建。本文将从经常账户和财政状况、银行与资本市场、投资市场这三个方面分析低油价对中东金融投资的影响。

一　低油价对中东经常账户和财政状况的影响

由于中东各国经济及资源禀赋差异性,低油价对中东国家石油出口国和进口国经常账户和财政状况的影响正好相反。

(一)低油价对经常账户的影响

绝大多数中东石油出口国出口收入严重依赖石油出口,约占所有出口收入的2/3。因此,低油价导致中东石油出口国石油出口收入减少,与此同时,非石油出口输入未能弥补增加的进口需求,因而导致经常账户盈余减少。从2014 年 7 月到 2015 年 4 月,石油价格降低了 50% 左右。预计 2015 年平均油价为每桶 58 美元。然而,中东石油出口国大都拥有较高的外部收支平衡油价,科威特外部收支平衡油价最低为每桶 32.9 美元,卡塔尔和阿联酋均为 58 美元左右,沙特阿拉伯为 68.2 美元,其余均大大高于 2015 年平均油价,内乱战火不断的利比亚外部收支平衡油价最高达 167.6 亿美元(见图1)。① 世界银行指出,② 2015 年海湾国家将损失 2150 亿美元的石油收入,约占 2015 年 GDP 的

---

① IMF, *Regional Economic Outlook: Middle East and Central Asia*, Oct. 14, 2014, p. 100.
② World Bank, *Middle East and North Africa Overview*, http://www.worldbank.org/en/region/mena/overview, March 31, 2015.

14%。IMF 2015 年 5 月的中东地区发展报告指出，2015 年 GCC 国家将损失 2870 亿美元（约占 GDP 的 21%）的石油出口收入，非 GCC 国家将损失 900 亿美元（约占 GDP 的 11%）的石油出口收入。①

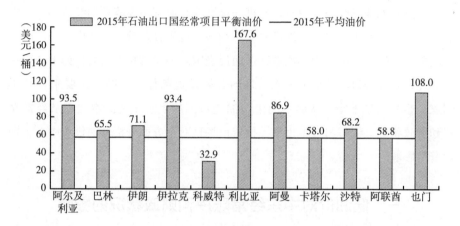

图 1　2015 年中东石油出口国外部收支平衡油价

资料来源：IMF, *Regional Economic Outlook：Middle East and Central Asia*, Oct. 14, 2014, p. 100。

2014 年中东石油出口国经常账户余额从 2013 年的 3396 亿美元降至 2803 亿美元，2015 年甚至出现 220 亿美元赤字。② GCC 经常账户盈余从 2013 年的 3429 亿美元降至 2014 年的 3046 亿美元，2015 年进一步降至 2811 亿美元。非 GCC 石油出口国经常账户盈余从 2013 年的 341 亿美元骤降至 2014 年的 33 亿美元，2015 年甚至出现 8 亿美元赤字，这表明非 GCC 石油出口国经常账户严重依赖石油出口收入。2012 年中东石油出口国外部经常账户盈余占 GDP 的比例达到峰值，为 18.2%，2014 年降至 10%，2015 年进一步降至 -1%。GCC 国家 2012 年经常账户盈余占 GDP 比例为 24.4%，2014 年降至 16.5%，2015 年进一步降至 2.8%（见图 2）。③ 与此同时，中东石油出口国官方总储备能够承担的进口月份从 2013 年的 16.2 个月减少至 2014 年的 15.7 个月，2015 年

① IMF, *Middle East and Central Asia Economic Outlook Update*, May 2015, p. 3.
② IMF, *Middle East and Central Asia Economic Outlook Update*, May 2015, p. 3.
③ IMF, *Middle East and Central Asia Economic Outlook Update*, May 2015, p. 10.

进一步降至14.7个月。其中 GCC 国家官方总储备能够承担的进口月份从2013年的13.9个月小幅上升至2014年的14个月，但2015年随着油价持续低迷又降至13.6个月。非 GCC 石油出口国官方总储备能够承担的进口月份从2013年的22.5个月降至2014年的20.4个月，2015年进一步降至18.1个月。①

低油价降低了中东石油进口国的进口支出，从而缓解了经常账户赤字。中东石油进口国的经常账户赤字从2013年的357亿美元减少至2014年的286亿美元，但由于侨汇、外国援助及外国直接投资减少，2015年中东石油进口国经常账户赤字又将上升至387亿美元。中东石油进口国的官方总储备能够承担的进口月份从2013年的4.9个月小幅上升至2014年的5个月和2015年的5.1个月，表明低油价带来的进口支出持续减少。中东石油进口国经常账户赤字占GDP比例也逐渐从2012年的 -7.2% 上升至2014年的 -5.8%，但2016年又进一步降至 -6%（见图2）。② 2016年中东石油进口国经常账户赤字进一步扩大，除了安全局势、经济发展政策方面的因素，充分说明 GCC 石油美元减少对中东石油进口国的外溢影响。

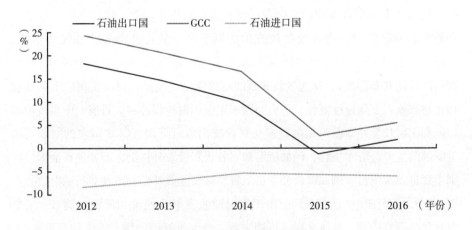

图2　中东国家经常账户余额占 GDP 比例

资料来源：IMF, *Middle East and Central Asia Economic Outlook Update*, May 2015, p. 10。

---

① IMF, *Regional Economic Outlook：Middle East and Central Asia*, Oct. 14, 2014, p. 101.

② IMF, *Middle East and Central Asia Economic Outlook Update*, May 2015, p. 10.

（二）低油价对财政状况的影响

低油价严重影响中东石油出口国的财政状况。2013 年高油价时期，GCC
国家财政盈余占 GDP 比例高达 12.1%，2014 年 GCC 国家财政盈余 760 亿美元
（约占 GDP 的 4.6%），2015 年则变成财政赤字 1130 亿美元（约占 GDP 的
7.9%）。非 GCC 国家财政赤字更大，2014 年财政赤字占 GDP 比例为 4.75%，
2015 年进一步恶化至 9%。[1] 高油价时代的高支出导致财政极易受油价波动影
响。大多数石油出口国在油价超过每桶 60 美元时就无法实现财政收支平衡。
然而，中东绝大多数石油出口国财政收支平衡油价亦高于 2015 年每桶 58 美元
的平均油价。GCC 财政收支平衡价格最低，其中科威特为每桶 54 美元，卡塔
尔为 60 美元，阿联酋为 77.3 美元，沙特为 106 美元（见图 3）。[2] 油价持续下
跌降低了石油出口国的实际收入，因此财政整顿被提上议事日程。2015 年非
石油财政盈余占 GDP 比例计划提高了 2.5%，主要是科威特、阿曼、伊拉克和
利比亚等国非石油经济增长推动的结果。GCC 国家实行盯住美元汇率制度，
在美元升值态势下，经济受油价下跌影响并没有预期的严重。这是因为 GCC
国家拥有较大的财政缓冲和金融资本能够进行渐进式调整，巨额主权财富基金
和较强的金融借贷能力避免财政支出急剧下降，危及社会安全和经济增长。
2015 年，除卡塔尔外的 GCC 国家财政支出增长率将出现下降（2014 年 10 月
IMF 估计还并非如此），从而导致非石油财政赤字。但是，财政支出的下降速度
相比财政收入下降速度要低，这表明国家正使用财政缓冲器。目前，中东石油出
口国利用财政缓冲器及可用融资避免财政支出急剧下滑。GCC 国家的财政支出
下降部门主要是资本项目，例如侨汇和对外投资及对外援助，而其他石油出口国
则主要是经常项目，例如降低公务员工资、减少能源补贴和增加非石油财政收入
等。GCC 成员国中的巴林和阿曼由于高财政收支平衡油价和低资本储备，未来
财政状况不容乐观。总体来说，近期来看，低油价对经济增长的影响是可控的。
然而，直到 2015 年 5 月，大多数 GCC 国家还没有宣布明确的财政整顿计划。非
GCC 石油出口国石油收入损失和财政缓冲器都很小，2015 年非石油财政余额占

① IMF, *Middle East and Central Asia Economic Outlook Update*, May 2015, p. 3.

② IMF, *Regional Economic Outlook：Middle East and Central Asia*, Oct. 14, 2014, p. 100.

GDP 比例将提高 2.75%（2014 年 10 月估计为 1.5%）。利比亚、伊拉克由于持续冲突，国内资本支出受阻。伊朗财政赤字略有改善，是资本支出增加的结果。

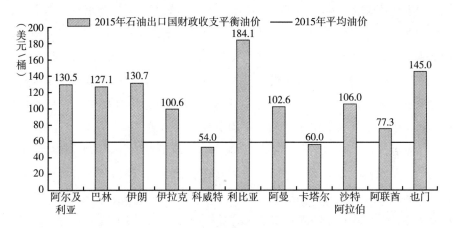

图 3　中东国家财政收支平衡油价

资料来源：IMF, *Regional Economic Outlook：Middle East and Central Asia*, Oct. 14, 2014, p. 100。

　　由于低油价出现在 2014 年下半年，因此 2014 年低油价对中东石油进口国的影响并未立时显现，对当地能源价格、生产成本及可支配收入的影响较小。再加上地区安全局势外溢影响、主要贸易伙伴欧盟经济复苏缓慢及转型国家的经济重建受阻，2014 年中东石油进口国经济增长率从 2013 年的 2.7% 降至 2014 年的 2.5%，但伴随世界经济反弹，国内经济重建进程加速及低油价，2015 年和 2016 年经济增长率将上升至 3.9% 和 4.3%。埃及受益于国内政局趋稳，以及 GCC 巨额投资，工业生产迅速反弹，采购经理人指数预示市场信心增加。但其他转型国家，如突尼斯、约旦、黎巴嫩经济恢复稍显缓慢。受益于低油价、能源补贴改革及政府向银行借贷，中东石油进口国财政状况有所好转。财政赤字占 GDP 比例从 2013 年的 - 10.5% 缓和至 2014 年的 - 9.8%。2015 年和 2016 年进一步改善至 - 8.5% 和 - 6.8%。① GCC 官方援助对中东石油进口国缩减财政赤字亦做出很大贡献，自"阿拉伯之春"以来，GCC 对其

---

　　① IMF, *Middle East and Central Asia Economic Outlook Update*, May 2015, p. 10.

官方融资额达到 220 亿美元。[①] 总之，石油进口国将从低油价中受益，石油进口支出下降，官方外汇储备略有上升。从中期来看，消费者也将从低油价中受益，企业生产成本下降，居民可支配收入增加。然而，从长期来看，大多数石油进口国从低油价中获得的收益被其他负面因素抵消，例如，侨汇、外资、外国援助等外来资本减少，国内需求增长低于预期，非石油产品出口价格下跌以及主要贸易伙伴的经济增长缓慢，等等。中东石油进口国的财政收支平衡对外部融资的依赖性很大，主要是来自 G7 国家、国际金融机构及 GCC 等的官方援助。侨汇收入是埃及等中东石油进口国财政收入来源之一，从以往经验来看，低油价会减少侨汇收入，但不会导致骤降。油价下跌时，GCC 国家对中东石油进口国的双边援助会下降，但来自阿拉伯基金组织、科威特投资资金、阿拉伯开发银行等金融机构的多边援助基本保持平稳，甚至略有增长，以弥补双边援助的下降。[②] 2014 年流入中东地区的侨汇增加 3%，流入埃及的侨汇保持稳定。[③] 因此，低油价对石油进口国的经济增长、财政平衡和经常账户的影响是复杂的，一些国家受益较多，一些国家则不然。总之，低油价为改革能源补贴政策，加快结构改革创造了有利条件。但不应过分夸大低油价对石油进口国经济发展的积极影响。安全局势、主要贸易伙伴外部需求、低油价能持续多长时间，以及获得外部融资的能力都将影响中东石油进口国的财政和外部经常账户状况。

（三）低油价对通货膨胀率和汇率的影响

由于国际粮食价格企稳及油价下跌，中东消费者物价指数小幅走低，尤其是 GCC 国家，尽管实行盯住美元的汇率制度，面临美元升值、国内住房成本上升和银行信贷增加，通货膨胀率趋于下降。2014 年和 2015 年 GCC 国家的通货膨胀率为 2.6% 和 2.1%。非 GCC 石油出口国，例如伊朗和也门通货膨胀率高，主要是受冲突、贸易条件恶化、恶劣天气等因素影响。2014 年伊朗经济开始走出滞涨，从而降低整体非 GCC 石油出口国的通货膨胀率至 12%。然而，

---

① World Bank, *Global Economic Prospects*, Jan. 2015, p. 82.

② World Bank, "What Does Cheap Oil Mean for the Arab World?" http：//blogs. worldbank. org/ arabvoices/what-does-cheap-oil-mean-arab-world, 9 January 2015.

③ World Bank, *Global Economic Prospects*, Jan. 2015, p. 83.

伊朗国内银行存款利率上限，补贴改革；也门干旱及石油价格下跌；伊拉克供应短缺都将导致 2015 年非 GCC 石油出口国通货膨胀率上升至 13% 。① 由于伊朗灵活的汇率政策，伊朗需要收紧货币政策以防低油价导致汇率急剧贬值和通货膨胀率再度飙升。

GCC 国家实行盯住美元汇率制度，其他国家基本实行有管理的浮动汇率制度。自 2014 年 6 月油价降低以来，伴随美元上升走势，一些中东国家货币名义汇率贬值。例如，伊朗、摩洛哥和突尼斯国家货币不同程度地贬值 6% ~ 13%，从而导致通货膨胀压力增加。② 然而，受弱势欧元及卢布急剧贬值影响，中东国家货币实际有效汇率上升，从而不利于该地区出口增加。

二　低油价对银行和资本市场的影响

自 2014 年 10 月以来，伴随油价大跌，新兴市场外汇和股票市场大幅波动。低油价促使投资者重新审视石油出口国的经济增长前景，这导致一些石油出口国资本流出、储备减少、货币贬值、主权掉期风险上升。经济增速放缓影响企业资产负债表，大型石油公司尤甚，并增加银行不良贷款率。石油出口新兴市场的金融问题还将对其他新兴市场和经济体造成负面影响。此外，石油出口国剩余石油收入大量投放到国际金融市场，例如政府债券、企业债券、股票和房地产等领域，这被称为"石油美元"回流。过去十多年来，石油美元回流增加了国际金融市场流动性，并降低了借贷成本。未来如果石油价格继续低迷，对于那些依赖石油美元流入的国家而言，外国资产撤离将导致资本外逃和潜在金融压力。低油价对中东金融市场同样造成影响。银行风险加大，股市下跌，金融市场波动加大，房地产市场也呈现降温迹象。

（一）低油价导致银行风险敞口增大，但仍具有较高弹性

中东银行业已经从 2008 年国际金融危机中复苏，石油部门、非石油部门、

---

① IMF, *Regional Economic Outlook: Middle East and Central Asia*, Oct. 14, 2014, p. 18.

② IMF, *Regional Economic Outlook Update: Middle East and Central Asia*, Jan. 21, 2015, p. 4.

零售业及中小企业发展都对促进银行业恢复做出贡献。英国《银行家》杂志（*The Banker*）阿拉伯银行 100 强报告指出，尽管面临政治动荡、地区冲突和油价下跌，2014 年阿拉伯银行部门仍健康发展。无论从公司数量（100 家的 45 家）还是公司市值（3920 亿美元）来看，2014 年金融业依旧领衔中东地区 100 强公司，约占 100 强公司总市值的 43.3%。[1] 45 家金融机构中，银行占据主导地位，其次是保险公司、投资公司及证券交易所。

尽管油价持续低迷，信贷增速下降，2014 年 GCC 国家银行体系总体良好，经受住了低油价的压力和冲击。积极的财政政策、基础设施投资促使信贷增长率持续上涨。近期，低油价对中东银行体系影响比较温和，但是，由于非石油经济增长与政府支出之间的关联性，若油价持续低迷，政府财政收入减少，没有多余的钱存入银行，甚至还需要从银行借贷以弥补财政赤字，那么银行部门将出现存款减少、流动性紧张、不良贷款率上升及银行利润下滑的局面，未来下行风险加大。2015 年低油价将导致 GCC 银行存款增长率和信贷增长率下降，但并没有造成流动性紧张的严峻局面。这是因为，GCC 国家政府、准政府机构及国家石油公司在银行机构的存款仅占银行非股权基金（non-equity funding）的 10%~35%，流动性资产与存款占银行负债的比例为 60%~90%，不良贷款率维持在 3% 左右；[2] 而且，政府已经采取措施整顿财政从而减少其对银行的压力，银行存款减少有限，尚不足以造成流动性紧缩危及银行体系，银行同业拆解利率也保持较低水平，这表明 GCC 银行业仍具有较高的流动性和弹性来面对冲击。2015 年第一季度 GCC 银行信贷增长率开始下降，但专家认为这是市场对此前信贷膨胀的自然修正，并非源于流动性紧张。2015 年沙特阿拉伯银行业前景乐观，但银行业对房地产业的高风险敞口、较多的负债额以及对中小企业贷款不足都将成为沙特银行业问题所在。阿联酋银行业在 2014 年前 9 个月利润上升，2015 年伴随油价波动不确定性，阿联酋银行业面临困难，专家警告银行信贷增长率可能下降，从而对投资产生负面影响。然而，高油价时代积累的充足流动性有助于阿联酋银

---

① "Special Report MEED 100," *MEED*, 25–31 March 2015, p. 34.
② "Outlook for Gulf Lender Remains Positive-Banking and Finance," *MEED*, Yearbook 2015, p. 22.

行抵御信贷增长率下降。海合会大国拥有充足的石油美元，可以动用政府在中央银行和商业银行的存款，或者动用主权财富基金增加银行流动性。2015年下半年，如果油价持续低迷，GCC 国家的借贷成本面临上升压力。巴林和阿曼这两个小国金融资产较弱，若油价持续下滑，银行存款和信贷有可能出现大幅下滑。[①] 2015 年 GCC 银行业将继续稳健增长，主要受项目融资市场和零售业务驱动，充足的银行资本、稳定的利润及较低的不良贷款率降低了银行风险，但如果油价持续下滑很长时间，对 GCC 银行体系的冲击也不容忽视，GCC 银行还需警惕银行对公共部门主权债务敞口风险。

低油价有利于石油进口国，然而，影响石油进口国银行业的发展因素还有很多。非 GCC 国家银行体系不发达，极易受外部风险冲击，信贷增长过快以及信贷过于集中，而企业治理能力缺失，势必导致银行风险敞口增大，需要引起市场警惕。尽管财政赤字收缩，政府融资继续成为银行体系负担。银行与政府及国有企业之间的巨额信贷，即主权债务风险是银行稳定的巨大风险，银行不良贷款率面临增高压力。穆迪认为，由于地缘政治风险和较弱的经营水平，约旦、黎巴嫩、埃及、摩洛哥和突尼斯银行信贷增长将出现收缩，阿尔及利亚银行体系的风险来自国有银行对大型国企的巨额贷款，低油价导致财政紧缩，势必对银行业造成负面影响。也门银行也面临较高风险，银行业对政府债务风险敞口巨大，在安全局势恶化、财政紧缩及外部融资乏力的情况下，更是如此。伊朗经济环境差，制裁导致外资银行撤出，银行业不良贷款率高，加之实行特殊的伊斯兰金融体制，银行总体风险较大。伊拉克、利比亚日益恶化的政治经济环境对本就疲弱的银行体系来说更是雪上加霜。一些石油进口国，例如埃及、约旦和黎巴嫩，在低油价时代改革能源补贴政策和财政政策，加大基础设施投资力度，有助于增加银行私人信贷。埃及银行业风险主要来自主权债务和信贷质量低，尤其是国有银行。银行对私营部门信贷仍然很低，不利于促进就业。此外，石油进口国侨汇及外部官方融资是财政收入主要来源之一，如果低油价导致外来融资（主

---

① "Oil Plunge Slows Gulf Deposits Growth, but no Liquidity Crunch," 3 March 2015, http：// www. arabianbusiness. com/oil-plunge-slows-gulf-deposit-growth-but-no-liquidity-crunch- 584396. html.

要是 GCC 国家融资）减少，这些国家也将面临流动性吃紧状况。总之，由于中东各国政府与银行业之间、石油经济与非石油经济之间的密切联系，以及当前的财政状况，中东银行监管机构需要密切注意油价波动时的金融脆弱性。

2014 年中东伊斯兰金融仍保持快速发展势头及较低的不良贷款率，尤其是在 GCC 国家。据伊斯兰金融服务委员会（IFSB）报告指出，伊斯兰金融资产从 2013 年的 1.8 万亿美元上升到 2014 年的 2 万亿美元。[①] GCC 国家的伊斯兰银行、伊斯兰债券、伊斯兰保险及伊斯兰投资基金均保持高速增长。2015 年前 4 个月，伊斯兰融资额上升 198%，沙特阿拉伯和阿联酋贡献最大。[②] 随着经济增长，GCC 伊斯兰金融业未来 5 年或将保持目前的增长态势。从长期来看，伊斯兰银行风险管理能力仍然有待提高，监管框架仍须加强，人力资源仍须加大培训力度。

2015 年中东地区银行部门将出现多样化发展。经济形势、监管环境、风险敞口水平、巴塞尔资本规定（Basel Ⅲ）、银行自身投资战略等因素都将影响银行发展。其中，经济形势和地缘政治将是关键影响因素。

（二）低油价对股票市场的影响

2014 年初，伴随基建升温及经济复苏，2014 年前 5 个月中东股票市场强劲反弹，迪拜和沙特阿拉伯股市涨幅遥遥领先，埃及股市强劲反弹。受伊拉克局势恶化和国际油价开始下跌影响，以及对迪拜房地产泡沫破裂的担忧，2014 年第二季度中东股市大幅修正，标准普尔海合会指数下跌 1%。[③] 投资者对中东局势发展不乐观，促使资金从中东市场大撤退。2014 年最后一季度，随着国际油价持续下跌，全球股市波动明显加剧，海湾股市已经接近崩盘，油价和股价显现正相关性。中东非洲相关基金表现也不尽如人意，收益多呈负增

① "Islamic Finance for Asia: Development, Prospects, and Inclusive Growth," IFSB, May 2015, p. 2.

② "Is Inceif the Answer to the Islamic Finance Industry's Headaches?" *The Banker*, 30 April 2015, http://www.thebanker.com/Markets/Islamic-Finance/Is-Inceif-the-answer-to-the-Islamic-finance-industry-s-headaches.

③ 《2014 第 2 季度海合会股市大幅修正》，2014 年 8 月 4 日，凤凰网，http://finance.ifeng.com/a/20140804/12856947_0.shtml。

长。股价与油价的正相关性逐渐显现。2014 年 10 月份油价跌破每桶 90 美元，创四年新低，加上国际货币基金组织下调本年度全球经济增长预期，令全球股市受压，两者均加剧了海湾股市跌势。10 月 12 日，迪拜金融市场急跌 6.54%，沙特阿拉伯下挫 6.44%，均创新低。① 12 月上旬 OPEC 和国际能源署均下调 2015 年原油需求，美国 WTI 下跌至每桶 58.8 美元，跌破每桶 60 美元的重要心理关口。对于经济严重依赖能源的中东海湾国家股市可谓灾难，该地区 7 个股票交易所股价全线下跌，投资者陷入恐慌性抛售。据彭博通讯社统计显示，仅 2014 年 11 月 14 日至 12 月 14 日一个月时间，海湾股市暴跌，成为全球股市中受冲击最为明显的区域。迪拜 DFM 指数下跌 28.2%，报 3441.97 点，几乎抵消了迪拜金融市场过去一年的收益。地产股和建筑股跌幅巨大。阿布扎比证券交易所股指下跌 15%，报 4258.24 点，能源股下跌拖累房地产和银行股下滑。沙特阿拉伯 Tadawul All-Shares 指数下跌 15%，报 8119.08 点，石化部门领先下跌。卡塔尔交易所股指下跌 20%，报 11194.52 点，创 10 个月新低，银行股和工业股领先跌势。科威特股票交易所股指下跌 11.7%，报 6244.07 点，为 22 个月新低。这五大指数均列为彭博同期跌幅榜前十名，迪拜股指还位居榜首。埃及股市同样不容乐观，海湾国家一直是埃及重要的资金支持者，由于油价持续下跌，市场担忧海湾投资者降低对埃及的援助和投资下降，仅 12 月 14 日埃及股市就损失了 130 多亿埃镑（约合人民币 113 亿元）。② 从 2014 年全年来看，中东股市先扬后抑，最后收盘指数及市值仍略高于 2013 年底，股市市值从 2013 年底的 11321.66 亿美元，上升到 2014 年底的 12058.6 亿美元，阿拉伯股市综合指数（AMF Indexes）从 2013 年底的 298.37 上升到 2014 年底的 320.86（见图 4）。然而，中东最大的证券交易所沙特阿拉伯股市指数从 2013 年底的 8535.6 点下降到 2014 年底的 8333.3 点（见表 1），鉴于沙特阿拉伯股市市值占阿拉伯国家股市市值 40% 的权重，沙特阿拉伯股市下跌充分说明石油价格对股市波动的负面影

① 《海湾地区股市下跌，沙特股市创今年新低》，2014 年 10 月 13 日，环球网，http://finance.huanqiu.com/view/2014-10/5164781.html。
② 《油价暴跌，海湾国家股市相继崩盘》，2014 年 12 月 15 日，http://wallstreetcn.com/node/212001。

响。① 收录 GCC 国家 85 个大中型公司股票的 MSCI GCC 指数上涨 1.2%，收录 16 个阿拉伯国家 106 家公司股票的 MSCI 阿拉伯市场指数上涨 1.9%，同期收录 24 个国家 127 家公司股票的 MSCI 前沿市场指数涨幅高达 7.2%。② 中东股市大跌导致 2014 年中东 100 强公司市值从 2013 年的 9120 亿美元降至 9030 亿美元。③

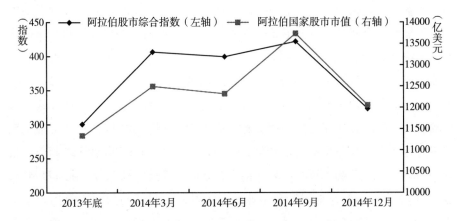

图 4 阿拉伯股市综合指数和阿拉伯股市市值

资料来源：AMF, *Arab Capital Markets*, 4th Quarterly Bulletin, 2014, p. 96。

表 1 2014 年中东主要国家股市市值变化

单位：%

	2013 年底	2014 年 3 月	2014 年 6 月	2014 年 9 月	2014 年 12 月
阿布扎比	4290.3	4894.4	4551.0	5106.0	4528.9
沙特阿拉伯	8535.6	9473.7	9513.0	10854.8	8333.3
迪　　拜	3369.8	4451.0	3942.8	5042.9	3774.0
科 威 特	7549.5	7572.8	6971.4	7621.5	6535.7
卡 塔 尔	10379.6	11639.8	11488.9	13728.3	12285.8
埃　　及	6782.8	7805.0	8162.2	9611.3	8926.6

资料来源：AMF, *Arab Capital Markets*, 4th Quarterly Bulletin, 2014, p. 96。

---

① AMF（Arab Monetory Fund）, *Arab Capital Markets*, 4th Quarterly Bulletin, 2014, p. 96.
② "Special Report MEED 100," *MEED*, 25 – 31 March, 2015, p. 28.
③ "Special Report MEED 100," *MEED*, 25 – 31 March, 2015, p. 28.

　　除了油价持续低迷因素外，全球经济增长放缓和地缘冲突也是造成股市下跌的元凶之一。业内人士分析，下跌主要源于恐慌情绪，市场对低油价如何影响经济的担忧日益增加，以及政府是否会因为低油价降低财政支出和投资支出。能源类公司及对石油部门有大量风险敞口的银行在股票市场波动较大，因为低油价有可能降低公司收入和信贷信誉，再融资面临较大困难。但上市公司基本面和发展前景都没有问题，估值和分红也变得更具吸引力。2015年以来，国际油价震荡上升，中东股市错综复杂，海湾股市涨跌互现，强劲的油价走势支持投资者情绪，海湾国家股市市值从2014年底的12314.7亿美元上升到2015年5月3日的13097.86亿美元。① 埃及股市由于受到税务和货币方面问题影响依然低迷。

　　丰富的石油资源、良好的经济基本面及稳定的政局，使中东海湾国家成为国际资本关注的热点之一，然而，与其他新兴市场股市相比，投资人对中东市场关注度仍较低，投资效率亦不是很高。作为中东最大交易市场的沙特阿拉伯证交所并未直接对外资开放，是全球限制最多的资本市场之一。2014年7月沙特阿拉伯当局宣布沙特阿拉伯股市将于2015年6月15日对外资开放，并有望于2017年纳入MSCI新兴市场指数。目前除了沙特阿拉伯本国及六大海湾国家之外，海外投资者并不能直接投资沙特阿拉伯股票市场，只能通过股权置换（equity swaps）和交易所上市基金（ETF）等间接方式。目前沙特外国投资者在沙特股市上的投资额为80亿美元，约占沙特证交所市值的1.4%。② 沙特股市允许外国投资者至少50亿美元的投资开放新规有望使国际投资者能够直接投资沙特最具价值的企业。与此同时，卡塔尔政府放宽保险业外资持有上限至49%，卡塔尔和阿联酋纳入MSCI新兴市场指数，随着中东股市逐步放宽外资限制，中东股市市场前景看好，陆续吸引主动式操作资金进场布局，特别看好金融和地产股。未来在流动性逐渐改善的情况下，长期股市重估值的行情仍可期待。摩根投信副总经理谢瑞妍指出，若投资非洲中东市场，应以定期定额为主，且将时间拉长至5年以上。③

---

① AMF, "Arab Capital Market," http：//www. amf. org. ae/sites/default/files/econ/amdb/AMDB% 20Performance/Yearly% 20Performance/en/prv_ yearly_ summary. htm.

② "Optimism Prevails Despite Oil Price Drop-Capital Market," *MEED*, Yearbook 2015, p. 16.

③ 《中东敞开投资大门，后市有得瞧》，《中时电子报》2015年5月1日，http：//www. chinatimes. com/cn/newspapers/20150501000232 – 260208。

（三）低油价对中东其他资本市场的影响

2014 年伊始，伴随经济反弹，市场信心增强，中东资本市场开局良好。2014 年 GCC 国家有 16 家公司通过首次公开募股（IPO）募集资金 108 亿美元，① 沙特最大银行国民商业银行（NCB）创下当年全球第二大规模 IPO 头衔，也是阿拉伯世界迄今为止最大的 IPO。2014 年中东地区跨境并购额（M&A）增加 23%。② 然而，2014 年下半年，随着油价连续下滑，市场恐慌情绪蔓延，冲击中东资本市场。2014 年中东地区辛迪加贷款额出现下降，同比下降 12%。③ 2015 年，中东资本市场面临不确定因素，中东债务市场继续发展，但可能不会成为地区融资的重要来源。这是因为，主权债券仍旧主导中东地区债券市场，主权债券基本由政府和统治家族掌控，因此主权风险仍将是投资者展望中东资本市场的关键因素。阿布扎比已经从前几年的财政盈余中建立了大量外汇储备，期待进入另一个增效节支阶段。作为世界上最大的石油生产国之一，阿联酋在 2014 年下半年的 50% 的油价暴跌中遭受重创。分析师无法判定油价何时反弹及能否反弹，这种不确定给阿联酋资本市场前景投下阴影。在油价持续下跌之际，2015 年阿布扎比债券市场 IPO 计划被迫推迟，认购期内投资者集体失声，仅在几个月前，市场还由于 MSCI 上调评级而欢呼雀跃。尽管阿联酋从前几年的财政盈余中建立了大量外汇储备，建筑市场和资本市场的行为表明，阿联酋将进入整合和有效储蓄时期，这不可避免会对整体经济活力和在阿联酋经商的人造成影响。④

三　低油价对中东投资市场的影响

中东 GCC 国家以其良好的经济基本面和制度变革吸引外部资本，成为自

---

① "Special Report MEED 100," *MEED*, 25－31 March 2015, p. 28.

② "Middle East M&As Soar in 2014," *MEED*, 20 Jan. 2015, http：//www. meed. com/sectors/markets/company-news/middle-east-mas-soar-in－2014/3200745. article.

③ "MENA syndicated loan volumes decline in 2014," *MEED*, 26 Jan. 2015, http：//www. meed. com/sectors/finance/banking/mena-syndicated-loan-volumes-decline-in－2014/3204919. article.

④ "Abu Dhabi ：Difficult Times Ahead," *MEED*, 11 Feb. 2015, http：//www. meed. com/countries/uae/abu-dhabi-difficult-times-ahead/3206362. article.

国际金融危机和"阿拉伯之春"后相对安全的资金流入地。2014年以来，流入新兴市场的国际资本呈下降趋势，中东国家也不例外。银行放贷激增仅能部分抵消疲弱的债券和股票流动。约旦、黎巴嫩、摩洛哥和突尼斯能够在国际债券市场筹集资金，约旦和突尼斯发行债券需要美国政府或和日本国际合作银行担保，而摩洛哥则从IMF计划中间接受益。然而，由于地缘政治风险和经济不稳定，中东一些国家很难从国际资本市场获得融资。美国货币政策正常化（退出QE）有可能使中东尤其是GCC国家收紧财政和货币政策，只不过这种传导机制将是缓慢的和部分的。对于那些高度依赖外部资金的国家，例如巴林、阿曼和也门，融资和展期风险有可能上升。埃及则由于经济复苏以及获得GCC的融资支持，外国投资者对其兴趣大增。未来，中东地区债务展期和再融资风险正在上升。转型国家受益于GCC国家的巨额官方融资，2011～2014年中东石油进口国公共债务占GDP比例从73%上升到88%。① 伴随债务水平及偿债成本增加，转型国家债务展期风险上升，甚至达到不可持续的水平。与此同时，中东地区外部风险呈下行趋势。欧元区经济复苏低于预期，可能降低北非出口收入、旅游收入、侨汇及资本流入。此外，全球流动性收紧或者全球金融环境持续不稳都有可能增加发展中国家的风险溢价，提高借贷成本并降低外国直接投资流入。

（一）低油价对外国直接投资（FDI）的影响

由图5所知，2014年流向西亚地区的FDI为440亿美元，连续六年呈现下滑趋势，2014年降幅达到4%。这主要是由于该地区安全局势进一步恶化，不仅流向动乱国家伊拉克、叙利亚和也门的FDI减少，也影响到周围国家及整个地区。即便是在石油丰富的GCC国家，FDI流入也呈低迷状态，尽管这些国家政治较为稳定，经济增长速度也比较快。总体来说，自从2008年国际金融危机之后，加上随后而来的地区政治危机，西亚地区接受私人投资额呈下降趋势，但公共投资呈上升趋势。土耳其FDI流入也下降到122亿美元，主要是由于流向金融部门的FDI大幅减少，与此同时，流向房地产业的FDI呈上升趋势。根据IMF土耳其国别报告，2014年土耳其FDI净流入额从2013年的98

---

① World Bank, *Global Economic Prospects*, Jan. 2015, p. 84.

亿美元下降到 91 亿美元，2015 年又将反弹至 149 亿美元。① 流向非洲地区的 FDI 也下降了 3%，约为 550 亿美元，主要是流向北非地区的 FDI 大幅下降，撒哈拉以南非洲 FDI 流入基本与上年持平。北非 FDI 流入下降了 17%，约为 125 亿美元，主要源于利比亚局势动荡，影响了该地区投资潜力。2014 年非洲跨境并购业务上升较快，私募股权公司及中东投资者在非洲并购中发挥了重要作用。②

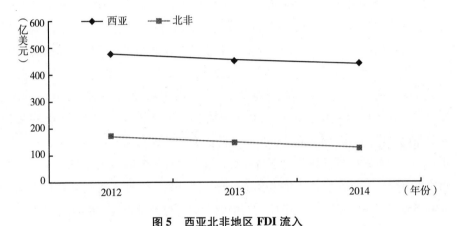

图 5　西亚北非地区 FDI 流入

资料来源：UNCTAD，*Global Investment Trends Monitor*，No. 18，29 January 2015，p. 7。

　　伴随石油出口收入下滑及经常项目盈余减少，2014 年 GCC 国家 FDI 流出也呈下降趋势。例如，沙特阿拉伯 FDI 流出从 2013 年的 49.43 亿美元，下降到 2014 年的 44.49 亿美元和 2015 年的 40.04 亿美元；卡塔尔从 2013 年的 80.21 亿美元下降到 2014 年的 63.34 亿美元；科威特从 2013 年的 96.71 亿美元下降到 2014 年的 91.87 亿美元；阿联酋从 2013 年的 34.85 亿美元增加到 2014 年的 37.5 亿美元（见图 6）。EIU 预计，伴随油价稳定回弹，2016 年 GCC 国家 FDI 流出也将水涨船高。过去十年北非地区一直是 GCC 资本目的地之一，近几年，GCC 加大了对北非地区尤其是埃及地区的投资力度。

---

① IMF，Country Report No. 14/329，Turkey 2014 Article IV Consultation，Dec. 2014，p. 31.

② UNCTAD，*Global Investment Trends Monitor*，No. 18，29 January 2015，p. 7.

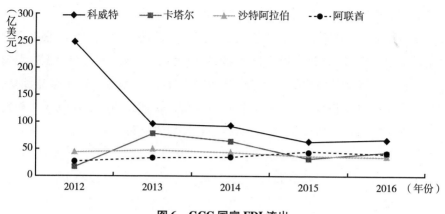

图6 GCC国家FDI流出

资料来源：EIU，*Country Risk Service*，March 2015。

（二）低油价对主权财富基金的影响

尽管油价持续下跌，全球59%的主权财富基金资产仍获得增长，全球主权财富基金资产从2013年底的61060亿美元增加到2014年底的70570亿美元，2015年3月增加到70800亿美元，中东地区主权财富基金也不例外。[①] 中东主权财富基金占全球主权财富基金的比例从2013年底的35%上升到2014年底的37.1%，资产总额为28767亿美元，同比增长12.28%。[②] 阿布扎比投资局依然保持全球第二大、中东第一大主权财富基金位置，资产额为7730亿美元。沙特阿拉伯货币局外汇控股资产从2013年底的6759亿美元上升到2014年的7572亿美元，科威特投资局从4100亿美元上升到5480亿美元，卡塔尔投资局从1700亿美元上升到2560亿美元，伊朗国家发展基金从586亿美上升到620亿美元，内乱冲突不断的利比亚投资委员会资产也从600亿美元上升到660亿美元（见表2）。总之，大部分主权财富基金都有所增长，但阿尔及利亚收入管理基金资产从772亿美元下降到500亿美元，这表明阿尔及利亚经济对石油

---

① SWFI，http：//www.swfinstitute.org/fund-rankings/.

② 根据美国主权财富基金研究所全球主权财富基金排名表计算得出。SWFI，Fund Rankings，http：//www.swfinstitute.org/fund-rankings/。

收入的高度依赖性。① 中东地区的主权财富基金在低油价时期发挥了重要作用。低油价有可能促使政府减少主权财富基金注资甚至动用主权财富基金弥补财政赤字。GCC 国家中的阿联酋、沙特阿拉伯、卡塔尔和科威特主权财富基金可以承担数年的财政支出。2008 年中东主权财富基金为欧美市场注资，这次中东主权财富基金为本地区本国市场注资。伊朗、伊拉克都动用主权财富基金来维持财政支出计划，沙特阿拉伯还计划建立第二只主权财富基金。② 伊朗将从 620 亿美元主权财富基金中抽出 48 亿美元发展石油和天然气行业，从而吸引更多外资。③ 与此同时，主权财富资金的对外投资战略仍保持平稳，适当减少对欧美金融市场、房地产市场投资，加大对新兴市场尤其是亚洲和非洲的投资，投资领域也更为多元化。可以说，在本轮低油价中，主权财富基金很好地发挥了跨期平滑国家收入，减少国家意外收入波动对经济和财政预算的影响。

表 2 中东主权财富基金

单位：亿美元

国　　家	基金名称	成立时间	2012 年资产	2013 年资产	2014 年资产
阿　联　酋	阿布扎比投资局	1976	6270	7730	7730
	阿布扎比投资委员会	2007	n/a	900	900
	阿布扎比国际石油投资公司	1984	653	653	684
	穆巴达拉开发公司	2011	531	555	663
	阿联酋投资局	2007	n/a	100	150
	阿联酋 RAK 投资局	2005	12	12	12
	迪拜投资公司	2006	700	700	700
沙特阿拉伯	沙特阿拉伯货币局外汇控股	n/a	5328	6759	7572
	沙特阿拉伯公共投资基金	2008	53	53	53
科　威　特	科威特投资局	1953	2960	4100	5480
卡　塔　尔	卡塔尔投资局	2005	1150	1700	2560

---

① SWFI, Sovereign Wealth Fund Rankings, http：//www. swfinstitute. org/fund-rankings/.

② "Saudi Prepares to Launch First Sovereign Wealth Fund," http：//www. yourmiddleeast. com/business/saudi-prepares-to-launch-first-sovereign-wealth-fund_ 24190.

③ "Iran Taps Sovereign Wealth Fund for Oil Development," http：//www. oilandgas360. com/iran-taps-sovereign-wealth-fund-oil-development／, 25 Feb. 2015.

续表

国　家	基金名称	成立时间	2012 年资产	2013 年资产	2014 年资产
利 比 亚	利比亚投资委员会	2006	650	600	660
伊　朗	伊朗国家发展基金	2011	420	586	620
阿尔及利亚	阿尔及利亚收入管理基金	2000	567	772	500
伊 拉 克	伊拉克开发基金	2003	n/a	180	180
阿　曼	阿曼国家储备基金	1980	82	82	130
	阿曼投资基金	2006	n/a	60	60
巴　林	巴林 Mumtalakat 控股公司	2006	91	71	105
巴 勒 斯 坦	巴勒斯坦投资基金	2003	8	8	8
总　计			19475	25621	28767

资料来源：SWFI, Fund Rankings, http：//www.swfinstitute.org/fund-rankings/。

石油美元和主权财富基金一直是国际金融市场的重要投资者，2008 年国际金融危机时的投资行为举世瞩目。市场普遍担心如果 2015 年油价持续低迷，石油生产国现金短缺，那么这些国家动用储蓄的可能性要比增加储蓄的更大，甚至售卖资产，从金融市场抽走流动性。这是近 20 年来首次出现这种情况，这将导致国际金融市场上的流动性整体减弱。石油美元和主权财富基金是一种流动性资金，很大一部分投向了政府公债和公司债，一旦售卖将拖累债券价格，美国公债这种流动性很强的市场可能影响不会太明显，主要是对公司债的影响。因此，2015 年伊始，石油美元和主权财富基金正在重新配置资产，削减风险最高的流动性资产，也就是股票，这似乎可以解释 2015 年股市开局黯淡的原因。2014 年中东主权财富基金仍是全球直接房地产交易的主要投资者，但投资额在经历了 4 年增长之后开始下降，2015 年主权财富基金对房地产市场的投资还可能下降。[①] 据 CBRE 报告指出，2014 年中东主权财富基金在房地产市场上的投资减少了 31%，从 85 亿美元下降到 58 亿美元。这反映了资源型主权财富基金在价格下跌时投资更为谨慎，也说明了中东地区主权财富基金已经成长为积极的交易者，而不是仅仅购买商业房地产。低油价时代，房地产市场投资将受到限制，转而更多投向其他更具战略

---

① Deutsche Bank, "Oil Price Decline Put Middle East Investors in the Spotlight—Global Capital Markets Research," March 2015, p. 3.

性、赢利性的资产。未来几年这种趋势更加明显。2014年中东投资者在全球房地产市场上的投资下降幅度要小得多，为13%，并购额为141亿美元。这是因为中东主权财富基金以外的其他投资者加入到购房大军中。中东还是世界上富人最多的地区之一。据WealthX数据，2014年底中东地区亿万富翁为157人，总资产达到3540亿美元。沙特阿拉伯有64位，科威特有17位，卡塔尔有9位，黎巴嫩有8位。① 这些拥有庞大资产的私人投资者也是国际资本市场的弄潮儿。中东房地产公司在海外房产并购额激增134%，达到28.9亿美元；私人投资者上涨64%，达到25.2亿美元。与主权财富基金不同，私人财富和股票型基金担心低油价将影响在本地区的投资收益，从而转向海外市场。欧洲房地产市场仍旧是中东所有投资者的首选之地，在141亿美元的全球房地产并购额中，欧洲为102亿美元。写字楼投资最受欢迎，约为73.8亿美元，其次是旅馆投资，为22.8亿美元，然后是零售业投资，为17亿美元。② 卡塔尔、沙特阿拉伯、阿联酋和科威特投资者是海外房地产并购大户。

未来中东主权财富基金将为减轻财政压力、经济适度多元化发挥积极作用，专注于潜在高收益的投资，而不是投向对油价波动敏感的投资领域。2015年中东主权财富基金和私人投资者仍将活跃在国际资本市场，中东资本仍旧是国际资本市场的主要来源之一。但是，如果油价长期低迷，再加上美元走强，必将对中东主权财富基金投资战略和国际金融市场造成冲击。法国巴黎银行、法国兴业银行、德银等金融机构预测，石油美元减少将冲击全球金融市场和石油美元体系。国际金融协会（IIF）非洲与中东部门主管George Abed表示，在石油美元流入高峰的2012年，OPEC通过投资美国国债、垃圾债和股票市场为金融市场注入了5000亿美元流动性。如果明年原油均价为78美元，流入金融市场的石油美元可能低于1000亿美元。③

---

① Deutsche Bank， "Oil Price Decline Put Middle East Investors in the Spotlight—Global Capital Markets Research，" March 2015, p. 2.

② Matt Smith， " Mideast Sovereign Wealth Funds Cut Outbound Property Purchases 31% in 2014，" 14 April 2015, http：//www.zawya.com/story/Mideast_ sovereign_ funds_ cut_ outbound_ property_ purchases_ 31_ in_ 2014 – TR20150414nL5N0XA2GXX3/.

③ 《石油美元枯竭，全球市场面临失血》，2014年12月5日，中国经济网，http：//big5.ce.cn/ gate/big5/finance. ce.cn/rolling/201412/05/t20141205_ 4054258. shtml。

（三）低油价对项目融资市场的影响

2013 年中东建筑市场欣欣向荣，市场期待 2014 年将继续保持增长。2014 年 5 月油价开始下跌，中东建筑市场吃紧，但市场普遍认为建筑市场的收缩仅仅是长期增长阶段中的一个小插曲。2013 年，在沙特阿拉伯 Sadara 化学公司 200 亿美元融资推动下，中东项目融资市场大飞跃，项目融资额为 469 亿美元。2014 年中东项目融资回落到 2009 年的水平，21 个项目融资交易，融资额为 226 亿美元，下降幅度高达 52%。然而考虑到 2013 年沙特阿拉伯 Sadara 化学公司 200 亿美元的巨额融资，2014 年项目融资市场还算可圈可点。沙特阿拉伯继续拔得市场头筹，Waad al-Shamal phosphate 项目融资额高达 58 亿美元，为中东地区最大融资额。但是，2014 年融资额还不足 2007 年建设热潮时期融资额的一半，这说明市场要想恢复到 2007 年时的水平绝非易事。[1]

油价持续低迷给中东项目融资市场蒙上阴影。政府已经在审查哪些项目可以推迟。2015 年初是中东建筑业的转折点，在经历了两年多的强劲增长之后，建筑业前景不明，因为油价持续下跌，投资商不得不重新评估他们的投资计划。2015 年第一季度，中东建筑市场授予合同金额即开始出现下降。[2] 中东各国大银行、地区银行和国际银行在中东项目融资市场发挥了重要作用。伴随大规模的基础设施建设和政府开支，油价持续低迷必将导致中东地区流动性紧张，企业融资困难加剧，尤其是能够促进就业的中小企业更不容易获得银行融资。MEED 预计，到 2018 年，地区投资公司需要再融资 910 亿美元来偿还债务。[3] 2015 年 4 月，标准普尔分析师认为，低油价不太可能对全球项目融资的信贷质量产生广泛影响，但海湾地区的项目融资成本可能会上升。[4] 低油价时代，石油和天然气等能源项目有可能推迟开工，产油国对油气项目投资重点将转移到下游产业，通过扩建炼油厂、发展下游项目并出口更多高附加值产品来

---

① "Project Finance Volumes Slump," *MEED*, 10March 2015.

② http：//www. meed. com/sectors/finance/project-finance/project-finance-volumes-slump/3207244. article.

③ "The Middle East's Refinancing Burden," *MEED*, 23 July 2014, http：//www. meed. com/ sectors/finance/banking/the-middle-easts-refinancing-burden/3194085. article.

④ 《标普：海湾地区项目融资成本或将上升》，中华人民共和国商务部网站，http：//www. mofcom. gov. cn/article/i/dxfw/gzzd/201504/20150400947210. shtml。

摆脱对石油和天然气出口收入的依赖，并满足不断上升的国内燃油需要。水电项目、基础设施及新能源项目将是项目融资市场上优先考虑的，尤其是基础设施项目将引领未来项目融资市场的发展。未来，中东项目融资的新兴市场可能是埃及。为重振经济，埃及政府制定了庞大的投资规划，并在2015年3月的埃及招商投资大会上小有战绩。问题是，自2011年以来埃及经济就陷入震荡，埃及国内银行是否准备好为这些项目提供融资？国内政局和安全局势是否稳定，并做好准备迎接外国投资？中东国家已有8国宣布加入中国倡导的"亚洲基础设施建设投资银行"（简称"亚投行"），分别是沙特、约旦、土耳其、卡塔尔、阿曼、科威特、埃及和以色列，加入"亚投行"有助于中东地区基础设施建设，促进项目融资市场的发展和繁荣。

GCC日益增加的政府资本支出和公共部门工资支出，加上私人信贷良性扩张，有力地支撑了国内消费和投资。伴随油价高企及大规模投资计划，21世纪前10年中东地区固定资产投资平均增长率达到7%。2010年底开始的"阿拉伯之春"改变了这一增长势头，2011年固定资产投资增长率仅为1.9%，此后三年呈现连续下降趋势，分别为 -0.5%、-1.8%和 -2.0%。未来两年，随着油价反弹、安全局势好转及转型国家经济复苏，固定资产投资增长率将达到3.0%左右。[1] 尤其是卡塔尔、沙特阿拉伯和阿联酋公共基础设施的庞大规划，将继续促进该地区旅游、交通、建筑、零售业及批发业的大发展。据MEED报告，2014年GCC项目市场稳定发展，前11个月项目市场合同额达到1470亿美元，2013年全年项目市场合同额为1590亿美元。从国家来看，沙特阿拉伯、阿联酋项目市场占据主导地位，沙特阿拉伯计划和尚未签订的合同额高达7000亿美元，其中包括一些新能源和核能等长期项目，阿联酋为2850亿美元；从部门来看，建筑业、电力及交通运输业市场份额大，GCC建筑业计划和尚未签订项目合同额为4500亿美元，电力和运输分别为3210亿美元和3130亿美元。[2] 2015年GCC项目市场继续保持这一增长势头。除了人口增长这样的宏观因素外，2020年迪拜博览会和卡塔尔2022年世界杯，以及科威特《公私合作法》的颁布，阿曼边远地区建设等，都是GCC项目市场发展的驱动

---

① World Bank, *Global Economic Prospects*, Jan. 2015, p. 86.

② "Momentum Set to Continue in 2015 – Project Market," *MEED*, Yearbook 2015, p. 14.

因素。具体每一个国家的项目重点不尽相同。阿联酋和卡塔尔更关注建筑市场，沙特关注电力项目和新能源项目建设，科威特关注电力项目，阿曼关注水电及污水处理项目。此外，铁路轨道建设在所有 GCC 国家的需求日益增长，石油、天然气及石化项目也令市场期待。因此，尽管面临地缘政治和经济因素，GCC 项目市场前景依然看好。2015 年初 GCC 宣布和尚未签订的项目合同额高达 1.4 万亿美元，2014 年初这一金额为 1.02 万亿美元。①

　　总之，短期来看，低油价并未对中东金融和投资造成直接影响，这表明中东国家经历了 2008 年国际金融危机后，投资金融市场已具备了较高的弹性，抵御油价波动的能力逐渐增强，但作为高度依赖石油收入的地区，2015 年低油价仍给中东金融与投资市场蒙上阴影，如果油价长期低于每桶 50 美元，中东金融和投资市场必将面临严峻挑战，尤其是对发展中石油出口国和石油进口国而言。未来，石油出口国将继续降低对石油收入的依赖，增加多元化，推行结构性改革，推动包容性增长。内乱冲突国家亟须努力改善安全环境，以稳定促发展。石油进口国尤其是转型国家，如能改善安全局势，实现地区稳定，深化结构改革，尤其是在教育、商业环境和劳动绩效等方面的改革，就能获得更多的国际援助与投资，从而提高地区的潜在增长率，创造更多就业机会，提高生活水平和内生性增长。

① "Momentum Set to Continue in 2015 – Project Market," *MEED*, Yearbook 2015, p. 14.

Y.5
低油价对伊朗经济及伊核问题的影响

陆 瑾*

摘 要： 2014 年 2～11 月，伊朗与六国就伊核问题最终协议举行了 10 轮外交谈判，双方共识不断增加，但在焦点问题上分歧难以弥合，谈判最终期限两次被延长。美国和伊朗都需要一份全面协议，"伊斯兰国"的威胁和国际油价暴跌推动双方做出重大让步，谈判各方也相向而行。2015 年 4 月 2 日，伊朗与六国在瑞士洛桑达成解决伊核问题的框架性方案，受到国际社会普遍欢迎。同时，美伊对方案中一些关键概念的解读大相径庭，从而引发争议和质疑。尽管 6 月 30 日前达成最终协议仍有很多困难，但实现伊核问题和解已势不可当。

关键词： 伊核谈判 低油价 洛桑方案 最终协议

2013 年 11 月，伊朗与六国签订解决伊核问题的日内瓦初步协议，这标志着朝向达成最终协议迈出了第一步。自 2014 年 2 月开启伊核问题最终协议谈判至 2015 年 4 月达成解决伊核问题框架性方案，共经历了三个关键时间节点。中东局势恶化和国际油价暴跌推动伊核问题主要当事方美国和伊朗做出政治决断，使马拉松式的伊核谈判朝着达成最终协议的方向迈出了关键性的第二步。

---

* 陆瑾，文学博士，中国社会科学院西亚非洲研究所副研究员、创新工程项目"中东热点问题与中国应对之策研究"执行研究员，主要从事中东国际关系及伊朗问题研究。

一 伊核问题最终协议谈判两次延长最终期限的始末

日内瓦初步协议于 2014 年 1 月 20 日起生效，有效期为 6 个月。在此期间，伊朗以停止部分敏感的核活动换取西方减轻对其进行的经济制裁。2014年 2 月 18 日，伊朗与六国在维也纳重启谈判。之后，双方每月举行一轮外交代表谈判，外交谈判之前举行专家级谈判，以期在 7 月 20 日前达成解决伊核问题最终协议。

三轮磋商后，所有涉及伊核问题的核心内容都摆在了桌面上，伊朗与西方在焦点问题上分歧严重，其中包括：（1）离心分离机数量问题。西方要求伊朗将现有的 1.9 万台离心机削减至数千台，并对伊朗研发新型离心机进行限制。伊朗表示不会放弃任何合法的核权利。（2）核设施问题。西方要求伊朗将阿拉克重水反应堆改造成轻水反应堆，以防其日后重新恢复钚的产量。伊朗只同意改进设计，减少钚的产量。西方要求关闭福尔多铀浓缩工厂。伊朗拒绝关闭任何已建成的核设施。（3）核查问题。国际原子能机构要求伊朗澄清全部"可能的军事层面问题"，包括导爆装置研究项目，以及帕尔钦军事基地试验核武器引爆装置问题，并要求对该基地进行检查。伊朗以涉及国防安全等理由予以拒绝。（4）解除制裁时间问题。伊朗把必须解除对伊朗所有的制裁作为签署最终协议的前提条件，六国同意分阶段逐步解除制裁，但在解除制裁的时间表和协议有效期上双方各执己见。（5）弹道导弹问题。美国根据联合国相关决议，禁止伊朗在"具备携带核武器能力的导弹"领域开展任何活动。西方要求将伊朗的导弹研发计划纳入核谈判议程。伊朗强调导弹是常规武装力量中正当的组成部分，导弹项目或计划是伊朗的国防事务，与核计划完全没有关系，拒绝在核谈判中讨论限制其武器发展的相关议题。

对奥巴马而言，日内瓦初步协议阻止了伊朗核计划的发展，减少了其核材料的储备，但还不足以保证伊朗今后永远不能发展核武器。奥巴马由此受到美国国会和中东盟友的猛烈攻击。[1] 毕竟，伊朗仍保持着核工业产业链的完整

---

[1] 参见杨光主编《中东发展报告（2013～2014）：盘点中东安全问题》，社会科学文献出版社，2014，第 224～225 页。

性，必要时有能力重启暂停的高丰度浓缩铀项目。因此，在最终协议谈判阶段，美国要求伊朗拆除和封存大部分核设施和落实国际监管。美国谈判的最终目标是永久性阻止伊朗获得核武器，具体做法是削弱和管控伊朗的核能力，使伊朗的"核爆发"（生产制造一枚核弹所需的高浓缩铀）时间由目前的 3 个月延长到一年以上，一旦发现伊朗有制造核武器的企图，西方国家能够有充足的时间做出回应。美国开出的条件是，只要伊朗做出重大让步，将逐步解除对其部分制裁，但不是全部制裁。

对鲁哈尼而言，签订日内瓦协议对于稳定伊朗国内市场和提振投资者的信心起到了重要的作用。西方公司表现出重返伊朗市场的强烈愿望，伊朗与欧洲进出口贸易大幅增加。在国际买家的配合下，伊朗原油出口量突破了制裁限额。俄罗斯准备与伊朗达成一项石油换商品协议，帮助伊朗增加石油出口和破坏美欧能源制裁。尽管美国放松制裁和解冻部分资产①不足以使伊朗经济"回归正常"，但对稳定市场和提高投资者信心作用明显。② 尽管如此，鲁哈尼政府重振经济受到资金短缺的困扰，因美欧金融和能源制裁，伊朗有约 1000 亿美元的售油款仍被冻结于境外，对伊朗市场有投资意向的国际资本也仍被挡在门外。因此，伊朗把解除全部制裁作为达成最终协议的前提条件，强调不接受任何不能保证全面解除制裁的方案。伊朗受到的制裁有三大类：联合国安理会的四项制裁决议、美国制裁和欧盟制裁。

由此可见，美伊谈判的目的不同，双方诉求差异太大。为尽早达成全面协议，伊朗展现了积极的姿态，并做出一些重大让步。2014 年 4 月，伊朗表示将重新设计阿拉克重水反应堆，将钚产量减少至原设计产量的 1/5。伊朗承诺将在 8 个月内，完成对自身全部核活动的收集、整理和记录。5 月，伊朗承诺在未来 3 个月内，采取五项措施向国际原子能机构提供其核计划中的相关信息，以增加伊朗核计划的透明性和减少外界疑虑。五项措施包括：与国际原子能机构交换外界怀疑的有关伊朗可能开展高爆试验的信息；提供伊朗有关中子输运研究的信息；提供有关铀浓缩离心机研究的信息；安排国际原子能机构对

---

① 参见杨光主编《中东发展报告（2013～2014）：盘点中东安全问题》，社会科学文献出版社，2014，第 223 页。

② 陆瑾：《试析鲁哈尼"重振经济"的路径和制约——兼议哈梅内伊的"抵抗型经济政策"》，《西亚非洲》2014 年第 6 期，第 131～133 页。

离心机研究开发中心进行调查；完成对阿拉克重水反应堆的核查。其中前两项被国际原子能机构归为伊核计划中可能的军事层面问题。6月，国际原子能机构的报告显示，伊朗落实了日内瓦达成的初步协议，暂停了部分备受争议的核计划，并已完成所有丰度为20%的浓缩铀的稀释。7月，伊朗首次表示愿意适度减少铀浓缩活动。但与此同时，哈梅内伊公开表示，伊朗最终需要19万台分离功单位的离心机以满足国家核能发展需要。哈梅内伊的言论被认为是抬高了要价，但实际上为讨价还价留下了一个后门。满足19万台分离功单位的离心机数量由离心机的机型和效能决定，如果是先进和高效的离心机，只需要安装几千台而非19万台。

2014年7月19日，第六轮谈判在维也纳结束。伊朗与六国在一些问题上取得切实进展，但在关键问题上仍未能达成一致，双方决定将谈判最终期限延长至11月24日。在4个月的延长期限内，伊朗要将25公斤丰度20%的浓缩铀转化为更难提炼为武器级铀的核燃料，用于德黑兰一座医学研究用核反应堆。美国将解除对伊朗28亿美元的资产冻结，但仍保留针对伊朗石油和其他主要收入来源的制裁。

2014年9月，当最终协议谈判在纽约重启时，美伊双方面对一些新的现实因素，无论华盛顿还是德黑兰都需要在伊核问题上实现和解。首先，全球关注的焦点已从伊核问题转向"伊斯兰国"在伊拉克攻城略地，美国把伊朗排除在其牵头组建的反"伊斯兰国"联盟之外，然而伊朗帮助叙利亚巴沙尔政权及伊拉克什叶派民兵组织和政府军打击"伊斯兰国"的成效显著。在打击"伊斯兰国"问题上美国和伊朗存在利益交集，双方都试图将之作为迫使对方在核谈判中让步的诱饵。奥巴马在中东问题上陷入困局，其政策颇受争议且面临考验，他渴望在剩下的两年任期里解决伊核问题，为自己的外交政策留下带有光环的政治遗产。刚获得喘息之机的伊朗经济遭受到突如其来的国际油价暴跌打击，经济困境加大了伊朗政府和核谈判代表的压力，鲁哈尼急于摆脱制裁。其次，奥巴马和鲁哈尼都必须考虑时机问题，一旦共和党在美国中期选举中获得参议院多数席位，2015年1月后将把持参众两院，奥巴马想取消对伊朗制裁将更加困难。考虑到各自国内保守派的阻力，美伊双方在本轮谈判中都采取谨慎的态度，不愿做出更多的让步。因此，谈判取得很大的进展，伊朗与六国就最终协议的原则达成了一致，但在"细节"方面分歧依旧。

2014 年 10 月，六国与伊朗举行了第八轮会谈，在梳理关键问题方面取得了很大进展，但仍未能解决分歧。迫于最终期限临近，11 月 11 日，双方在阿曼首都马斯喀特再次举行为期两天的非正式谈判，并本着务实的态度就全面协议的焦点问题进行了认真、坦诚、艰苦的谈判。近年来，阿曼政府一直在美伊关系中扮演调解人的角色，美伊官员直接谈判前阿曼曾是双方多次秘密接触的地点。本轮谈判没有达到预期的目标，双方商定 18 日起在维也纳做最后冲刺。但 11 月 24 日谈判截止日期前未能达成最终协议，其主要原因在于以下几个方面。

（1）美伊关系"破冰"后没有实质性的进展，双方累积多年的信任赤字是关键。① 奥巴马对伊朗态度的软化丝毫没有动摇哈梅内伊坚持"美国人不可信"的立场，"不反对"最终协议谈判，但对结果"不乐观"。他要求鲁哈尼政府与美国直接谈判不能超越伊核问题范畴，而且绝不能放弃国家利益和向霸权主义国家低头。哈梅内伊拒绝了奥巴马合作帮助伊拉克打击"伊斯兰国"组织的邀请，称美国人"意图邪恶且手很脏"，伊朗不会与其展开直接合作。一些美国国会议员从未停止过质疑伊朗核计划的真实动机，而且不相信哈梅内伊"不允许制造核武器"的宗教令具有约束力，认为伊朗做出的让步不足以消除国际社会对其发展核武器的担忧。国际原子能机构 9 月发布的报告加重了美国人的疑虑。该报告显示，伊朗承诺完成对其核设施"透明化"的五项措施，只落实了三项，另两项未执行的内容涉及伊核计划"可能的军事层面问题"，国际原子能机构工作人员未能获准进入伊朗军事基地进行核查。

（2）奥巴马和鲁哈尼受到各自权力的制约，都要求对方面向未来做出有勇气的政治决断。奥巴马可以行使总统权力暂停 2010 年来美国对伊朗的制裁，但是只有美国国会能永久性地终止这些制裁。共和党议员怀疑政府对伊朗的外交政策，一直试图推动对伊朗实施新的制裁。白宫发言人明确表示，"美国不会拿打击 ISIS 和伊朗核项目做交易"。鲁哈尼总统的权限比奥巴马更少，他的从政背景和经验决定了他不会违背哈梅内伊的意愿而冒险"越界"。伊朗宪法规定，领袖是军队统帅而非总统，军队不允许国际原子能机构工作人员对伊朗军事基地进行核查，鲁哈尼作为总统奈何不得。此外，鲁哈尼政府与六国签订

---

① 参见杨光主编《中东发展报告（2013～2014）：盘点中东安全问题》，社会科学文献出版社，2014，第 221～222 页。

的最终协议要伊斯兰议会审批后才能执行，议会中强硬派议员一直公开与鲁哈尼的各项政策作对。

（3）美伊双方都自恃握有讨价还价的筹码，逼迫对方做出更多的让步。美国认为制裁仍在很好地发挥着打压伊朗经济发展的作用，国际油价下跌给伊朗经济复苏和维护社会稳定带来不确定因素，在核谈判中可以趁机从伊朗人那儿多榨些油水。伊朗认为自己已做出了一系列重大让步，而且鲁哈尼政府的外交政策成效显著，国内经济形势正在好转。[①] 东西方国家都表现出与伊朗加强经贸合作的强烈愿望。此外，美国无法忽略和漠视伊朗在中东地区对付"恐怖分子"维护地区稳定的作用，而且无法阻止伊朗地区影响力不断上升的趋势。

（4）伊朗在中东的劲敌以色列和沙特阿拉伯强烈反对并阻止达成协议，它们对美国国会进行院外游说，在谈判的关键时刻直接向奥巴马施压。沙特阿拉伯外长乘私人飞机前往维也纳要求与美国国务卿克里会晤。在谈判接近最后期限之际，以色列总理内塔尼亚胡警告六国不要犯"历史性错误"，以色列在必要时将单独对伊朗采取军事行动。

尽管如此，伊朗与六国一致认为谈判破裂将带来灾难性的后果。一旦该协议失效，美国将会对伊朗施加新制裁，伊朗将会重启被冻结部分的核计划，美伊关系再度紧张将导致整个中东地区危险升级。因此，延长日内瓦临时协议有效期和继续谈判是最佳选择。双方商定，在2015年3月底前达成政治框架协议，6月30日前完成商谈所有技术细节和草案。

二 走出衰退的伊朗经济面对低油价和制裁双重压力

2013年8月鲁哈尼政府上台后，把削减制裁和控制通货膨胀作为工作的优先选择。在外交上，积极与西方缓和关系，在与P5+1的核谈判中表现灵活。在经济上，采取整顿金融秩序、调整官方汇率、控制货币发行量和流动性、削减政府开支等一系列措施摆脱经济困境。签订伊核问题日内瓦初步协议对改善伊朗经济外部环境和稳定内部市场发挥了重要的作用。受益于此，伊朗

---

① 参见杨光主编《中东发展报告（2013～2014）：盘点中东安全问题》，社会科学文献出版社，2014，第217～219页。

经济展现新的活力。投资者信心增强，股市攀升，自由市场汇率和通货膨胀率持续稳步下降，就业增加。旅游业一片繁荣，迎来大量的外国商人和游客。制裁放松后，石化产品出口快速增加。尽管西方对伊朗的能源制裁未解除，但一些亚洲国家在2014年前5个月实际进口伊朗原油量日均达125万桶，超过了美国设定的日均不超过100万桶的上限。伊历1393年第一季度（2014年3月21日至6月22日）经济增长率为4.6%，两年来首次实现正增长。农业、石油、矿业和工业部门增长率为8.1%。2014年前6个月GDP总计约合285亿美元，比上一年度同期增加4%。这些数据表明，伊朗经济已经走出衰退。

尽管外部压力缓解和内部经济形势转好，但是资金严重短缺使经济持续增长乏力，美欧能源和金融制裁是造成这种状况的重要因素。一方面，伊朗财政预算严重依赖于石油收入，受制裁后伊朗石油出口减少过半，而且有1000亿美元的售油款被冻结在各国银行里。另一方面，连年的预算赤字使政府和企业拖欠商业银行的债务高达数百亿美元，大量的坏账严重削弱了银行的信贷能力。长期的高通胀打击了投资者的信心，制裁阻碍了外部投资和融资进入伊朗市场。多数伊朗民众急切盼望达成最终协议，他们认为只有结束制裁，伊朗经济发展才能步入正轨。鲁哈尼顺应民心致力于外交解决伊核问题，但国内强硬的保守派和军队坚决反对政府在核谈判中向西方妥协和让步。扎里夫率领的伊朗核谈判团队受到的制约明显增加，能够展现灵活性的空间越来越少。

领袖哈梅内伊主张抓住制裁的机会减少政府对石油的依赖，他强调要最大限度地利用国内的科学技术、劳动力、自然、金融和地缘资源，在严重压力、制裁和敌对等各种不利条件下建立确保国家繁荣和发展的抵抗型经济。[①] 伊朗具有建立"抵抗型经济"和发展经济的潜力及优势。首先，伊朗人口接近8000万，劳动力不仅资源丰富，而且年轻化和知识化程度相当高。其次，伊朗自然资源极其丰富，石油和天然气总储量位居世界第一，矿产资源丰富，黄金、铁矿石、其他贵重金属及工业生产所需要的各种原料应有尽有。再次，伊朗地缘优势突出。北临里海，南依波斯湾，与总人口3.7亿的15个邻国交往密切，公路四通八达，在货物转运方面存在巨大商机。此外，伊朗有包括水坝

---

① 陆瑾：《试析鲁哈尼"重振经济"的路径和制约——兼议哈梅内伊的"抵抗型经济政策"》，《西亚非洲》2014年第6期，第136～138页。

和各类工厂在内的良好的基础设施。①鲁哈尼遵照哈梅内伊"抵抗型经济总政策"的指导方针，通过内外两条途径解决生产企业资金短缺问题。对内，坚持抑制通货膨胀和削减财政预算不动摇，以增强投资者的信心和引导公共及私人资金进入生产领域，为人民广泛参与经济提供便利条件。此外，降低政府对石油收入的依赖程度；加快国有企业私有化进程；继续削减能源补贴；增加石油和非石油产品以及服务业的出口；大力发展旅游业；积极支持国内领先和创新企业，把资金优先投向那些能很快产生效益和增加就业的"半完成工程"。对外，为推动伊核谈判进程和实现解除制裁的目标，坚持以互动和合作代替与西方对抗，智慧地管控美伊关系，通过化解分歧减少双方不必要的冲突。在处理诸如伊拉克、叙利亚、巴勒斯坦、阿富汗等地区问题上走温和路线，争取好的外部环境。给外资进入伊朗市场提供政策优惠，积极盘活滞留在国外银行的售油款，使国家建设项目获得投资和融资等。

伊朗对经济发展和核谈判前景有较好的预期。鲁哈尼在新政府执政将满周年之际，公布了一份旨在提高经济增长速度的经济刺激方案，拟不考虑制裁减少因素和不动用央行资本实现控制通货膨胀及发展经济。根据该方案，伊朗经济增长率在2015年3月20日之前将达到4%，通货膨胀率降到20%以下。②国际货币基金也对伊朗经济继续增长持乐观看法。③

自2014年6月起，国际油价突然开始持续下跌，由于对经济的影响滞后和前景不明朗，因此在7月关键一轮核谈判中未能成为伊朗方面考虑做出重大让步的条件。9月国际油价跌破每桶100美元之后，对伊朗的影响逐渐显现。尽管鲁哈尼政府在制定伊历1393年（2014年3月21日至2015年3月20日）财政预算时尽可能减少了对石油收入的依赖，但石油收入仍占政府预算收入的近半，并以每桶100美元价格计算。由于亚洲石油进口国在前期已经大量透支了全年的购买限量，7月20日又未能如期达成最终协议，伊朗很难以大幅提

① 《哈梅内伊阐述抵抗型经济政策的讲话》，http：//www.leader.ir/langs/fa/index.php？p＝bayanat&id＝11542/2014－3－11/。
② 〔伊朗〕《伊朗经济危机能结束吗？》，http：//www.khabaronline.ir/detail/371274/Economy/macroeconomics/2014－8－23。
③ 参见《IMF称鲁哈尼政府稳定了伊朗经济》，商务部网站，http：//ir.mofcom.gov.cn/article/jmxw/201408/20140800698568.shtml/2014－08－14/。

高石油出口量弥补油价下跌的损失,只能大力发展其他行业以弥补油价降低带来的经济损失,如增加非石油产品出口,但伊朗非石油产品出口的40%是石化类产品,其出口价格也随油价低落而降低。11月初,伊朗政府发言人宣称在财政预算中不会出现赤字,政府将通过增加税收、出售债券等方式保障财政收支平衡。但11月24日伊核谈判再次延期后,受失望和恐惧情绪影响,美元对里亚尔汇率打破数月来相对稳定的局面持续走高,一周内伊朗货币贬值接近5%。由于担心伊朗人没钱付款,前往德黑兰寻找商机的客户明显减少。后期统计显示,伊历1393年第三季度(2014年9月23日至12月21日)伊朗经济增长率为2.8%。① 第一季度至第三季度的非石油商品收入为232亿美元,油气收入为185亿美元;政府经常性支出为367亿美元,资本性支出为85亿美元,财政赤字和外债高达数十亿美元。②

　　11月24日未能达成全面协议让伊朗感到失望,批评"美国人说一套做一套,言而无信",原本各方已准备好在文件上签字,但"在最后一刻美国人改变了主意,克里宣布谈判延长7个月"。③ 伊朗媒体高度赞扬了外长扎里夫的智慧和英明,称其成功粉碎了西方试图把谈判失败的罪责扣到伊朗和领袖哈梅内伊身上的阴谋。解除制裁无望,伊朗又寄希望于OPEC在11月举行的年度会议上做出减产决定阻止油价继续下跌。但伊朗等国的诉求遭到沙特和其他海湾国家抵制,而且沙特以保持自己的市场份额为由开足马力生产,使油价跌势雪上加霜。伊朗受到制裁和低油价双重打击,哈梅内伊和鲁哈尼公开指责油价暴跌是一些国家针对俄罗斯和伊朗设计的"政治阴谋"。俄罗斯因乌克兰危机也同样遭到美欧能源制裁,因而可能改变在核谈判中的立场威胁西方,并加大了与伊朗在军事、核电站等方面的合作,并与伊朗达成"石油换食品计划"的共识,两国计划开展五年期限易货贸易,俄罗斯将从伊朗每天购买50万桶原油,俄罗斯则每年向伊朗供应谷物200万吨。换言之,就是俄罗斯帮助伊朗卖石油以规避美欧制裁。俄罗斯只承认联合国安理会的制裁,不认为与伊朗"石油换取商品"的交易不合法。但俄罗斯并未能帮助伊朗卖出石油。事实

---

① http://ir. mofcom. gov. cn/article/jmxw/201504/20150400934850. shtml/2015 - 4 - 7/.

② http://ir. mofcom. gov. cn/article/jmxw/201504/20150400933677. shtml/2015 - 04 - 06/.

③《维拉亚提接受伊朗新闻在线专访》,http://khabaronline. ir/(X(1)S(udmn50enbpnq2qth3 gaffo5j))/detail/399619/Politics/diplomacy/2015 - 2 - 10/。

上，油价下跌是市场上供大于求的反应，一旦伊朗增加石油出口将加剧失衡，低油价和制裁同样给高度依赖能源出口的俄罗斯带来巨大的经济压力。

2014年12月初，鲁哈尼政府向议会提交了伊历1394年（2015年3月21日至2016年3月21日）财政预算。在该预算中，石油价格被定为每桶70美元，而当时国际油价已跌破60美元且仍呈下降趋势，这意味着政府将可能面临巨额赤字。因此，在伊朗国内引发广泛的争议和对通货膨胀卷土重来的担忧。经济学家们指出，伊斯兰共和国自20世纪80年代以来遭遇过多次低油价，甚至低到每桶不足10美元，本届政府经济部门负责人经验丰富，有办法通过内部消化解决。例如：政府缩减开支和减少行政人员；进一步修改补贴政策，大幅削减能源和食品补贴以及缩小接受补贴人群的范围；继续大力增加天然气和非石油产品的出口；增加税收、发行公债和向私人出售国有企业固定资产，军队拟出售"强制兵役权"补充日常开支；动用国家发展基金增加对建设项目的投入，拉动就业和消费；向国际金融机构借贷等。

按照程序，议会至少有35天时间审议和批准预算草案。2015年初，国际油价已下滑至每桶50美元以下。如何保护上一年度取得的4%的经济增长率和通胀率降至17%的成果成为伊朗政府的当务之急，鲁哈尼总统在德黑兰举行的一次大规模经济研讨会上警告那些反对与西方达成核协议的强硬派人士，"我们的政治经验表明，伊朗在孤立状态下是无法获得可持续增长的"，"我们的理想并未绑定在离心机上。我们的理想绑定在我们的内心、头脑及决心上"。他还表示，正在考虑把"对所有人民至关重要、会影响他们生活的重要事务"提交公投，[①] 即试图就是否签订核协议进行全民公决。鲁哈尼的言论遭到强硬保守派的批驳，领袖哈梅内伊表示，与其想用协议换取结束制裁，不如发展"抵抗型经济"来提升自身对制裁的"免疫力"，如果祈求美国，则制裁永无解除之日。哈梅内伊坚持认为伊朗不能后退一步，否则美国会得寸进尺。

伊历1394年财政预算以每桶油价72美元计算，预算总额约为840万亿土曼（1美元＝2850土曼），比上一年增长4.2%。预期石油收入为69万亿土曼。政府工作人员工资、公共项目、建设项目和税收预算比上一年分别增加

---

① 《鲁哈尼在第一次经济工作会议上的讲话》，http：//www.tabnak.ir/fa/news/463494/2015 – 1 –4/。

14%、13.6%、15.8%和22.5%。

鲁哈尼政府在新财年里将面临严峻的经济形势。世界银行公布的最新数据显示，如果美国制裁不取消，伊朗2015年GDP增长率将为0。国际货币基金组织也预测，2015年伊朗GDP将从2014年的3%下滑至0.6%。伊朗民众普遍担忧政府在低油价下会减少对建设项目的投资，一些项目被暂停将会影响到就业。私人企业主则担心政府把财政压力施加于仍处于萧条状态的生产部门，政府一方面要降低通胀率和失业率；另一方面又要从他们那里增加税收。减少制裁，增加私营部门的活力被认为是伊朗经济远离衰退，走向繁荣的关键。

三　达成洛桑框架性方案及伊核问题前景

2015年1月新一轮伊核谈判启动后，各方共同致力于为谈判提速。谈判不再拘泥于日内瓦、维也纳和P5+1模式，频繁的双边和多边磋商在各地举行，包括在瑞士达沃斯世界经济年会和德国慕尼黑核安全峰会间隙，谈判内容聚焦于解决铀浓缩和制裁等核心问题。美国能源部长欧内斯特·莫尼兹、伊朗原子能机构主席萨利希和总统鲁哈尼的胞弟、总统助理侯赛因·费雷顿加入美伊双边谈判，以攻破政治和技术难点。

奥巴马和鲁哈尼都面对不能再延长日内瓦协议的压力。美国参众两院的多数共和党人认为伊朗不应保有任何核能力，日内瓦初步协议允许伊朗现有核设施继续运行和生产一定数量的浓缩铀存在风险，伊朗轻易就能恢复高丰度浓缩铀的生产，而且还有可能隐瞒其他核活动。美国共和党控制国会后，警告奥巴马如果在3月底之前不能达成伊核问题框架协议，将对伊朗实施新的制裁措施。众议院议长博纳绕过白宫直接邀请以色列总理内塔尼亚胡赴美国国会发表演讲，阻止奥巴马与伊朗达成核协议。美国47名共和党参议员联名向伊朗领导人发出公开信，宣称奥巴马签署的任何核协议如果没有得到国会的批准都可能难以持续到其卸任之后。内塔尼亚胡在美国国会发表的"反伊核协议演说"赢得了国会议员24次起立鼓掌。沙特以中东地区将核武化相威胁，要求享有与伊朗相同的核待遇，并在伊核谈判的关键时间点率领多国联军对伊朗支持的也门胡塞武装展开空袭。伊朗方面也担心延长日内瓦协议成为"常态"，目前情况下奥巴马已经基本得到了所有想要的东西。即使美国国会不再追加新的制裁，只要石油出口、金融转账、能源投资等核心制裁不取消，意欲重返伊朗市场和投资的西方大公司就会被阻挡在外，并逐渐心灰意冷，仅获取几十亿美元的解冻资金解决不了经济难题。伊朗国内强硬派批评扎里夫与克里在日内瓦街头散步犯了"一个战略错误"，并推动议会同意审议伊核问题新法案草案，内容包括一旦美国开始实施新制裁，伊朗立即停止执行日内瓦临时协议，并把浓缩铀的丰度提升至60%以上。议会及革命卫队中的强硬分子坚持要求，只有西方解除所有制裁，伊朗才应保证将延迟6月30日的核谈判进行下去，但这一条件很难得到对方的满足。哈梅内伊发表公开讲话支持达成核协议，并肯定伊朗核谈判团队的谈判方向事先得到了自己的确认，但同时又指出：第一，宁可不达成协议也不要一个有损于伊朗民族尊严和国家安全的"坏协议"。第二，如果敌人放下制裁的大刀，很好；如果敌人不放下制裁的大刀，伊朗有很多路径能够使其变钝。第三，对方在核谈判中的行为不合逻辑且霸道。哈梅内伊明确反对分"框架"和"细节"两步达成全面协议，要求"尽快取得一个整体和细节都明确的结果"。①

哈梅内伊的态度一方面压制伊朗强硬保守派反对达成最终协议的干扰之声，另一方面加大了原定3月底前达成框架协议的难度。事实也如此，经过8天夜以继日的艰难谈判和延期最终谈判期限，4月2日伊朗与六国在瑞士洛桑达成伊核问题框架性解决方案，并发表了一份共同声明。

美国版的洛桑协议在限制伊朗核计划部分包括的内容有：（1）伊朗需将现有的19000台离心机减少到6104台，15年内不生产丰度3.67%以上的浓缩铀，并将现有的低浓度浓缩铀库存由10吨减至300公斤；15年之内不得再建新的铀浓缩设施。（2）允许福尔多核设施作为一个技术研究中心开展核活动，但15年之内不得开展与铀浓缩有关的研发活动。（3）允许纳坦兹核设施保留正在运行的1000台第一代离心机，但将现有的1000台新一代离心机移出，并处于国际原子能机构监督之下；允许运行少量的新一代离心机用于有限的研发活动。（4）国际原子能机构定期对伊朗的所有核设施进行核查。（5）由国际社会协助进行重新设计和改建阿拉克重水反应堆，不得生产武器级钚，15年

---

① 《哈梅内伊在接见伊朗空军指挥官和负责人时的讲话》，http：//www. leader. ir/langs/fa/index. php？p = bayanat&id = 12845/2015 - 2 - 8/。

内不得建立新的重水反应堆。关于解除对伊朗制裁的内容包括：在国际核查确认伊朗遵守了其核承诺后，欧盟和美国分别暂停对伊朗的经济和金融制裁，一旦伊朗有违反承诺的行为，将重新启动这些制裁措施；另外，美国将继续维持其对伊朗的其他制裁措施，包括支持恐怖主义、侵犯人权、开发弹道导弹等；在确认伊朗遵守所有上述核限制措施之后，取消联合国安理会对伊朗的制裁决议。①

对于达成洛桑方案观点声音各异。奥巴马称其为历史性的"好协议"，实现了美方"核心目标"，将阻止伊朗获得核武器。美国国会和美国的中东盟友们认为奥巴马政府让步太多，伊朗仍可以保留所有的核设施，意味着协议期限结束后伊朗有能力迅速变为拥核国家。此外，伊朗能否遵守协议和配合核查也受到质疑，国际原子能机构的核查一直受到来自伊朗军方的阻力。伊朗将获得自由和地区现状将被打破令沙特感到沮丧，沙特称伊核协议是灾难性的，誓言发展本国的核技术，并以空袭也门与伊朗展开博弈。以色列批评与伊朗达成协议是"历史性错误"，不仅要求彻底修改伊朗核框架方案，还要求在最终核协议里写明"伊朗承认以色列的生存权"，并重申保留军事打击伊朗核设施的选项。对于来自国会议员们的质疑，美国能源部长说，伊朗核问题协议将没有"固定年限"，是一份"永久协议"。白宫发言人说，针对伊朗的制裁不会在全面协议达成后立即全部取消，这"不是明智的做法"，也"不符合国际社会的利益"。

伊朗方面，民众上街欢庆表达对洛桑协议的支持。伊朗总统鲁哈尼发表电视讲话指出，"伊朗将遵守共同声明。接下来的谈判将会很艰难。所有针对伊朗的经济和金融制裁将被取消而非冻结"。② 议长、司法总监、确定国家利益委员会主席等伊朗权力机构的核心人物纷纷对洛桑共同声明予以积极的评价。同时，伊朗国内也有反对和质疑之声。《世界报》采取一贯做法，刊文严厉批评伊朗让步多于西方，得到的太少。美方发布的详尽版共同行动计划与伊方发布的简约版共同行动计划存在显著差异，引发争议。伊朗外交部政治司司长说，美国已在洛桑会谈中认同有关解除制裁的观点，但后来在其公布的行动计划中又提出不同政策。他要求美国"澄清"其"相互矛盾"的观点。议长拉

---

① 《美国披露伊核问题全面协议将涉及的具体措施》，http：//world. huanqiu. com/hot/2015 - 04/6093154. html。

② 《鲁哈尼接见政府工作人员的讲话》，http：//president. ir/fa/85854/2015 - 4 - 5/。

雷加尼认为，洛桑声明整体上符合伊朗的国家利益。他解释说，达成框架性解决方案是伊朗伊斯兰政权做出的理性决定。洛桑声明是一个新闻声明而不是一个协议，内容简略，伊朗与六国并没有签订协议，只是达成谅解。奥巴马和克里的讲话出于自身和国内利益，不能作为评判标准。奥巴马说将分阶段解除制裁并不违背洛桑方案，六方同意解除欧盟、美国和联合国所有的与经济相关的制裁，但与核和核扩散相关的制裁将分阶段解除。① 革命卫队司令贾法里的表态十分引人关注，他赞扬伊朗外交机构在核谈判中勇敢、睿智，捍卫了民族的权利。② 一直以来，他对鲁哈尼的美伊和核谈判政策持批评态度。外界对伊朗是否会按照协议接受核查存在严重质疑。伊朗公众舆论也流露出担忧情绪，一旦伊朗遵照协议把核材料、核设施的供应链信息交给国际原子能机构，很容易被西方情报机构获得，而且西方有可能会不断提出存在可疑地点要求进行核查以获取更多的伊朗军事情报。伊朗国防部副部长表示，绝不允许敌人对军事中心进行核查，这是伊斯兰共和国的"红线"。③

领袖哈梅内伊表示不反对也不支持洛桑共识。它不是协议，不具有约束力，既不保证谈判能够达成协议，也不保证谈判必将持续到结束。④ 每到伊核谈判的关键节点，哈梅内伊会都重申自己对美国不信任的立场和对达成最终协议前景不乐观。但是，如果没有哈梅内伊对扎里夫核谈判团队的支持，就达不成日内瓦初步协议和洛桑共识。反对之声是国内政治平衡的需要，也是向对方讨价还价的砝码。尽管伊朗国内主要政治力量在改善美伊关系问题上存在严重分歧，但在解决伊核问题上已达成共识，鲁哈尼政府的外交和核谈判成果受到库姆宗教界的赞扬。

伊核谈判从来没有离达成最终协议如此之近，鉴于伊朗国内的经济压力，任何国内势力都不可能阻止伊核问题实现和解的进程，但伊朗做出的最终妥协一定会是建立在确保联合国制裁和美欧制裁被解除，以及不危及伊朗国家安全的核查基础之上。

---

① 《议长关于洛桑声明的立场》，http：//www. mehrnews. com/2015 – 4 – 6/。
② 《卫队司令：伊朗革命后代在外交战中能够捍卫国家利益》，http：//www. khabaronline. ir/detail/407822/Politics/military/2015 – 4 – 7/。
③ 《国防部副部长：我们不允许检查军事中心》，http：//www. khabaronline. ir/detail/408201/Politics/military/2015 – 4 – 9/。
④ 《革命领袖：我完全支持有尊严的协议》，http：//www. khabaronline. ir/detail/408236/Politics/leader/2015 – 4 – 9/。

Y.6

世界经济的滞后影响与中东经济

姜明新 *

摘　要：　2014年世界经济发生了许多重大转变，全球经济复苏态势的逐步巩固、各主要经济体经济增速的分化、美国货币政策正常化和国际油价暴跌，都会对中东北非经济产生重大影响。但由于世界经济变化传导的滞后效应，尤其是国际期货市场油价的滞后效应，中东北非经济在2014年的大多数时间里基本延续2013年的大体走势，更多受到国际油价缓慢下降和急剧变化的地区安全局势的影响。一方面，中东北非大多数石油出口国在其经济继续稳步增长的同时，财政状况明显下滑，这凸显了这些国家财政对石油的依赖和对油价的敏感性；另一方面，中东石油进口国对油价的敏感度远不如石油出口国，因主要经济伙伴不同，进口国和出口国经济表现出不同的发展趋向，显现出经济对外部世界依赖的差异性。

关键词：　国际油价　安全　中东北非　经济

　　2014年全球经济增长3.3%，与2013年持平，[①] 显示出全球经济仍在缓慢复苏的过程中。但重要的是，总体来看，尽管全球金融危机的影响远未退去，但全球经济形势已经发生了很大的转变。这主要表现在：第一，与上一

---

*　姜明新，中国社会科学院西亚非洲研究所副研究员，主要研究领域为中东经济发展。

①　IMF, *Regional Economic Outlook: Middle East and Central Asia*, January 2015, p. 1.

年全球经济仍在金融危机的泥潭中艰难挣扎不同，2014 年全球经济复苏的基本态势逐步得到巩固，总体经济状况有所改善。第二，全球各主要经济体经济增长速度出现明显的分化，世界经济增长不再按发达国家、新兴市场国家、发展中国家分野，不仅新兴经济体内部出现了分化，发达国家内部也出现了分化：美国、英国、加拿大经济逐步复苏，欧元区和日本经济步履维艰，通缩压力增强。① 第三，美联储 10 月底退出量宽，正式收紧货币政策，并在年底打开了加息通道。鉴于美元的强势地位，其他国家的货币政策不得不做出适应性调整或为政策调整做准备。第四，在经历了连续近 10 年的高油价之后，自 2014 年 6 月起国际油价持续下跌，仅在 2014 年 9 月至 2015 年 1 月间，其跌幅已经超过了 55%。②

具体来看，在曲曲折折的 2014 年，世界经济最突出的表现是美国经济先抑后扬，经济增长和就业持续强劲向好让美国社会一片欢腾，乘此东风，信心满满的美联储正式宣布退出实行多年的量化宽松；自 5 月起实行的以振兴制造业为核心的"莫迪新政"带领一度疲软的印度经济大幅增长了 5.6%，成为 2014 年世界经济的另一个亮点，国际货币基金组织更预测印度 2015 年经济增长率将超过中国，达到 7.5% 的高水平；③ 而与此形成鲜明对比的是仍在危机泥潭中苦苦挣扎的欧元区和日本，为了摆脱衰退和通缩的困扰，欧元区和日本政府先后推出了巨额量化宽松和庞大的经济刺激计划，但与"世界大佬"美国货币政策和财政政策相左，其前景如何，实难预料；④ 而地缘政治危机和油价暴跌让资源出口型大国经济增长转向负面，通货膨胀、货币贬值，让同属"金砖"的俄罗斯和巴西成色下降不少；而作为多年世界经济发动机的中国，虽然产能过剩、出口竞争力下降及信贷过大等问题使得经

① 李云：《分化加剧 2015 年世界经济复苏与危机并存》，http：//forex. hexun. com/2015 - 02 - 17/173442678. html，2015 年 2 月 17 日。
② IMF, *Regional Economic Outlook: Middle East and Central Asia*, January 2015, p. 2.
③ 张宇燕、徐秀军：《2014 ~ 2015 年世界经济形势回顾与展望》，《当代世界》2015 年第 1 期，第 6 页；但不同的是，IMF 估计印度 2014 年增长 7.2%，参见 IMF, *Regional Economic Outlook: Asia and Pacific*, April 15, 2014, pp. 3, 20。
④ 张宇燕、徐秀军：《2014 ~ 2015 年世界经济形势回顾与展望》，《当代世界》2015 年第 1 期，第 7、9 页；李云：《分化加剧 2015 年世界经济复苏与危机并存》，http：//forex. hexun. com/2015 - 02 - 17/173442678. html，2015 年 2 月 17 日。

济增长进一步放缓，但 2014 年中国对世界经济增长的贡献仍居首位，而正在积极推动的增长方式的调整将引领中国经济逐步进入更加可持续增长的新常态。

在世界经济发生了如此多重大变化的情况下，受其影响，2014 年的中东北非经济也面临着一些新旧问题的困扰，这主要包括如下几方面。

（1）全球石油供需严重失衡，导致国际石油市场价格暴跌。此轮油价暴跌，原因是多样的，首要的因素依然是全球石油需求疲软，欧元区、日本、中国、俄罗斯低于预期的经济增长抑制了全球能源需求的增长，而曾经的世界第一大石油进口国美国，因为页岩油的开发不仅大大降低了对石油进口的依赖，甚至还将在 2015 年让北美变为世界能源净出口地区，[①] 从而直接导致国际市场能源需求进一步下降。造成国际油价暴跌更重要的原因还是在石油供给方面，以沙特为首的欧佩克国家采取了与 2013 年导致其石油量价齐跌的策略完全不同的石油策略，2014 年 11 月底，面对国际油价持续下滑，欧佩克组织做出不减产的决定，沙特等主要产油国还将石油产量推至接近产能极限的高水平，这直接导致了涨跌不定的国际石油市场[②]对油价的预期迅速崩盘下滑，12 月份期货价格直趋 60 美元/桶以下。因此，不难看出，本轮全球石油供需严重失衡和油价暴跌并不只是一个简单的经济问题，而是与欧佩克国家和非欧佩克产油国之间的油气博弈[③]甚至与西方国家借机打压俄罗斯经济有关。

（2）地区安全形势进一步恶化。冲突、恐怖主义等安全问题仍是中东北非地区压倒性的问题。2014 年中东北非地区最引人注目的事件是"伊斯兰国"在伊拉克的攻城略地，极盛时兵锋直指伊拉克首都巴格达，而叙利亚内战的长期化和事实上的分裂分治，也门、利比亚内战内乱以及发生在某些国家的恐怖袭击等，所有这些不安全因素在打压当事国经济的同时，对邻国甚

---

① BP：《2035 世界能源展望》，2015 年 2 月，第 25、27 页。

② 在 2014 年 10 月号的《中东北非经济展望》中，仍然预测 2015 年中的国际油价高于 112 美元或低于 87 美元的概率都是 1/3，参见 IMF, *Regional Economic Outlook：Middle East and Central Asia*, October 2014, p. 20。

③ "Saudi Claims Oil Price Strategy Success," *Financial Times*, 2015 - 5 - 13, http：//www. ft. com/intl/cms/s/2/69350a3e - f970 - 11e4 - be7b - 00144feab7de. html#axzz3aAlBrOfc。

至整个地区的外溢效应也日益明显。国内和地区冲突严重牵制着相关国家的经济发展。

（3）欧元区复苏艰难，海合会财政地位削弱。深陷债务危机的欧元区经济持续低迷，2014年经济增长近乎停滞，不仅拖累全球经济复苏，更对马格里布国家和土耳其的出口和旅游经济造成重大负面影响，而油价下跌造成的海合会国家财政盈余大幅下降不仅会影响自身经济的正常发展，还会影响马什雷克国家的侨汇、旅游、外援和投资，进而打压其经济表现。

（4）美国正式退出量化宽松，全球金融形势持续收紧。随着对美国利率提升和资金回流的心理预期升高，美国货币政策正常化将给其他经济体的经济复苏带来冲击，而在新的美元升值周期，中东北非国家尤其是石油进口国将面临资金外流和投资不足的压力。但在2014年，由于早有心理预期，在美元并未加息的情况下，美国正式结束量化宽松并未对财政压力增强的中东北非国家造成太大的影响，但对那些对外融资需求较大、短期债务较多的国家如土耳其则形成了比较大的压力。

作为对这一冲击的前期反映，自2014年6月以来，中东北非地区那些不与美元挂钩的本地货币，包括伊朗、摩洛哥、突尼斯、土耳其货币，相对美元已经贬值，其幅度与受油价冲击的幅度大体相应。[1] 但鉴于欧元和卢布的颓势，这些国家的货币实际上有所升值，因而会影响到这些国家的出口贸易。

尽管如此，由于世界经济传导的滞后效应，尤其是国际期货市场油价的滞后效应，中东北非经济在2014年的大多数时间里基本延续了2013年的大体走势，更多受到国际油价缓慢下降和急剧变化的地区安全局势的影响。一方面，中东北非大多数石油出口国在其经济继续稳步增长的同时，其财政状况明显下滑，这凸显了这些国家财政对石油的依赖和对油价的敏感性；另一方面，中东石油进口国对油价的敏感度远不如石油出口国，因其主要经济伙伴不同，其经济表现出不同的发展趋向，显现出其经济对外部世界依赖的差异性。总体来看，与2013年相比，2014年中东北非经济略有上升，年增长达2.6%。[2]（见表1）

---

[1] IMF, *Regional Economic Outlook: Middle East and Central Asia*, January 2015, p. 4.

[2] IMF, *Regional Economic Outlook: Middle East and Central Asia*, January 2015, p. 14.

表1 2013~2014年中东国家主要经济发展指标

	实际GDP增长率(%)		通货膨胀率(%)		失业率(%)		汇率(本币:美元)		出口(百万美元)		进口(百万美元)		经常项目平衡(百万美元)		外债总额(百万美元)	
	2013	2014	2013	2014	2013	2014	2013	2014	2013	2014	2013	2014	2013	2014	2013	2014
石油出口国																
阿尔及利亚	2.8	2.9	3.3	2.9	9.8	10.6	79.37	80.58	64377	61263	-54993	-57530	831	-5210	5231	4708
巴林	5.3	4.3	4.0	2.5			0.376	0.376	20927	21386	-13656	-13793	2560	2437	17195	18256
伊朗	-1.9	2.9	39.3	17.2	10.4	10.3	18414	25912	93015	93888	-60047	-66052	27965	21101	7646	6985
伊拉克	4.5	0.0	1.9	2.2			1166	1166	89769	85298	-49977	-52475	22054	16113	59488	58124
科威特	1.5	2.3	2.7	3.0			0.282	0.293	119030	102953	-26571	-28273	69293	49411	36299	34673
利比亚	-3.0	-5.2	1.7	4.3			1.25	1.36	46018	15186	-34050	-13620	-108	-9007	7061	5961
阿曼	3.9	3.4	2.1	1.0			0.385	0.385	56429	57171	-31842	-34185	5117	3802	11332	11423
卡塔尔	6.3	6.0	2.5	3.3	0.3	0.4	3.64	3.64	136937	118116	-31475	-38228	62587	35198	149290	156049
沙特阿拉伯	2.7	3.6	3.5	2.7			3.750	3.750	375961	345443	-153247	-162748	132640	94116	155653	167954
阿联酋	5.2	4.6	1.1	2.3			3.67	3.67	378609	380347	-241507	-253583	64638	47461	168761	173661
也门	3.9	1.9	11.0	8.0			214.9	214.9	7842	8254	-10756	-10654	-1531	-2020	7671	7781
石油进口国																
埃及	2.1	2.2	9.5	10.1	13.2	15.6	6.87	7.08	26534	25065	-55807	-49353	-3488	-3262	44430	50204
以色列	3.4	2.9	1.5	0.5	6.2	5.9	3.47	3.89	61958	62968	-71286	-71489	6893	9793	95533	99695
约旦	2.8	3.2	2.7	1.4	12.6	11.9	0.710	0.710	7913	8388	-19561	-20519	-3448	-3377	23970	24939
黎巴嫩	3.0	2.0	1.1	-0.7			1507.5	1507.5	4499	3787	-19672	-18991	-109873	-9956	32199	31342
摩洛哥	4.4	2.4	1.9	0.4	9.2	9.9	8.38	8.38	18262	19831	-39854	-39803	-8692	-6905	39261	45548
叙利亚	-20.6	0.5	89.6	26.8	35.0	33.0	140.81	180.35	2889	3015	-9069	-8322	-5466	-3977	7205	8060
突尼斯	2.5	2.2	5.8	4.9	15.8	16.7	1.62	1.70	17146	16823	-22981	-23401	-3879	-4462	25827	28315
土耳其	4.1	3.0	7.4	8.2	9.1	9.9	2.136	2.321	161789	169028	-241696	-232613	-65034	-46184	388243	401494

资料来源：英国经济学家情报部2015年3月相关国家《国别报告》。

一　油价暴跌削弱了中东石油出口国的财政地位

油价下跌和安全问题是 2014 年影响中东北非石油出口国经济的两大关键因素，但由于油价传导的滞后效应，2014 年与战争、冲突有关的安全问题对中东北非石油出口国经济的影响似乎更大。结果是，海合会国家和非海合会国家经济发展的差异日趋鲜明，呈现出明显分化，这已经成为 2014 年中东北非石油出口国经济最突出的特点。这从一个侧面清晰地表明，冲突、恐怖主义、内乱及地缘政治风险等安全因素对中东北非地区石油出口国经济的巨大影响。

2014 年几乎所有石油出口国的财政状况都在弱化（见表 2）。尽管国际油价下跌影响的传导滞后，并且油价暴跌仅仅出现在 2014 年底，但中东北非石油出口国政府的财政状况仍然出现较大幅度的下滑，凸显了这些国家政府财政对石油出口和石油收入的巨大依赖，[①] 以及政府财政对国际油价变化巨大的风险敞口。

表 2　2013~2014 年中东石油出口国财政平衡情况（占 GDP 的百分比）

单位：%

年份	阿尔及利亚	巴林	伊朗	伊拉克	科威特	利比亚	阿曼	卡塔尔	沙特阿拉伯	阿联酋	也门
2013	-0.9	-3.3	-0.9	-5.9	25.8	-3.8	0.9	15.6	6.5	6.6	-8.0
2014	-4.9	-4.5	-0.8	-6.4	17.0	-11.7	-3.2	9.1	1.0	4.1	-8.4

资料来源：英国经济学家情报部 2015 年 3 月相关国家《国别报告》。

因此，一方面是战乱国家的经济状况持续恶化。伊拉克、利比亚、也门安全形势进一步恶化，严重扰乱了这些国家的经济运行，国际货币基金组织也因此将非海合会国家 2014 年的经济增长预测下调了 2.25%，预计全年仅增长 0.25%，其中，仅"伊斯兰国"对伊拉克的进攻预计就会让伊拉克 2014 年的国内生产总值下降 2.75%。[②] 不仅如此，这些遭受安全问题困扰的国家还要面

---

① 石油出口平均占中东北非石油出口国总出口的 2/3，参见 IMF, *Regional Economic Outlook*: *Middle East and Central Asia*, January 2015, p.6。

② IMF, *Regional Economic Outlook*: *Middle East and Central Asia*, October 2014, p.18。

对用有限的资源来支持日益增长的国内需求的任务。由于石油收入已经停止增长，而政府支出还在不断上升，在石油生产中断、油田老化及非油部门不发达这三大因素的综合作用下，大多数非海合会石油生产国2011～2015年间减少的收入估计将达国内生产总值的3.5%，而同期的支出预计年均上升7%，相当于国内生产总值的2%，[①] 并且这些增加的支出大多是难以逆转的经常项目支出，因此，非海合会石油生产国的财政状况日趋紧张，伊拉克、利比亚等国还需要支取以前积累下来的石油财富来满足政府最基本的支出需要，而遭受长期制裁的伊朗财政也一直面临着巨大的支出压力。

另一方面，与之形成鲜明对比的是海合会国家经济的稳步增长。虽然受油价下跌的影响，海合会国家财政也遭到明显削弱，但由于它们大多拥有可观的财政缓冲，短期内不需要大幅削减支出以应对油价的下跌，因而，2014年海合会国家经济并未受到油价暴跌的太大冲击，其财政盈余依然达到了国内生产总值的4.6%，[②] 但海合会国家的财政状况并不足以为后代存下足够的石油储备基金。如果2015年油价持续在低位运行，海合会国家的经济增长前景也会转向负面。总体来看，2014年海合会国家经济稳步增长了3.7%，与2013年3.6%的增长率基本持平。[③]

表3 2014年中东石油出口国主要经济指标

	实际GDP增长率（%）	石油产量（千桶/天）	石油收入（10亿美元）	经常项目平衡（10亿美元）	经常项目/GDP	年底外债（10亿美元）	通货膨胀率（%）	外汇储备（百万美元）
阿尔及利亚	2.9	1119+820亿方天然气	55.8	-5.2	-2.4	4.7	2.9	182015
巴　　　林	4.3	201	15.066	2.4	7.2	18.3	2.7	5882
伊　　　朗	2.9	2798	60.582	21.1	5.1	7.0	17.2	108950
伊　拉　克	0.0	3113	—	16.1	7.2	58.1	2.2	64852
科　威　特	2.3	2797	95.8	49.4	28.1	34.7	2.9	32229

[①] IMF, *Regional Economic Outlook：Middle East and Central Asia*, October 2014, p. 23.

[②] IMF, *Regional Economic Outlook：Middle East and Central Asia*, January 2015, p. 7.

[③] IMF, *Regional Economic Outlook：Middle East and Central Asia*, January 2015, p. 14.

	实际GDP增长率（％）	石油产量（千桶/天）	石油收入（10亿美元）	经常项目平衡（10亿美元）	经常项目/GDP	年底外债（10亿美元）	通货膨胀率(％)	外汇储备（百万美元）
利比亚	-5.2	459	14.9	-9.0	-14.1	6.0	3.9	90587
阿曼	3.4	950	27.206	3.8	4.9	11.4	4.0	16324
卡塔尔	6.0	720	15.7	35.2	17.8	156.0	3.0	45141
沙特阿拉伯	3.6	9690	238.4	94.1	12.6	168.0	2.7	740231
阿联酋	4.6	2760	89.6	47.5	11.3	173.7	2.3	74703
也门	1.9	156	3.952	-2.0	-5.2	7.8	8.0	4665

资料来源：英国经济学家情报部2015年3月相关国家《国别报告》。

（一）海合会国家经济稳步增长，但财政持续弱化

1. 沙特阿拉伯

沙特阿拉伯是欧佩克内最大的石油生产国，长期以来一直扮演国际石油市场调节者的角色。但在2014年，面对国际石油市场供过于求并导致油价下跌的现实，沙特政府采取了增产保份额的策略，力图将非欧佩克产油国高成本的原油投资挤出石油市场，并打压替代能源的开发和应用，以延缓石油时代的结束。迄今为止，沙特宣布它的这一战略正在获得成功。[①] 但鉴于石油出口收入占沙特财政总收入的80%~90%，这一政策也让沙特付出了相当大的代价。与2013年相比，尽管其石油日产量基本不变，年均969万桶/天，甚至一度保持在1030万桶/天的极限产量，但2014年的石油收入却减少了397亿美元（见表4），并且这还是在国际油价传导滞后的情况下。

但即便如此，沙特也不愿削减其政府支出，因为沙特政府当前的基本政策是推进经济多元化、提高人民生活水平并促进私人就业。因此，一方面，在油价下跌的情况下，政府仍大力推动大型基础设施建设并增加工业投资，这包括扩建现有铁路网，修建利雅得地铁等地铁工程、萨达拉大型石化联合体、新的炼铝厂、磷肥厂和一批天然气开发项目等，在预算外还有670亿美元经济适用

[①] "Saudi Claims Oil Price Strategy Success," *Financial Times*, 2015 - 5 - 13, http://www. ft. com/intl/cms/s/2/69350a3e - f970 - 11e4 - be7b - 00144feab7de. html#axzz3aAlBrOfc.

房建设支出。另一方面，沙特积极推动私人部门雇佣沙特人计划并缩短私人部门工时、大幅提高最低工资标准。沙特的这些努力取得了一定成效，2014 年相较 2013 年经济大幅增长了 3.6%。[①]

表4　2013、2014 年中东石油出口国实际 GDP 增长率、石油产量与收入对比

	实际 GDP 增长率(%)		石油产量(千桶/天)		石油收入(10 亿美元)	
	2013 年	2014 年	2013 年	2014 年	2013 年	2014 年
阿尔及利亚	3.1	2.9	1150 + 790 亿方天然气	1119 + 820 亿方天然气	63.8	55.8
巴　　林	4.1	4.3	193	201	16.127	15.066
伊　　朗	-3.0	2.9	2696	2798	36.927	60.582
伊 拉 克	5.2	0.0	2979	3113	—	—
科 威 特	3.0	2.3	2809	2797	105.8	95.8
利 比 亚	-2.5	-5.2	901	459	34.4	14.9
阿　　曼	4.2	3.4	942	950	30.103	27.206
卡 塔 尔	5.3	6.0	731	720	17.4	15.7
沙特阿拉伯	2.9	3.6	9673	9690	278.1	238.4
阿 联 酋	5.2	4.6	2760	2760	150.7	89.6
也　　门	3.9	1.9	144	156	2.847	3.952

资料来源：英国经济学家情报部 2014 年 3 月和 2015 年 3 月相关国家《国别报告》。

但沙特政府的这些做法也增加了人们对其财政和经济可持续性的担忧。2014 年沙特的经常项目盈余从 2013 年的 1326 亿美元大幅下降到 941 亿美元，而其财政盈余更是在 2013 年已经大幅下降到占其国内生产总值的 6.5% 的基础上进一步锐减到 1.0%。[②] 而"沙特化"等一系列新政策已造成 140 万外籍劳工离境和国内用工荒、用工贵的问题，反映到经济上，2014 年下半年，建筑业和零售业的发展速度显著放缓，而石油部门也实时收缩。[③]

随着沙特新王登基并大发红包，预计沙特 2015 年财政将会出现较大赤字，并导致其政府支出政策和油价政策的较大改变。

① EIU, *Country Report*: *Saudi Arabia*, March 2015, p.8.
② EIU, *Country Report*: *Saudi Arabia*, March 2015, p.9.
③ EIU, *Country Report*: *Saudi Arabia*, March 2015, p.7.

2. 阿联酋

作为海合会内乃至中东地区多元化最成功的石油出口国,阿联酋在经历了 2009 年债务危机之后,重新将自己定位为地区金融中心和贸易中转站,并将贸易和旅游部门的发展放到重要地位。

2014 年阿联酋经济的基本态势是石油部门损失较大而非油部门稳步增长,其实际 GDP 增长主要由非油经济驱动。在国际油价大幅下跌的情况下,尽管阿联酋的石油产量基本未变,年均 276 万桶/天,但其石油收入下降幅度很大,从 2013 年的 1507 亿美元暴跌至 896 亿美元,① 下滑幅度远超中东石油出口第一大国沙特阿拉伯,显示出阿联酋石油出口对国际油价的风险敞口更大。

在此情况下,2014 年阿联酋经济还是增长了 4.6%,这主要得益于阿联酋非油部门的快速增长。基于其对自身的重新定位,阿联酋政府加大了对基础设施和制造业的投资和支持力度,这其中就包括许多大型基础设施项目,如迪拜世界购物中心、拉希德城和德拉岛项目、阿布扎比哈利发工业区及马斯达城项目等。此外,迪拜还要举办 2020 年世博会,政府将陆续支出 68 亿美元兴建相关基础设施。而为了应对国内用电量飙升,政府打算安装更多的太阳能电站,迪拜计划到 2030 年让清洁能源发电达到其总发电量的 15%,而原计划是 5%,与此同时,政府也颁发了建设 4 座 1400 兆瓦核电站的许可证。

虽然 2014 年世界经济仍在艰难复苏,但阿联酋的进出口贸易都有所增长,然而,其经常项目盈余仍在大幅下降,从 2013 年的 646.4 亿美元下降到 2014 年的 474.6 亿美元,占其国内生产总值的 11.3%,下降的主要原因是国际油价下跌和转移支付上升。而在财政平衡方面,由于低油价导致其石油收入下降而政府支出仍在不断上升,政府财政盈余从 2013 年占国内生产总值的 6.6% 下降到 2014 年的 4.1%,② 连续 2 年下跌让阿联酋的财政地位进一步弱化。

3. 科威特

由于石油收入占科威特政府总收入的 92%,而科威特的经济多元化发展又不足,因此,科威特的经济状况基本上受国际油价波动的影响。

---

① EIU, *Country Report: United Arab Emirates*, March 2014, p. 7; EIU, *Country Report: United Arab Emirates*, March 2015, p. 10.

② EIU, *Country Report: United Arab Emirates*, March 2015, pp. 10, 11.

多年来，科威特的发展支出一直受限，其原因是官僚主义、产能限制及行政与立法间的长期政治僵局对投资计划的负面影响。尤其是后者，每当政府试图推动经济改革计划并仔细审查公共财政的时候都会遭到民粹派议员和公众的强烈反对，而议会的这种民粹倾向预计今后仍会长期存在，这导致了对长期财政可持续性的担忧。

2014年科威特的石油产量依旧受到产能约束，年均约280万桶/天，与2013年基本持平，但受国际油价持续下跌的影响，科威特的石油收入从2013年的1058亿美元下降到958亿美元，减少了100亿美元（见表4）。

随着2014年下半年政府支出增加和石油收入下降，以及转移支付的持续增长，科威特经常项目盈余从2013年占国内生产总值的44.4%大幅下降到28.1%，① 而科威特的财政盈余也从2013年占国内生产总值的25.8%下降到2014年的17.0%。尽管2014年其财政盈余大幅下降，但科威特仍是海合会中财政盈余最高的国家。

4. 卡塔尔

卡塔尔的经济政策集中在多元化上，目的是将卡塔尔打造成一个地区金融和商业中心，但实际上其经济增长仍严重依赖油气收入，而2014年的油价下跌对其经济造成了很大的冲击，卡塔尔政府被迫采取措施进行调整。

卡塔尔石油生产在2008年后一直下滑，而自2014年6月国际油价开始下跌以来，2014年11月到2015年1月其石油产量降至67万桶/天。由于老油田的石油产量持续下降，液化气和凝析油出口已经占到卡塔尔出口收入的大头。但卡塔尔在液化气市场的地位也受到了北美和澳大利亚的挑战，2013年底卡塔尔天然气公司被迫放弃其长期坚持的"照付不议"长期协议而改用灵活期限销售购买协议。

不仅如此，2014年油价暴跌造成的财政困难还迫使卡塔尔政府重新评估一些发展项目的财政可行性，这进一步打击了卡塔尔雄心勃勃的多元化发展计划。继9月份搁置塞吉尔石化项目之后，卡塔尔石油公司在2015年1月宣布搁置耗资64亿美元的卡拉那石化联合体项目，这将拖延原定到2020年将卡塔

① EIU, *Country Report*: *Kuwait*, March 2015, p. 9; EIU, *Country Report*: *Kuwait*, March 2014, p. 8.

尔石化年产量从 900 万吨提升到 2300 万吨的计划，从而阻碍卡塔尔利用其天然气来发展石化工业的目标。[1]

由于在"阿拉伯之春"后，政府根本无法触碰占其经常支出项目近 1/3 的工资总额，为减小财政负担，政府只好重新安排一些基础设施项目的时间表。在油价下跌和支出增长的压力下，2014/2015 年卡塔尔财政盈余大幅下降至占国内生产总值的 9.1%，并且由于油价低迷和世界杯前的高资本支出，预计其财政盈余还将继续下降甚至变为赤字。[2] 作为卡塔尔当前财政紧张的一个反映，卡塔尔公共事务局宣布推迟耗资 120 亿美元的沙尔克立交项目，而该项目是卡塔尔 2022 年世界杯设施建设的一部分。[3]

5. 阿曼

阿曼经济受国内石油产量和油气出口价格变动的影响，政府财政严重依赖油气收入。2014 年因为油价下跌，阿曼实际国内生产总值只增长了 3.4%，与 2013 年相比有所放缓。而且由于抽取石油变得越来越困难和昂贵，2014 年前 9 个月阿曼石油生产仅增长了 1%，其增产前景非常不乐观，因此，阿曼政府将加速非油多元化改革，并促进非油出口。目前，阿曼已经推出了"2020 远景"国家发展计划，主要目的是通过大规模的基础设施建设来帮助实现经济多元化，这包括修建机场、港口，建设工业区和经济区，修建新医院及一条长达 2244 公里连接海合会铁路网的铁路等。

但是，阿曼的多元化进程也不太顺利。根据国家统计和信息中心的数据，截至 2014 年 11 月，其 2011～2015 五年计划投资支出总共为 117 亿里亚尔，投资支出低于预想，部分归因于国家铁路项目等大型项目延期。[4]

作为阿曼财政收入主要来源的油气工业，由于 2014 年 6 月以来的油价持续下跌和几乎没有增长的石油产量，其油气收入仅约为 272 亿美元，比 2013 年减少约 29 亿美元，下降近一成。面对下降的收入和不断增长的支出，政府又无法削减政治上敏感的经常项目支出，因此被迫重新评估石油项目的财政可行性。2014 年 11 月，政府宣布自 2015 年 1 月起，工业区和水泥厂用气价格翻

① EIU, *Country Report*: *Qatar*, March 2015, p. 5.
② EIU, *Country Report*: *Qatar*, March 2015, p. 6.
③ EIU, *Country Report*: *Qatar*, March 2015, p. 5.
④ EIU, *Country Report*: *Qatar*, March 2015, p. 5.

番。2015 年 1 月石油大臣透露，为应对油价下跌和控制赤字，政府可能出售国有的阿曼炼油与石油工业公司的股份。

2014 年阿曼经常项目盈余下降到 38 亿美元，占 GDP 的 4.9%，主要原因是严重依赖外籍劳工，服务赤字庞大。而政府财政也从 2013 年的略有盈余转变为赤字，赤字相当于阿曼国内生产总值的 3.2%。① 由于油价下跌可能长期化，因此，预计阿曼财政赤字将会进一步上升。

6. 巴林

自 2014 年中期以来，国内政治动乱严重损害了巴林作为安全稳定的金融中心的名声，政府主要关注的是国内的政治动荡和国际油价下跌，以及恢复投资者对巴林经济的信心。

民粹主义的公共支出仍是政府政策的基石，但因为国小、石油储备少、主权财富基金少，因而与其他海湾石油生产国相比，巴林长期是赤字财政，其财政也缺乏灵活性。而自 2011 年以来为了维稳，庞大的民粹主义支出让巴林财政不堪重负。鉴于石油收入占总收入的 80%，在国际油价持续下跌的情况下，政府不得不大幅削减各个项目支出。2014 年财政赤字进一步扩大，达国内生产总值的 4.5%。随着低油价的持续，预计 2015 年其财政赤字将会进一步飙升至占国内生产总值的 10%。②

为平衡预算，巴林政府被迫通过向国内外借款来为其赤字和债务融资，这让政府的债务负担持续上升。2014 年 9 月，巴林发行了 12.5 亿美元 30 年期收益 6% 的债券。预计巴林还会继续转向国际债券市场来满足其预算需求。

尽管巴林政府努力推动经济多元化，但其公共财政仍然严重依赖石油收入，因此，政府努力挖掘其油气部门的潜力，在稳定阿布·沙发油田产量的同时，扩建该国唯一的西特拉炼油厂。巴林也积极推动建筑业、酒店餐饮业和零售业的发展。2014 年 10 月，在海合会发展基金的支持下，政府宣布斥资 220 亿美元刺激就业和经济多元化。2014 年巴林实际国内生产总值增速虽有所下降，但仍然增长了 4.3%。③

① EIU, *Country Report*: *Qatar*, March 2015, p. 9.
② EIU, *Country Report*: *Bahrain*, March 2015, p. 6.
③ EIU, *Country Report*: *Bahrain*, March 2015, p. 10.

（二）安全困境打压部分石油出口国经济

1. 伊拉克

2014年"伊斯兰国"占领控制了伊拉克近1/3的国土，而伊拉克国内政治和政府也是四分五裂，彼此互不信任，所有主要政党都有内阁职位，政府部委成了各党派控制的地盘，这导致了伊拉克政府运转不灵、中央政府控制力弱。

伊拉克当前的经济决策受制于与"伊斯兰国"作战和石油收入下降，鉴于伊拉克经济完全依赖石油，政府打算继续扩大石油部门和解决基础设施瓶颈，并吸引私人投资尤其是向电力部门投资。

"伊斯兰国"的崛起对2014年伊拉克经济造成冲击，据估计非油部门因此收缩了3.2%，抵销了在伊拉克南部和库尔德自治区石油生产4.4%的增长，因此2014年伊拉克的经济增长为零。[1] 此外，"伊斯兰国"的进攻还造成了货物供应中断，直接推升了通货膨胀，2014年实际通胀率超出了官方公布的年均2.2%的通胀率。

但是，由于大多数石油生产都远离与"伊斯兰国"作战的前线，因此，伊拉克的财政收入没有直接受到冲突的威胁，在石油生产略有增长的情况下，其石油出口收入也只是略有下降。但尽管如此，政府军与"伊斯兰国"的艰苦作战导致军费大幅增长，而难民安置也是一项沉重负担，更不用提战争破坏造成的损失还需要大量的资金来弥补，所有这些都让伊拉克财政捉襟见肘，2014年其财政赤字进一步上升到占国内生产总值的6.4%。[2]

2. 利比亚

由于利比亚黎明党主导的全国代表大会拒绝承认2014年6月大选产生的由民族主义自由派主导的议会的合法性，利比亚国内伊斯兰派和民族主义自由派及各自拥护的两个平行政府彼此尖锐对立，利比亚因而陷入了长期错综复杂的内战和混乱之中，而当前弥漫的暴力冲突，还会因为利比亚东、西部出现了"伊斯兰国"式的民兵武装而进一步恶化。

① EIU, *Country Report：Iraq*, March 2015, p. 7.
② EIU, *Country Report：Iraq*, March 2015, p. 9.

因为不同派系间摩擦、战斗不断，政府的决策、央行和国家石油公司的运营都成了问题。自卡扎菲倒台以来，利比亚一直实行扩张性财政，常常牺牲投资支出来支持在补贴和公共部门工资上的经常项目支出，这造成了利比亚公共部门工资总额居高难下。而近两年因为利比亚国内冲突、罢工不断，石油产量和石油收入下滑，政府财政虚弱，高工资和高补贴政策早已难以为继，而当前急需的战后重建也要等到内战结束之后才有可能展开。据估计，2014 年利比亚石油年均日产量为 45.9 万桶，石油出口收入为 149 亿美元，远低于 2013 年的 90 万桶/日的石油产量和 344 亿美元的石油收入。①

虽然政府收入大幅下降，但两个平行且相互对立的政府都在极力争夺民众的支持，因此两个内阁都要继续优先保障公共部门工资和补贴的发放，这必然会大幅削减对基础设施和经济多元化等领域的投资，这对政府财政和国家经济发展都带来了严重的负面影响。一方面，2014 年利比亚的财政赤字大幅上升，从 2013 年占国内生产总值的 3.8% 猛增到 11.7%；另一方面，利比亚 2014 年实际国内生产总值收缩了 5.2%。②

3. 也门

近几年也门实际上陷入四分五裂的状态，全国由各派武装割据控制，中央政府的实际职能也就是维持基本服务。但由于石油产量下降，燃油补贴和工资支出不断上涨，也门的公共财政已经多年不可持续了，其缺口主要靠外部捐赠和援助来解决。2014 年 9 月国际货币基金组织批准了向也门提供 5.53 亿美元为期 3 年的贷款计划。但是，随着也门政治危机逐步恶化，尤其是在 2014 年 11 月政府更迭、2015 年 1 月政府辞职造成也门政府财政决策真空之后，其实施前景不容乐观，而 2 月份也门前总统哈迪的南逃进一步加剧了也门南北对立和地区紧张。

2014 年也门经济增长大幅下降，估计仅增长了 1.9%，③ 其主要原因是胡塞武装不断南进，战争的破坏导致石油减产、燃油短缺和电力供应不足及经济活动中断。由于主要基础设施和生产设施遭到破坏，加上政府管理真空、

---

① EIU, *Country Report*: *Libya*, March 2015, p. 8; EIU, *Country Report*: *Libya*, March 2014, p. 7.

② EIU, *Country Report*: *Libya*, March 2015, p. 9.

③ EIU, *Country Report*: *Yemen*, 1st Quarter 2015, p. 11.

暴力冲突升级及外部势力的干涉，也门当前的政治危机将给其经济带来沉重打击。

目前也门急需政治和解及经济发展，据估计约有 1000 万人或全国 40% 的人口被联合国划定为"饥饿和饥饿边缘"的人，而国际货币基金组织认为也门 54% 的人生活在贫困线以下，并且 45% 的人失业。[①]

4. 阿尔及利亚

阿尔及利亚当前并没有陷入战乱，但国内局势并不稳定。一方面，阿尔及利亚易于受到在北非和萨赫勒地区活动的跨国伊斯兰极端势力恐怖袭击的威胁，会冲击外国对阿尔及利亚的直接投资和旅游业。另一方面，阿尔及利亚也处于近几年席卷阿拉伯世界的社会政治骚乱的风险当中，造成"阿拉伯之春"的社会问题，如青年高失业率、腐败等在阿尔及利亚也广泛存在，各地不时因为分房和工作分配问题引发骚乱和抗议。

为维护社会稳定，阿尔及利亚政府将职业技能培训作为突破口，将其作为避免失业增加的手段，但 2014 年官方失业率仍高达 10.6%，而青年失业率长期高于 25%。这主要是因为其经济主导产业油气部门属资本密集型而不是劳动密集型，向油气部门增加投资并不能带来就业的增长，而 2014 年中期国际油价下跌也打压了公共部门就业的扩大。

阿尔及利亚资源丰富、国库充实，但经济长期低速增长。为改变经济对油气的严重依赖、减少国际油价波动对经济的冲击，政府积极寻求经济多元化和私人部门的发展，尤其是化工、化肥、制药、汽车和炼钢这样的工业。政府当前的目标是推动基础设施建设以支持经济多元化，优先发展电力部门，以满足快速增长的国内需求以及出口承诺。但其经济仍无起色，2014 年仅增长了2.9%。[②]

阿尔及利亚粮食长期依赖进口，粮食在通胀篮子里的占比高达 43%。2014 年收成不好造成粮食供应恶化，但由于货币稳定加上政府补贴和价格控制，2014 年阿尔及利亚年均通胀率为 2.9%，同比还略有下降。[③]

---

① EIU，*Country Report：Yemen*，1st Quarter 2015，p. 6.

② EIU，*Country Report：Algeria*，March 2015，p. 11.

③ EIU，*Country Report：Algeria*，March 2015，p. 9.

油气出口主导着对外平衡，其收入占到了政府总收入的60%。由于国际油价下跌，2014年其出口收入下滑；相反，由于天然气项目和公共投资项目对资本货物的需求增长，其进口总额出现较大增长，再加上服务贸易赤字扩大，2014年阿尔及利亚经常项目首次出现52亿美元赤字，相当于其国内生产总值的2.4%。[①]

（三）受制裁国家经济艰难复苏

1. 伊朗

2013年6月鲁哈尼赢得大选，寻求以温和的姿态与西方国家打交道。而鲁哈尼政府的主要目标包括对内控制恶性通胀，减轻国际制裁对经济的影响；对外通过谈判争取大幅度减轻直到全面取消国际制裁。

近几年伊朗经历了高通胀，一方面是因为国际制裁的影响，尤其是2013年国际制裁进一步加强造成商品短缺和通胀加速，伊朗里亚尔的官方和非官方汇率暴跌。另一方面是因为国内政策的影响，这包括补贴改革、现金救济和大众住房计划的资金增长。仅2014年，政府就实行了第二轮补贴改革：3月，电价和水价分别上涨了24%和20%、4月补贴油价成本上升了72%、12月面包价格上涨了30%。但与此同时，新政府力图控制住恶性通货膨胀，在2013年11月与美国达成临时核协议之后，2014年正好赶上全球粮价下行和国际油价下跌，这几种因素综合在一起，让伊朗的通货膨胀率从2013年的平均39.3%大幅下降到2014年的17.2%。[②]

另外，伊朗政府鉴于石油收入在政府财政和对外平衡方面的重要性，一直积极寻求扩大对油气部门的投资，但油价下跌、由制裁造成的资本货物短缺以及政府虚弱的财政限制了投资的增长。而为了吸引外国投资，伊朗政府已经采用了新的"伊朗石油合同"来取代以前条件苛刻的石油回购合同。

2012年和2013年伊朗经济分别大幅收缩了6.6%和1.9%，在2013年11月达成临时核协议之后，2014年伊朗经济从衰退中有所恢复，前2个季度分别增长了3.8%和4.5%。这主要是因为石油出口增加，凝析油销售飙升，汽

① EIU, *Country Report*：*Algeria*, March 2015, pp. 10 - 11.
② EIU, *Country Report*：*Iran*, March 2014, pp. 5, 8.

车部门开始增长。但是，由于主要的国际制裁措施仍在继续，再加上国际油价下滑直接打压了油气收入，尽管出口增加，但收入停滞不前，因此 2014 年的伊朗财政仍受到压力，预算净赤字占国内生产总值的 0.8% 。①

目前看来，伊朗经济的前景取决于伊朗是否能达成全面的伊核协议，以及该协议中有关取消制裁的细节。鉴于伊朗良好的资源、人口和经济禀赋，一份全面核协议能够让其实际国内生产总值增长约 5% 。②

二　缓慢复苏的石油进口国经济

其一，2014 年中东北非石油进口国经济增长平平，仅增长了 2.5% ，低于 2013 年的 2.6% 。③ 但对中东北非石油进口国来说，不论是阿拉伯国家还是非阿拉伯国家，地区安全和国内政治紧张已经成为制约其经济发展的两大痼疾。虽然席卷整个地区的"阿拉伯之春"已经过去了 3 年多，但是，阿拉伯石油进口国国内长期存在的社会政治紧张不仅没有明显的消退，地区内的战争和冲突及其外溢效应倒有日渐增强和长期化的趋势。因此，应对这两大难题，对中东北非石油进口国来说，也是一个长期的过程。

其二，2014 年国际油价下跌对中东北非石油进口国经济总体上利大于弊，但影响有限，中东石油进口国对油价的敏感度远不如石油出口国。对中东北非石油进口国来说，国际油价下跌的直接好处是能源进口总支出的大幅下降，还有燃油补贴减少带来的额外财政收益。但这些好处大多已被国际油价传导滞后、国内需求低迷、主要贸易伙伴经济低迷，以及全球出口商品价格下跌等因素部分抵消。而油价下跌的另一好处是减少了不少中东北非国家实行补贴改革的政治阻力。

其三，因主要经济伙伴不同，中东石油进口国的经济表现各异。2014 年，因为欧元区经济增长低迷，马格里布国家、以色列、土耳其的出口部门及旅游业受到拖累，而由于海合会国家的经济运行稳健，马什雷克国家经济仍然得到海合会国家对其侨汇、旅游、投资与赠款的支持。

---

① EIU, *Country Report*：*Iran*, March 2014, p. 10.

② EIU, *Country Report*：*Iran*, March 2014, p. 7.

③ IMF, *Regional Economic Outlook*：*Middle East and Central Asia*, January 2015, p. 14.

（一）转型国家①经济低速增长

1. 埃及

2014 年 5 月赛西当选总统让埃及的政治转型告一段落，而随着时间的推移，穆兄会也逐步被边缘化。赛西新政权从实用主义出发，对外优先维护与美欧的友好关系、建设与中俄的关系并确保来自海湾阿拉伯国家的经济利益最大化；对内则积极促进投资，关注基础设施建设和创造就业。

随着政局逐步稳定下来，加上来自海湾阿拉伯国家的资金刺激计划增强了商业信心，埃及的经济增长正在加速，预计其实际国内生产总值会从 2013/2014 财年的 2.2% 上升到 4%。官方最新数据显示，2014 年 7~9 月（新财年第一季度）埃及国内生产总值同比增长了 6.8%，② 这是自 2011 年以来最高的季度增长率，而进一步的统计分析显示，其中制造业、旅游业和建筑业表现特别强劲，而全球需求增强和埃镑缓慢贬值也有助于埃及某些部门如纺织、食品工业出口的强劲增长。

作为重点，新内阁特别关注公共财政的平衡，为此新政府借国际油价下降之机，采取果断措施推动久拖不决的经济改革。一方面大力削减各种补贴，尤其是燃油补贴，以减少政府财政支出；另一方面大幅增税以增加政府收入。随着政府分步削减燃油补贴，上调居民电价，并提高公司税和个人所得税上限 5%，埃及的公共财政稳步增长，财政赤字预计将从 2013/2014 年度占 GDP 的 12% 下降到 2014/2015 年度的 10.5%。③

2. 约旦

地区冲突、国内局势不稳长期制约着约旦的经济发展，尤其是叙利亚内战，导致大量叙利亚难民不断涌入约旦，让约旦政府承受着不小的经济压力，为此约旦政府被迫四处寻求国际援助来应对其境内的叙利亚难民问题。2014 年，约旦收到的外国赠款同比增加了约 35%。④

为了改善财政收支，约旦政府被迫接受了国际货币基金组织的要求，同意

---

① 此处不包括列入石油出口国的也门。
② EIU, *Country Report*：*Egypt*, March 2015, p. 7.
③ EIU, *Country Report*：*Egypt*, March 2015, p. 5.
④ EIU, *Country Report*：*Jordan*, March 2015, p. 5.

引入"社会可接受"的财政紧缩和一些结构改革。在国际货币基金组织项目的资助下，目前已经完成燃油价格的市场化改革，并上调电价以减少国家电力公司的亏损，但为了维稳，政府一直没有对庞大的公共部门薪资进行大幅调整。2014年，得益于国际油价下跌、补贴支出下降和税收改善，约旦财政赤字（不含赠款）下降到占 GDP 的 7.3%。①

2014年，随着建筑业增长和出口市场的复苏，约旦实际国内生产总值同比增长了3.2%。② 近几年约旦的基础设施建设投资将会持续增长，目前许多大型建设项目在建，如亚喀巴港搬迁项目；而近期开始着手的还有约以红海—死海运河项目及红海、死海的开发计划，虽然鉴于财政限制，许多重要的基础设施开发将会依赖私人融资。此外，为了减少当前对油气进口的依赖，约旦政府计划加强国内的油气勘探和能源多元化，包括页岩油、核能和可再生能源的开发，其中，可再生能源开发得到约旦政府的高度重视，政府希望到2020年它们能占到约旦能源需求的10%。③

2014年约旦进出口总额同步增长，但商品贸易赤字也有所扩大，2014年其商品贸易赤字估计仍有121亿美元。其主要原因一是在埃及天然气供应中断之后，当局被迫从国际市场购买更贵的石油；二是为满足叙利亚难民的需求，其粮食进口增加。不过，由于旅游和侨汇收入增长，2014年经常项目赤字还有所下降。此外，由于有来自海合会国家等捐赠国的支持，2014年约旦外汇储备继续增强，从2013年底的138亿美元上升到2014年11月的161亿美元。强大的国际金融支持不仅有助于约旦保持第纳尔的稳定，也推动了约旦经济的发展。④

3. 突尼斯

突尼斯是"阿拉伯之春"后迄今政治转型最快的国家。2014年10月大选后成立了由世俗派和伊斯兰党组成的联合政府，但新政府并不稳定，并且还得面对国内千头万绪的政治经济安全难题，其民主转型依旧任重道远。

突尼斯经济的主体是国有经济，由于公众尤其是工会组织的强烈反对，大

---

① EIU, *Country Report*: *Jordan*, March 2015, p. 8.

② EIU, *Country Report*: *Jordan*, March 2015, p. 8.

③ EIU, *Country Report*: *Jordan*, March 2015, p. 7.

④ EIU, *Country Report*: *Jordan*, March 2015, p. 8.

型国企私有化并不在改革计划之列。政府当前的主要任务是提高就业和生活水平，而这需要实行大幅度的法律和结构改革，包括改革劳工法、投资、竞争和公私伙伴关系，改革银行和税收制度，削减公共部门工资总额以及庞大的燃油和粮食补贴。但新政府的首要目标是压缩近几年积累起来的庞大财政赤字，同时还要扩大基础设施建设并满足部分民粹要求，这加大了财政压力。2014年由于低油价、低粮价缓解了财政支出压力，加上西方国家对其民主转型创纪录的赠款支持，突尼斯的财政赤字同比仅略有上升，约占国内生产总值的5%。①

由于主要贸易伙伴和游客来源地欧洲地区经济复苏艰难，加上国内政策改革缓慢，2014年突尼斯经济依旧缓慢增长，仅为2.2%。② 经济增长缓慢，加上失业率上升，增强了公众的不满。2014年突尼斯经济唯一的亮点是在橄榄大丰收之后，受益于西班牙和意大利产量下降和国际市场价格上扬，橄榄油出口量大幅增长。

由于突尼斯国内粮食增产和国际油价暴跌，2014年其通货膨胀压力有所缓解，仅上升了4.9%。③ 但是，由于政府启动经济的想法与央行限制通胀的目标相左，预期政府将进一步削减补贴，随着国际油价、粮价上涨，近几年突尼斯的通货膨胀率不会快速下跌。

4. 摩洛哥

摩洛哥国王地位稳固，但伊斯兰正义发展党政府执政地位虚弱，首相根据国际货币基金组织要求而推进的财政整顿和改革招致民众的普遍不满，高失业尤其是青年和农村地区的高失业是摩洛哥长期存在的社会问题。因此，政府的目标一是实行财政整顿，增强政府的财政地位；二是促进就业，逐步提高居民生活水平，并努力保持二者之间的平衡。

在国际货币基金组织的支持下，2014年政府实行财政整顿以逐步减少预算赤字。为了减少社会不满，政府没有削减对基本必需品的补贴，尤其是粮食补贴，这部分补贴仍是公共财政的一大负担，但国际油价下跌，尤其是取消对

① EIU, *Country Report*：*Tunisia*，March 2015, pp. 7, 9.

② EIU, *Country Report*：*Tunisia*，March 2015, p. 9.

③ EIU, *Country Report*：*Tunisia*，March 2015, p. 9.

液化石油产品的所有补贴让财政负担有所减轻。由于补贴下降，加上略微加快的经济增长和税收改革，2014 年摩洛哥财政赤字下降到占 GDP 的 4.9%，政府的财政状况明显改善。但即便如此，2014 年政府的财政补贴仍高达 377 亿迪拉姆。[1]

由于主要贸易伙伴欧洲经济低迷和国内农业减产，2014 年摩洛哥经济仅增长了 2.4%。[2] 尽管如此，2014 年摩洛哥制造业和服务业增长强劲。经过近几年的转型和资本投入，摩洛哥的经济增长逐步从农业部门转向非农部门驱动。2014 年，随着外部需求的复苏，摩洛哥的磷酸盐出口逐步恢复，而政府对传统和新能源发电进行的投资也促进了电力增长，尤为引人注目的是政府对新兴制造业的扶持，使国内汽车和宇航工业快速成长，2014 年汽车行业已经一跃成为摩洛哥最大的出口部门，这与表现不佳的传统制造业如纺织工业形成了鲜明对比。而服务业中金融、贸易和电信部门的情况有所好转，但旅游业因为欧洲复苏低迷和游客担忧北非的安全问题，营收不尽如人意。据统计，2014 年摩洛哥共接待近 1030 万外国游客，同比增长了 2.4%，旅游收入为 572 亿迪拉姆（合 68 亿美元），与 2013 年相比略有下滑。[3]

（二）受战乱影响的国家经济低迷

1. 叙利亚

由于内战陷入僵局，叙利亚已经处于事实上的分裂分治状态，阿萨德政府实力已经大为削弱，反对派也四分五裂，各自为政，形成了群雄割据、彼此混战的局面。2014 年下半年，因美国及其盟国对"伊斯兰国"进行空袭，叙利亚政府的外交和军事地位因而得到增强。而为扩大支持面，叙利亚政府将财政支出集中在军事、补贴和公共部门工资方面。

因为战争持续，叙利亚的经济状况低迷，基本上接近崩溃的边缘。农业因为旱灾而减产，石油部门因油田遭到破坏和国际制裁而减产。但叙利亚的 2 座炼油厂仍然能够以 50% 以上的产能进行生产，天然气产量也相对强劲。因此，

---

① EIU, *Country Report*：Morocco，March 2015，p. 5.

② EIU, *Country Report*：Morocco，March 2015，p. 7.

③ EIU, *Country Report*：Morocco，March 2015，p. 2.

反对派也加强了对叙利亚天然气设施的攻击，而炼油厂又因为美国制裁而难以获取必要的零配件。

随着政府控制区的经济逐步调整到适应军事僵局这一现实，企业家和商人大多去了相对安全的沿海地区，磷酸盐产业和沿海地区的食品加工开始恢复，2014 年出口也开始增长，但国内外投资仍然受到战争和政治不确定性的影响。据估计，2014 年其经济已经触底，实际国内生产总值大约反弹了0.5%。①

由于战争破坏和油田失守，叙利亚石油几乎完全依赖进口，2014 年受益于国际油价下降，以及国际援助和侨汇收入的增加，叙利亚经常项目平衡有所好转，贸易赤字有所下降，但依然很大。总体来看，其经济前景不容乐观。

2. 黎巴嫩

叙利亚内战对黎巴嫩的国内安全和各派政治平衡造成了重大影响，黎巴嫩政局因而不稳。教派分裂阻碍着政治合作，政府极力避免边境战争转变为国内暴力和教派间冲突，并努力维持亲叙利亚的 3 月 8 日集团和民族主义的 3 月 14日集团以及由前总统米歇尔·苏莱曼命名的中立派别之间的平衡。由于所有立法都需要内阁全体通过，并且每个主要派别都有一票否决权，其结果是加快立法程序的任何做法都会遭到强烈抵制，而两大派又无法确定各自政策，因而经济决策权基本交给了中央银行——黎巴嫩银行。

虽然央行从总体上掌握黎巴嫩的经济政策，但政治僵局会阻碍近期的经济决策，当前央行关注的是减少叙利亚内战对黎巴嫩以服务业为主的经济的影响。但由于教派分裂，政府的经济管辖范围又只限于国家的部分地区，自2013 年迄今，尽管央行一直实行宽松政策并推出经济刺激计划，但实施效果不彰，而电力改革和油气开发也都因为国内政治动荡而无法开展。2014 年，黎巴嫩实际国内生产总值增长率下降到 2%。②

政府长期实行赤字财政，政治争执导致政府预算难以顺利通过，政府各机构的财政支出只能以特别方式运作。黎巴嫩公债利息占政府支出的 1/3，这打

---

① EIU, *Country Report*：*Syria*, March 2015, p. 9.

② EIU, *Country Report*：*Lebanon*, March 2015, p. 9.

压了黎巴嫩的生产性支出。尽管消费增长疲软，但在进口价格下跌，尤其是石油和粮食等大宗进口总额得到控制的情况下，预计黎巴嫩的财政赤字会从2013 年占国内生产总值的 8.9% 下降到 2014 年的 6.9%。[1]

由于黎巴嫩国内政治不稳和叙利亚内战冲击了黎巴嫩的投资和私人消费，2014 年黎巴嫩经济疲软，其信贷增长放缓。而战争造成的保险成本飙升，将货物运往其阿拉伯出口市场的高成本让其出口竞争力下滑，2014 年黎巴嫩的出口收入下降了 15.8%，进口成本也下降了 3.5%。服务账户是黎巴嫩对外账户的主要盈余部分，旅游收入和来自海湾的侨汇和援助部分抵消了贸易赤字。2014 年黎巴嫩的经常项目赤字占 GDP 的 20.7%。[2]

（三）非阿拉伯国家经济增长平平

1. 以色列

由于安全问题和公众对收入两极分化、生活成本上升、住房短缺的长期不满，内塔尼亚胡领导的执政联盟内部分歧加剧。总理内塔尼亚胡一直强调经济自由化和低税收，只要公共财政显示出持续改善的迹象，他就会恢复减税计划，但本届联合政府内的执政伙伴要求政府更多关注公众所关心的不平等问题，这直接导致了 2014 年 12 月 4 日政府宣布解散，提前举行大选。预计以色列长期存在的社会经济问题，仍会是下届政府政治辩论的焦点。

2014 年以色列经济基本面相对健康，由于私人消费和出口的带动，2014年以色列经济增长了 2.9%。[3]但低迷的经济增长、相对坚挺的货币、全球商品价格下跌带来了强劲的通缩压力，2014 年其通货膨胀率仅为 0.5%，因此，以色列央行继续维持宽松的货币政策。为了缓和近几年新谢克尔的升值，以色列央行先后推出了几轮外币购买计划，2013 年购买了 21 亿美元，2014 年购买了 35 亿美元，2015 年宣布将继续购买 31 亿美元。[4]

2014 年以色列的预算赤字（不包括净借贷）下降到 299 亿新谢克尔（合

---

① EIU, *Country Report*: *Lebanon*, March 2015, p. 6.
② EIU, *Country Report*: *Lebanon*, March 2015, p. 8.
③ EIU, *Country Report*: *Israel*, March 2015, p. 7.
④ EIU, *Country Report*: *Israel*, March 2015, p. 6.

84 亿美元），相当于 GDP 的 2.8%，比预算目标低 12 亿美元。① 而针对能源部门的新税收办法将政府在油气收入中的份额从 33% 提升到 52%～62%，因此，政府财政收入可望进一步增长。但因为加沙战争的滞后影响，其财政前景不容乐观。

除了引人注目的地中海油气开发，以色列充满活力的高科技部门是另一个重要的投资领域。此外，因为政府计划扩大住房存量并减轻房价的上行压力，建筑业尤其是住宅建设也成为以色列经济的增长点。

受欧洲需求低迷的影响，以色列商品出口增长缓慢，但以色列已经逐步将其出口市场多元化，因而其 2014 年商品出口还略有增长。此外，由于国内天然气供应增加导致能源净进口总额减少，2014 年以色列的商品贸易赤字也有所减少。与此同时，以色列 2014 年的服务贸易增长了 1.9%，其中，除了旅游业因为 7～8 月的加沙战争先扬后抑以及航运业因国际运能过剩导致收益下降外，其他服务包括咨询和与计算机编程相关的技术服务出口增长了 15%。综合起来，2014 年以色列的经常项目盈余达到了其国内生产总值的 3.2%。②

2. 土耳其

自 2014 年 8 月当选总统以来，与前人不同，埃尔多安继续牢牢掌控着内阁和正义发展党，尽管现行宪法规定土耳其总统是超党派的虚位国家元首，权力有限。埃尔多安希望在 2015 年 6 月议会大选之后修改宪法，将行政权力转移到总统手中，这招致了国内大量的反对，并引发朝野政治对立和紧张。但目前，无论是议会内还是正义发展党内的反对派都无法挑战埃尔多安的政治权威。

土耳其经济易受外部世界的影响，经历过世纪之交的金融危机之后，其国内经济政策着重关注两个方面，一是保持国家财政良性运转，二是加强金融监管，保持金融稳定。但土耳其经济的对外融资需求巨大，并且其投融资严重依赖证券投资资本流入，因而其经济对金融市场的风险敞口巨大，而外国投资者信心又极易受土耳其国内政治因素的影响，因此，近几年土耳其国内政治紧张

---

① EIU, *Country Report: Israel*, March 2015, p. 6.
② EIU, *Country Report: Israel*, March 2015, pp. 9, 26.

在经济领域的表现就是土耳其经济增长不稳定，并表现出长期低速增长的态势。①

2014年初，为控制通胀大幅上扬，土耳其政府收紧了财政政策，努力避免国内需求过度增长和庞大的经常项目赤字飙升，从而维持低水平的公共债务，并将通货膨胀控制在5%之下。

然而，随着美联储逐步减少资产购买并最终退出超宽松货币政策，美元回流预期上升，加上土耳其国内政治紧张，流入土耳其的外国资本持续减少，这让土耳其里拉承受了很大的下行压力，导致里拉疲软，通胀高于目标并一路走高。② 同时，由于央行加息后土耳其经济大幅减速，而大选前后的埃尔多安政府更关注当前的经济业绩，因此，左右为难的土耳其央行一直处于要求它降低利率、进一步刺激经济增长的强大政治压力之下。

2014年土耳其实际国内生产总值增长率大幅下降至3%，反映出1月底货币政策紧缩和货币贬值对国内需求的影响。具体表现就是，2014年工业活动低迷，建筑业大幅减速，③ 全年失业率居高难下，年均为9.9%，至12月份季节性调整的失业率降至10.4%，连续4个月失业人口超过300万人。④ 在里拉贬值、出口竞争力改善及国际油价下跌的情况下，其经济形势依旧没有改观。

由于经济不景气，进口需求疲软，加上国际油价大幅下跌，2014年土耳其经常项目赤字大幅下降到458亿美元，相当于国内生产总值的5.8%，而2013年经常项目赤字高达647亿美元，占其国内生产总值的7.9%。⑤

---

① EIU, *Country Report*：Turkey, March 2015, p. 10.

② EIU, *Country Report*：Turkey, March 2015, p. 11.

③ 2014年同比增长9.4%，竣工的住宅上升了6.8%，而2013年分别增长了28.9%和30.2%。参见 EIU, *Country Report*：Turkey, March 2015, p. 27。

④ EIU, *Country Report*：Turkey, March 2015, p. 2.

⑤ EIU, *Country Report*：Turkey, March 2015, pp. 31－32.

地区形势

Regional Situation

Y.7

"伊斯兰国"问题与其地区影响

魏 亮*

摘 要： 近两年，"伊斯兰国"在伊拉克和叙利亚两国高速扩张，取得巨大进展，这与其政治、经济、军事等各方面政策和地区国际局势混乱有着密切联系，同时牵动着美国中东政策的调整步伐和全球反恐大局。作为中东地缘政治格局崩塌和混乱时期塑造的"畸形儿"，"伊斯兰国"的存在有其生存土壤和地区环境。尽管数月来军事行动取得显著成效，但打击"伊斯兰国"的前景仍是遏制不难，消灭实难。

关键词： "伊斯兰国" 发展历程 政策 地区影响

2007年后基地组织"伊拉克分支"在各方合力打击下受到重创，人们一

---

* 魏亮，博士，中国社会科学院西亚非洲研究所助理研究员。

度认为以基地组织为首的恐怖主义和极端主义组织已经不再成为伊拉克国内安全和稳定的最大敌人,而把关注重点转移到政治与经济重建上,放到什叶派、逊尼派和库尔德人在中央和地方的权力角逐上,放到美国、伊朗和以沙特为首的阿拉伯国家的三方明暗斗争上。出人意料的是,2013～2014年初"伊拉克分支"换上"伊斯兰国"的面孔再度崛起并开始高速扩张,一跃成为有史以来最强大的极端主义组织,占据伊拉克和叙利亚两国几十万平方公里的土地,并以复古口号提出"建国",其威势严重撼动伊叙政局、地区局势和区外国家的安全与稳定,令国际社会一时间谈虎色变。

一 "伊斯兰国"的崛起历程

"伊斯兰国"的产生和壮大并非"无源之水、无本之木",它与"9·11事件"后的国际反恐大局,尤其是中东地区动乱有着极为密切的因果联系。2001年阿富汗战争结束后,在美国和盟军的强力围剿下,基地组织有5000多名恐怖分子落网或者丧生,领导层遭到重创。四散溃逃的本·拉登与其核心成员隐匿在阿富汗、巴基斯坦交界的山区苟延残喘。为应对美国建立的多国反恐联盟,基地组织力图将地方性的恐怖活动扩展为全球性圣战,"伊拉克分支"就是这一政策调整的重要成果和表现。从某种程度上说,是美国对伊拉克的入侵拯救了濒临崩溃的基地组织,为其提供了新的生长点。而"伊拉克分支"则成为今天"伊斯兰国"的前身。除了历史溯源,这一组织的名称因自我宣传、媒体等因素不断变化,而名称的使用反映了认知和定位上的差别。

简单说来,"伊斯兰国"前后有过以下6个称谓:"伊拉克伊斯兰国"(The Islamic State of Iraq,简称ISI);"伊拉克沙姆伊斯兰国"(Islamic State of Iraq and al-Sham,简称ISIS);"伊拉克大叙利亚伊斯兰国"(Islamic State of Iraq and Great Syria,同样简称ISIS);"伊拉克黎凡特伊斯兰国"(Islamic State of Iraq and the Levant,简称ISIL);"伊斯兰国"(The Islamic State,简称IS);Daesh(中文译名为达伊什,是阿拉伯语的简称)。其中"伊拉克大叙利亚伊斯兰国"和"伊拉克伊斯兰国"的称呼已被淘汰,人们往往在ISIS、ISIL、IS和Daesh之间徘徊不定。

沙姆是一个古代地理称谓,它所涵盖的范围大致包括叙利亚、黎巴嫩、巴勒斯坦、约旦和以色列诸国，也就是通常所说的地中海东岸国家。黎凡特也是一个较为模糊的地理区域，它的范围大致是土耳其东南托鲁斯山脉以南、地中海东岸、两河流域以西、沙特阿拉伯半岛大沙漠以北。英语中"黎凡特"来自法语，指"东方、太阳升起的地方"。公元 1500 年以后，西方尤其是英法殖民国家常以此称呼地中海东岸地区，因此"黎凡特"一词多少带有西方视角和一定的殖民主义背景。2014 年 6 月，该组织最高领导人巴格达迪对外宣称建立"伊斯兰国"（Islamic State），地理概念以阿拉伯大帝国时期疆域为基础，包括伊斯兰会议国家所有成员国，还囊括意大利、西班牙、中国新疆等。但"伊斯兰国"并非如自己对外宣传的那样是一个真正的国家，其极端主义和恐怖主义行为也不为国际社会接受和认可。另外，由于"伊斯兰国"简短又朗朗上口，目前国际、国内媒体其至诸多学者都偏爱使用它，即便在西方媒体中不少相对严谨的人使用此名时都要做一个打引号的手势，但笔者认为这一称呼不仅有代为宣传之嫌，同时过分强调该组织与伊斯兰教的关联，是不客观和不公正的。故而笔者一直倾向于使用"伊拉克沙姆伊斯兰国"的称呼（下文均使用 ISIS），因此与标题定名略有差异。另外，美国于 2014 年 12 月 24 日宣称以 Daesh 一词代替 ISIS、ISIL 和 IS，这是国际社会给 ISIS 起的最后一个名字，它得到阿拉伯国家和不少西方国家的认可，其意也在纠正上述不公。相比较而言，笔者认为这个称谓更加适合，值得国内学界尤其是媒体的借鉴和大力推广。

作为"伊拉克沙姆伊斯兰国"的前身，基地组织"伊拉克分支"（Al-Qaeda in Iraq，简称 AQI）是在与美国和什叶派占主导地位的伊拉克中央政府的斗争过程中演变形成的逊尼派极端组织。2004 年 10 月 17 日以扎卡维为首的"伊拉克圣战组织"发表声明效忠本·拉登，成为"伊拉克分支"，并在战略和联合问题上达成一致。"它致力于打击和驱逐伊拉克内的美国与其盟军力量；推翻伊拉克政府；刺杀与占领当局合作的'叛徒'；排斥什叶派民众并击溃其武装力量；建立一个纯净的伊斯兰国家。"① 这样的斗争方略最终引发

---

① Al-Qaeda leaders have proclaimed Iraq a major front in their global terrorist campaign. Office of the Director of National Intelligence, 9 July 2005, www. dni. gov/press _ releases/letter _ in _ english. pdf.

2006～2007年的血腥教派仇杀，使得"分支"失去民众的支持，同时也受到基地组织核心的批评和质疑："我（扎瓦希里）的观点是不管你如何辩解，（袭击什叶派和清真寺）这种事是不能被穆斯林大众接受的。"① "奥萨马·本·拉登和扎瓦希里坚信不加区分地攻击穆斯林将会侵蚀基地组织在地区内的存在基础。"② 这一观点是富有远见的，可惜扎卡维没有采纳。在国际社会和伊拉克各方的联合绞杀下，"伊拉克分支"在2008年以后迅速衰败，影响力锐减。

2010年夏季，"伊拉克分支"选出新的埃米尔阿布·伯克尔·巴格达迪（本名易卜拉欣·阿瓦德·巴德里，后文简称"巴格达迪"）。巴格达迪，1971年出生在首都巴格达西北的萨拉赫丁省，属于巴德里部落。伊拉克人认为该部落是先知穆罕默德的后裔，因此它在伊拉克中部乃至全境都有较大知名度。"巴格达迪在巴格达的伊斯兰大学上学，并获得博士学位，主要修学伊斯兰历史、文化、沙里亚法和法学理论"，③ 所以他在宗教领域的知识背景相比本·拉登或扎瓦希里更扎实，更具权威。2003年巴格达迪成立"逊尼派民众军"，并在"舒拉委员会"④ 里任职。因此，巴格达迪的出身、学历背景和奋斗历程都为他统领ISIS和自封"哈里发"提供了强大的基础和说服力。2014年7月5日他在摩苏尔市周五的聚礼中公开露面，其形象和身份才被最终确认。现在，美国政府已悬赏1000万美元抓捕他，身价仅次于基地组织现任领导扎瓦

---

① Al-Qaeda leaders have proclaimed Iraq a major front in their global terrorist campaign. Office of the Director of National Intelligence, 9 July 2005, www. dni. gov/press _ releases/letter _ in _ english. pdf.

② Zachary Laub and Jonathan Masters, "Al-Qaeda in Iraq," Jan. 9, 2014, http：//www. cfr. org/iraq/al-qaeda-iraq-k-islamic-state-iraq-greater-syria/p14811#p0.

③ Aaron Y. Zelin, "Abu Bakr al-Baghdadi：Islamic State's Driving Force," *BBC News*, July 31 2014, http：//www. bbc. com/news/world-middle-east – 28560449.

④ 舒拉委员会，又叫"圣战协商委员会"，成立于2006年1月15日，是一个由多个反美武装力量组成的伞状逊尼派伊斯兰极端组织，其目标是防止美军和伊拉克当局分化逊尼派，统一圣战组织。参加的派别包括伊拉克基地组织分支、胜利派军、一神支持者旅、萨雷圣战组织等。2006年10月，"舒拉委员会"改名为伊拉克伊斯兰国。2007年4月19日，伊拉克伊斯兰国在互联网上宣称组建战后第一个伊斯兰政府，并任命10名部长组成的内阁。其中基地分支领导人阿布·欧麦尔·巴格达迪出任埃米尔，阿布·穆哈吉尔为战争部长。组织成立当年就发起大量恐怖袭击活动，其目标主要是伊拉克政府官员、安全部队和美军。据被捕基地组织成员交代，伊拉克伊斯兰国其实只是"伊拉克分支"的幌子，其目的是掩盖"伊拉克分支"的外籍领导层和外籍色彩，让它有一张伊拉克面孔。

希里。ISIS 的领导集体包括伊拉克副手、叙利亚副手、财政部、外国战士和自杀炸弹部、合作部、社会服务部、信息部等，著名核心成员有伊拉克副手阿布·穆斯林·图克马尼，叙利亚副手阿布·阿里·安巴尼，新闻发言人阿布·穆罕默德·德纳尼，军事领导人阿布·瓦哈比、奥麦尔·西塞尼和阿布·瓦赫布等人①。由于公开的信息有限，学术界对其下属部门的设置情况仍众说纷纭，争论不休，难以达成一致。

　　毫无疑问，巴格达迪继任"伊拉克分支"领导成为该组织重生的起点。伴随着大批被俘武装分子越狱或被解救，加上美军的撤离，"分支"的生存环境得以改观并迅速壮大。"2010 年伊拉克基地组织最低潮时期，它承认的汽车炸弹袭击减少到每月 10 起，多城市协作袭击每年只有 2～3 起；而 2013 年平均每月有 71 起汽车炸弹事件，每 11 天就有一次多城市协作恐怖袭击。"② 如此大规模恐怖袭击的真实用意是"ISIS 正在强调它的军事优势来吸引全球范围内更年轻和更狂热的潜在新兵"。③

　　2011 年叙利亚动乱为"伊拉克分支"扩展力量创造了有利时机。7 月，巴格达迪派阿布·穆罕默德·朱拉尼潜入叙利亚，意在推翻巴沙尔政权。随着叙利亚动乱的持续，朱拉尼领导下的"胜利阵线"得到长足发展，拥有独立的资金来源和补给渠道，因此打算脱离"伊拉克分支"，转而与扎瓦希里联系并效忠。2013 年 4 月 8 日，"在宣布成立'伊拉克黎凡特伊斯兰国'的时候，巴格达迪还宣布与基地组织创立叙利亚的'胜利阵线'完成合并。但'胜利阵线'否认了合并，并公开向扎瓦希里宣誓效忠"。④ 扎瓦希里表扬了 ISIS 在

① Charles Lister, "Islamic State Senior Leadship: Who Is Who," Dec. 1, 2014, http://www. brookings. edu/ ~ /media/Research/Files/Reports/2014/11/profiling-islamic-state-lister/en_ whos_ who. pdf? la = en.

② Daniel L. Byman, "The Resurgence of Al-Qaeda in Iraq," Dec. 12, 2013, http://www. brookings. edu/research/testimony/2013/12/12 – resurgence-al-qaeda-iraq-byman.

③ Charles Lister, "ISIS a Fanatical Force-with a Weakness," Jun. 17, 2014, http://edition. cnn. com/2014/06/16/opinion/lister-isis-iraq/index. html? eref = edition&utm _ campaign = Brookings + Doha + Center&utm _ source = hs_ email&utm _ medium = email&utm _ content = 13677572&_ hsenc = p2ANqtz – 8o7r – K53hN7QOsP8ZPoretU7qJhb – mFMqJGNjkZDFY6GyAz7hqCU EɪOfy93hNnkZTei1ic1vaOWS925tE – ZVlLLviAdw&_ hsmi = 13677572.

④ Al-Qaeda in Iraq, The National Counterterrorism Center, http://www. nctc. gov/site/groups/ aqi. html.

推动全球圣战中发挥的作用,但要求它在国内发展,巴格达迪随即公开拒绝这一裁定。这是基地组织建立以来第一次有分支机构领导人公开拒绝基地组织核心领导地位。另外,"大部分叙利亚的战士对 ISIS 有敌对意识,他们嘲笑阿布·巴格达迪竟敢狂妄自称全球伊斯兰领袖"。[①] ISIS 在叙利亚境内推行严苛的伊斯兰法统治,其极端主义理念与大批反对派武装不合,不少反对派领导因反对 ISIS 而遭绑架和处决,最后,"胜利阵线"、叙利亚自由军和其他反对派组织于 2014 年 1 月起与 ISIS 发生正面军事冲突,基地组织对这场内战持默许态度。而"胜利阵线"旗下的外籍军团也从阵线中分裂出来,宣誓加入 ISIS。ISIS 的军事推进给叙利亚各反对派力量和势力范围造成较大威胁。2 月初基地组织核心和巴格达迪的矛盾达到不可调和的地步,扎瓦希里宣布基地组织断绝与其关系。"到 3 月时,大约有 3000 人在(ISIS 和'胜利阵线')战斗中丧生……ISIS 被迫放弃(或者是战略性撤退)一些叙利亚北部据点以加强在叙东部据点的力量。"[②] 另外,从 9 月 16 日开始,ISIS 在叙利亚境内第三大库尔德人聚集地科巴尼与当地武装展开激烈战斗,战事到 2015 年 1 月下旬才告结束,在以美国为主导的联盟空袭和帮助下,库尔德人终于收复小镇科巴尼。联盟空袭次数超过 700 次,摧毁 280 处 ISIS 作战人员据点、60 多辆车辆,这也是 ISIS 经历的第一次大规模的失败。

实际上,国际社会的制裁打击与基地分支的内战在整个 2014 年内并未有效削弱 ISIS 的发展势头。2014 年夏季它攻克摩苏尔、提克里特、费卢杰等重镇,基本控制安巴尔、萨拉赫丁、迪亚拉等中西部省份。8 月初,ISIS 又向北进击,包围辛贾尔山区,击败库尔德"自由斗士"武装力量,距离库区首府埃尔比勒仅 45 公里;向南通过费卢杰骚扰首都巴格达。在叙利亚境内,ISIS牢牢掌握代尔祖尔、阿勒颇等省区。此时的 ISIS 势力可谓"如日中天"。12月,为展示组织的强大生命力,巴格达迪对外宣布在西奈半岛和利比亚成立两个新的瓦利亚特(Waliayat,又叫埃米尔辖区或者省)。2015 年 1 月又提出建立呼罗珊省。据统计,宣誓效忠 ISIS 的极端组织包括:西奈半岛的"耶路撒

---

① Aron Lund, "Not Our Kind of Caliph: Syrian Islamists and the Islamic State," Aug. 7, 2014, http://www. mei. edu/content/at/not-our-kind-caliph-syrian-islamists-and-islamic-state.

② Brian Micheal Jenkins, "Brothers Killing Brothers," RAND, Apr. 23, 2014, p. 2, http://www. rand. org/pubs/perspectives/PE123. html.

冷支持者组织"、阿尔及利亚的"哈里发士兵"、巴基斯坦的"塔利班"组织、利比亚的"达纳尔"组织、印度尼西亚的"回教祈祷团"、菲律宾的"摩洛伊斯兰自由战士"和"阿布沙耶夫"组织。

进入 2015 年，针对 ISIS 的地面军事行动逐渐铺开。1 月时，"ISIL 失去了 10% 的土地，90% 的收入来源，伊拉克境内的 11 座武器仓库丢失 9 座，叙利亚境内的 10 个武器仓库丢失 3 座"。① 2 月份，"ISIS 主动从阿勒颇东北部撤出武装力量和装备"。② 3 月初，2.7 万安全部队和什叶派民兵发动军事行动收回伊拉克第四大城市提克里特；4 月 19 日重新控制拜伊吉炼油厂，"与此同时，'自由斗士'武装力量在空中打击的掩护下清理了 84 平方公里被 ISIS 占领的土地……以便减少（ISIS）威胁基尔库克省的能力"。③ 4 月 22 日，安全力量收复安巴尔省首府拉马迪市和周边地区，"在过去两周的激战中，拉马迪地区有 11.4 万人逃离该城……仅有 8000 人留下来"。④ 另有消息称，巴格达迪本人也在 3 月 18 日的美军空中打击中受伤，"巴格达迪受到致命伤，但正在缓慢恢复中。因此，他现在不再管理 ISIS 的日常事务。巴格达迪的伤势促使 ISIS 高级领导紧急开会商讨选举新的最高领导人"。⑤ 美国政府承认当日曾在摩苏尔西部发起空中打击并击毙 3 人，但并不知晓巴格达迪也在车队中，也没有情报确认他已受伤。其他在数月军事打击中被击毙的高级官员还

① Hassan Hassan, "Don't Believe the Hype, ISIL Is Still on the Offensive," Jan. 13, 2015, http://www.thenational.ae/opinion/comment/dont-believe-the-hype-isil-is-still-on-the-offensive.
② Asharq Al-Awsat, "ISIS Pulls Forces and Hardware from Syria's Alepplo: Rebels," Feb. 9, 2015, http://www.aawsat.net/2015/02/article55341293/isis-pulls-forces-hardware-syrias-aleppo-rebels.
③ Josh Levs and Hamdi Alkhshali, "U.S. Iraqi Forces Retake Key Oil Refinery from ISIS," *CNN*, Apr. 19, 2015, http://edition.cnn.com/2015/04/19/world/iraq-isis-baiji-oil-refinery/? utm_source=Sailthru&utm_medium=email&utm_term=%2AMideast%20Brief&utm_campaign=New%20Campaign.
④ "Iraq Security Force Retake Ramadi Districts," *The Daily Star*, Apr. 22, 2015, http://dailystar.com.lb/News/Middle-East/2015/Apr-22/295307-iraqi-security-forces-retake-ramadi-districts.ashx? utm_source=Sailthru&utm_medium=email&utm_term=%2AMideast%20Brief&utm_campaign=New%20Campaign.
⑤ Martin Chulov and Kareem Shaheen, "ISIS leader Abu Bakr al-Baghdadi Seriously Wounded in Air Strike," *The Guardian*, Apr. 21, 2015, http://www.theguardian.com/world/2015/apr/21/isis-leader-abu-bakr-al-baghdadi-wounded-air-strike? utm_source=Sailthru&utm_medium=email&utm_term=%2AMideast%20Brief&utm_campaign=New%20Campaign.

有伊拉克副手阿布·穆斯林·图克马尼。1 月 22 日,美国驻伊拉克大使接受阿拉比亚电视台采访时称联合打击行动已击毙 ISIS 成员 6000 名。安全力量的反攻也并非一帆风顺,ISIS 在拉马迪、拜伊吉等地与政府展开拉锯战和骚扰战,政府始终未能完全控制这几座重要的城镇。5 月 18 日,ISIS 再度收复拉马迪,美、伊两国政府均承认这次重大挫败,相信双方的斗争和拉锯还将继续。

在新收复领土的控制问题上,什叶派民兵、政府安全部队、当地逊尼派武装、库尔德武装以及本地民众之间分歧和裂痕颇多;难民的回归安置和社会秩序的重建也是一大挑战,这两个问题解决不好,即便夺取费卢杰或者摩苏尔这样的大城市,ISIS 依然有能力采取运动战、游击战,并在众多被废弃的村镇、在满是民怨的逊尼派家中,找到立足点。

二 "伊斯兰国"的内外政策

ISIS 活动的主战场在伊拉克中西部和叙利亚东北部地区,数年动乱使得两国边境消亡,极端分子和恐怖分子可以自由出入。ISIS 在伊拉克掌控的目标不仅有逊尼派聚集的大城市,还一度掌握摩苏尔大坝、哈迪萨大坝和努阿米亚大坝①、拜伊吉炼油厂②、基尔库克、北方的阿杰尔油田、纳吉马油田、卡亚拉重质油田、阿卡兹和曼苏里亚气田等。叙利亚东北部是叙利亚政府失控的地区,也一直是该国主要的油气产地。除了叙、伊两国,ISIS 的力量还扩展到埃及、利比亚等多个国家,并危及阿尔及利亚、约旦、黎巴嫩、沙特、土耳其等国的边境安全和社会稳定。ISIS 的建省措施就像是在中东大地上实施"斑豹计划",等待旧政权衰落消亡,各省最终连成一片形成"哈里发国"。事实上,ISIS 的强势崛起经历一个相对漫长的渐进过程,这与它在各个领域采取富有成

---

① 摩苏尔大坝和哈迪萨大坝是伊拉克第一和第二大坝。它们是国内水力发电的主力,哈迪萨大坝位于巴格达西部,直接向首都供电。伊拉克全国 85% 的水资源用于农业,农业主要分布在两河流域中下游地区,同时也是什叶派聚集区。2015 年 4 月攻占努阿米亚大坝后,ISIS 切断向南部什叶派地区的供水。
② 拜伊吉炼油厂是伊拉克最大的炼油厂,地处中部地区,生产油品占伊拉克供应量的 30%,主要供应北方与中部。

效的措施密不可分。

（1）经济方面，"在宣布它是一个国家之前，ISIS 在经济上实现自给自足已经有 8 年时间"，[1] 其情势与依靠国际捐助的基地组织完全不同。ISIS 实施石油走私、在势力范围内课税、人质交易、文物走私等措施，并收缴它攻克大城市的银行资金。"ISIS 可以通过一个错综复杂的网络每月从摩苏尔筹集 100 万 ~ 200 万美元。"[2] "一个摩苏尔的杂货商说，当他犹豫是否付款时，武装分子在他店铺门口引爆一颗炸弹以示警告。'如果一个人拒绝付款，他们就绑架他并要求家属支付赎金'……他每个月要支付 100 美元，一年 5 ~ 6 次……付款后他会得到一个收据，写着'从某某先生处得到多少钱用以支持圣战'。"[3] ISIS 的税收系统运行良好，它会向小商贩、加油站老板、发电机老板、小工厂主、大公司、药剂师等收税。在叙利亚境内也是同样的情况。ISIS 还在主要道路和边境上设置关卡对来往车辆收税。"目前'伊斯兰国'在伊拉克和叙利亚境内拥有十余个油田和精炼厂，仅该项收入每天到 100 万美元，甚至超过 200 万美元，直接通过中间商销往叙利亚、伊拉克、土耳其甚至伊朗的石油市场。"[4] 据兰德公司估计，"这些油田的实际产量大概是 15 万桶/天"。[5] ISIS 采取贱卖模式，例如它占领的阿杰尔油田日产 2 万桶，售价 55 美元/桶，远低于当时的 100 ~ 110 美元/桶的国际市场价格，以此突破封锁，谋取资金。还有报道称，"他们（ISIS）抓捕所有的妇女……现在他们在摩苏尔的奴隶市场上以

① Mattew Levitt，"Don't Bank on Bankrupting ISIS, but Here Is How We Shink Its Wallet," Nov. 19, 2014, http: //thehill. com/blogs/pundits-blog/defense/224611 – dont – bank – on – bankrupting – isis – but – heres – how – we – shrink – its – wallet.

② Charles Lister，"ISIS a Fanatical Force-with a Weakness," Jun. 17, 2014, http: // edition. cnn. com/2014/06/16/opinion/lister-isis-iraq/index. html? eref = edition&utm_ campaign = Brookings + Doha + Center&utm_ source = hs_ email&utm_ medium = email&utm_ content = 13677572&_ hsenc = p2ANqtz – 8o7r – K53hN7QOsP8ZPoretU7qJhb – mFMqJGNjkZDFY6GyAz7h qCUErOfy93hNnkZTei1ic1vaOWS925tE – ZVlLLviAdw&_ hsmi = 13677572.

③ "Islamic State's Financial Independence Poses Quandary for Its Foes," Sep. 11, 2014, http: // www. dailymail. co. uk/wires/reuters/article – 2751586/Islamic – States – financial – independence – poses – quandary – foes. html.

④ 李景然：《论"伊斯兰国的资金链"及其影响》，《阿拉伯世界研究》2014 年第 6 期，第 109 页。

⑤ Howard J. Shatz，"To Defeat the Islamic State, Follow the Money," Sep. 10, 2014, http: // www. rand. org/blog/2014/09/to – defeat – the – islamic – state – follow – the – money. html.

5 美元/人的价格出售雅兹迪教派妇女"。① 另外，由于非伊斯兰文物和古董对 ISIS 来说一文不值，贩卖它们就变成无本"生意"。2003 年以来伊拉克各博物馆流落民间的文物被有组织地收集和出售。例如，2014 年 8 月，它在叙利亚小镇纳布克出售多件两河流域古代文明文物，当下收益 3600 万美元。

2012～2013 年有 30 多名西方人被绑架，例如迪迪埃·弗朗索瓦、尼古拉·埃兰、皮埃尔·托雷斯等，ISIS 的开价是 250 万美元/人。在得到赎金后，ISIS 曾一次性释放 12 名人质。2014 年 4 月又有 4 名法国记者在叙利亚被绑架，据德国报纸披露法国政府为此支付了 1800 万美元以换取人质释放。自 2010 年以来，法国相继支付超过 5800 万美元的赎金。卡塔尔、阿曼、瑞士、西班牙等国均支付过数额不等的赎金。另外，明码标价的还有亚美尼亚人——10 万美元/人。2014 年被处死的美国记者詹姆斯·弗雷，他的赎金是 1 亿美元。2015 年 1 月和 2 月，日本人质汤川遥菜和后藤健二也因政府拒绝支付赎金相继被斩首。ISIS 还有一种重要的筹集资金模式是各种形式的捐助，来源是各伊斯兰国家尤其是海湾诸国的富人阶层而非政府。"美国官员相信目前对 ISIS 和基地组织分支最大的私人捐赠来自于卡塔尔而不是沙特。"② 不过，"ISIS 确实从外部捐赠上获取资金，但（这个数额）和他们通过犯罪或恐怖主义行动收集来的资金相比就明显苍白无力了"。③

（2）在舆论宣传方面，ISIS 长期以来利用 Facebook、Twitter、Instagram、YouTube 等网络社交平台发布即时信息，语言除了阿拉伯语外还有英语、法语、俄语等语种。网页宣传内容包括斩首视频、征兵广告、宗教宣传和鼓动、近期活动和年度报告等，节目制作形式包括文字、图画、视频、音频、动漫等，种类齐全，剪辑制作水平精良。为推动也门境内的反胡塞武装斗争，ISIS 甚至创作名为"也门之子"的歌曲。在进攻摩苏尔时，ISIS 同步发布大量推

---

① Jonathan Spyer, "The IS-Kurdish War," *The National Post*, Aug. 30, 2014, http：//www. meforum. org/4796/iraq-isis-kurds-battle.

② Lori Plotkin Boghardt, "Qatar Is a U. S. Ally. They also Knowingly Abet Terrorism. What Is Going on?" Oct. 6, 2014, http：//www. newrepublic. com/article/119705/why-does-qatar-support-known-terrorists.

③ "Islamic State's Financial Independence Poses Quandary for Its Foes," Sep. 11, 2014, http：//www. dailymail. co. uk/wires/reuters/article–2751586/Islamic–States–financial–independence–poses–quandary–foes. html.

文，介绍战事全过程，引发轰动效应，舆论公关成果显著。约旦飞行员卡萨斯贝的虐杀视频也是有意选择在国王阿卜杜拉访美期间上传，据说处决发生在一个月前。ISIS 意在借此向全球宣誓参与打击行动的危险性和代价，宣誓科巴尼之战后的它并未衰退，同时也加剧约旦国内关于是否应参战的争论。ISIS 组织成员兼发言人阿布·贝克尔·贾纳比称该组织有全面和复杂的社交媒体战略，尤其擅长躲避情报机构的追踪："在社交媒体上，ISIS 有各种不同账号：有负责所有视频发布的 ISIS 官方媒体账号，有发布图片和信息的 ISIS 组织省级账号，有 ISIS 的圣战者账号，作战人员在这些账号上讲述自己的经历和日常生活，还有 ISIS 组织支持者账号，他们在这些账号上反驳西方国家、什叶派和暴君们的宣传和谎言。"① ISIS 还在官方推特上发布殉教外籍战士的死亡通知，借此来激发全球极端主义和恐怖主义分子的情绪，提升影响力，吸引和招募更多的极端分子。

（3）在政治领域，ISIS 采取双轨制——在政治上刚性和柔性政策并存。巴格达迪掌控下的"（伊拉克分支）现在扮演帮助逊尼派抵抗政府暴力统治的保护者角色"。② ISIS 向控制区内臣服自己的部落提供资金支持，允许部落自治。与此同时，ISIS 近几年来加强对曾参与"觉醒委员会"的部落领导人的暗杀活动，他们拿着名册抓捕亲政府的官员或者军人，并烧毁逃亡者的家确保他们不能返回。在叙利亚，ISIS 加强与当地部落的联系，收集敌对力量、政府官员、军队领导的个人信息，威胁家人、经济拉拢、绑架撕票乃至灭门，迫使其臣服或以儆效尤。尤其是 2014 年 11 月以后，为对抗美国或巴格达政府对部落的游说和吸引，ISIS 在两国境内进一步加大对可能与之联合的部落的打击力度，其中包括对部落头领和家人的要挟、绑架、刺杀，甚至不惜与部落正面开战。不仅如此，ISIS 还进行直接的政治统治和社会治理。例如，它曾在摩苏尔发表政治宪章，"除了对宗教行为、妇女着装、烟酒毒品严加管制外，ISIS 的管理实践还包括建立公共福利项目、提供各种形式的社会服务、商品质量检

---

① Rose Powell, "Cats and Kalashnikovs: Behind the ISIL Social Media Strategy," Jun. 24, 2014, http://www.smh.com.au/world/cats - and - kalashnikovs - behind - the - isil - social - media - strategy - 20140625 - zsk50.html.

② Daniel L. Byman, "The Resurgence of Al-Qaeda in Iraq," December 12, 2013, http://www.brookings.edu/research/testimony/2013/12/12 - resurgence - al - qaeda - iraq - byman.

测、税收办公室、运输公司等"。① ISIS 在叙利亚强迫独占油田的家族让出收益，"石油资源不仅被分配给附近的人，还向其管辖范围内其他社群分发。ISIL 还迫使前政府雇员回单位上班"。② 另外，ISIS 设立宗教法庭处理各种民事案件，采取行动稳定物价，打击投机倒把、囤积居奇等不法经济行为，修缮供水供电系统，对稳定控制区内的社会局面起到一定积极作用。2014 年底 ISIS 甚至设计出自己的硬币图样。在笔者看来，如果条件允许，它在统治与政治治理方面的努力会继续扩展、深化。

（4）ISIS 的军事战略特点主要包括：灵活和去中心化的组织指挥结构；常规战斗与恐怖主义袭击相混合的作战策略；不惜代价夺取具有象征意义的胜利；合理利用民族教派地理分布等。2013~2014 年，ISIS 竭尽全力攫取武器、财富和战略性资源，抢占摩苏尔、提克里特等要地，包括叙利亚境内目标，以在国际社会制造轰动舆论。ISIS 攻陷摩苏尔时收获颇丰——美元现金达 4.25 亿、数量巨大的黄金和大批美制轻重型武器。这些武器装备包括各型号枪械、弹药、导弹、火箭弹、悍马装甲车、M198 榴弹炮、通信器材等，甚至还有直升机。在叙利亚霍姆斯附近气田的争夺战中，ISIS 明确指出，"我们的目标是（气田）上布置的坦克和火箭弹，我们成功了"。③ 在热兵器时代到来后，很少有极端或恐怖主义组织拥有如此强大的武器装备。在战斗成果上，"仅仅 2013 年，该组织声称在伊拉克境内发起袭击近 10000 次，刺杀行动 1000 次，路边炸弹袭击 4000 次，释放被俘极端分子数百人"。④ 在壮大自身实力的同时，

---

① Charles Lister, "ISIS: What Will Militant Group Do next?" Jun. 27, 2014, http://www.bbc.com/news/world - middle - east - 28053489? utm_ source = Sailthru&utm_ medium = email&utm_ term = % 2AMideast% 20Brief&utm_ campaign = 2014_ The% 20Middle% 20East% 20Daily_ 6. 30. 14.

② Hassan Hassan, "Don't Believe the Hype, ISIL Is Still on the Offensive," Jan. 13, 2015, http://www. thenational. ae/opinion/comment/dont - believe - the - hype - isil - is - still - on - the - offensive.

③ "Syria Retakes Homs Gas Field from Hardline Group," Jul. 27, 2014, http://www. reuters. com/article/2014/07/27/us - syria - crisis - gasfield - idUSKBN0FW0HO20140727? utm_ source = Sailthru&utm_ medium = email&utm_ term = % 2AMideast% 20Brief&utm_ campaign = 2014_ The% 20Middle% 20East% 20Daily_ 7. 28. 14.

④ Roula Khalaf and Sam Jones, "Selling Terror: How ISIS Details Its Brutality," Jun. 17, 2014, http://www. ft. com/cms/s/2/69e70954 - f639 - 11e3 - a038 - 00144feabdc0. html # axzz35v2DQnwU.

ISIS 也将目标放在能源、电力、水利等资源上，进可以威胁中央政府，退可以保障经济社会运行，战略意图明显。不仅如此，ISIS 袭击伊拉克中西部、北部以及叙利亚境内的监狱，释放被俘极端主义和恐怖主义罪犯以壮大队伍的规模，提升战斗力和运作效率。例如，2013 年 7 月 21 日，ISIS 突袭巴格达附近的两座监狱，释放 500 多名被俘极端分子。"美国情报机构最早估计 ISIS 核心战力规模为 9000～18000 人，中央情报局 2014 年底估计 ISIS 人员数量更高，伊叙两国境内战斗人员为 20000～31500 人。"① 其他组织和机构估计的人数还要远超于此，甚至有达到 10 万人之说。

（5）ISIS 采取极端主义的宗教政策，驱逐非穆斯林、屠杀和驱赶什叶派教众、摧毁或破坏非伊斯兰教的历史遗迹与文物，凶残程度令人发指。以摩苏尔城为例，2014 年 6 月 16 日，ISIS 发表声明要求该市的基督徒在三天内做出选择：皈依伊斯兰教、缴纳人头税、撤出摩苏尔，如果拒绝执行就将面临死亡的惩罚。强迫改宗的行为在整个伊斯兰历史上都非常罕见。而人头税是以宗教信仰差异为基准收缴的赋税，在阿拉伯大帝国时期盛行，其不平等和压迫性为现代社会不容，早已被废除。且 ISIS 的人头税税额高达 450 美元/月，超出一般家庭的实际收入。6 月 19 日，该市 375 个基督教家庭被迫抛弃家产，成为逃亡的难民。"伊斯兰国在基督教徒的财产上画上'N'以示没收。"② "N"是阿拉伯语基督教徒的首字母。类似情况在其控制的多地均有发生。相较于基督教徒，该市的什叶派境况更加凄惨，400 多名监狱在押的什叶派犯人被集体处决。在摧毁摩苏尔和巴格达郊外什叶派清真寺时，又对什叶派民众大开杀戒。除了什叶派、基督教徒之外，受迫害的还有雅兹迪教徒、巴哈教教徒、沙巴克人、土库曼人等。

① Daveed Gartenstein-Ross, "How Many Fights Does the Islamic State Really Have?" Feb. 9, 2015, http://warontherocks.com/2015/02/how - many - fighters - does - the - islamic - state - really - have/? utm_ source = Sailthru&utm_ medium = email&utm_ term = % 2AMideast% 20Brief&utm_ campaign = 2014_ The% 20Middle% 20East% 20Daily_ 2.9.15.

② Dominic Evans and Raheem Salman, "Iraq Catholic Leader Says Islamic State Worse Than Genghis Khan," Jul. 20, 2014, http://www.reuters.com/article/2014/07/20/us - iraq - security - christians - idUSKBN0FP0R120140720? utm_ source = Sailthru&utm_ medium = email&utm_ term = % 2AMideast% 20Brief&utm_ campaign = 2014_ The% 20Middle% 20East% 20Daily_ 7.21.14.

2014年8月3日，ISIS攻克尼尼微省的辛贾尔，这里是雅兹迪教徒的主要聚集地，从而引发大逃亡。"据称逃入山区的雅兹迪教徒有4万人，另有1.3万人进入库区。"① 受困山区的雅兹迪人缺少粮食、水源等各种生活用品，处于濒死边缘，其境况引起国际社会高度关注。为营救雅兹迪人，"叙利亚库尔德武装力量与武装分子作战，打开一条逃生通道解救数万被困山顶的雅兹迪教徒……他们多被安置在距离伊拉克边境30公里的库尔德小镇马利克雅上"。② 美国政府也动用空军力量提供应急物资补给。5月，有2万人口的土库曼人聚居的小镇阿莫利被ISIS围困，至8月31日被解放，阿莫利前后受困超过70天，其间缺衣少食、停水断电。受制于民族、宗教和军力等诸多因素，该城成为中央政府军队和临近的库区武装力量的"弃城"，完全依靠市民自发组织坚守城池。破坏两河流域的古代文明遗产也是ISIS的一项具有重要政治意义的活动，成为一项系统性的运动。"以崇拜这些场所是异端邪说为由，'伊斯兰国'还在网上公布大量已经拆毁的尼尼微省境内历史或宗教古迹的照片。"③ ISIS烧毁和破坏摩苏尔市区内有1800年历史的教堂和一座几乎同样古老的修道院，驱逐了修道院内的基督教僧侣。这座修道院是伊拉克基督教的地标性建筑，在基督教世界里享有盛誉。2015年4月公布的视频里，极端分子用锤子、榔头砸毁亚述帝国和波斯帝国时期那些有着2000年甚至3000年以上历史的大小石雕，有些体积过于庞大的雕像——有翼公牛就使用炸药破坏，行为令人发指。在叙利亚情况也一样，著名的文物遗迹惨遭盗挖，卫星图片显示现场就像是月球表面一般布满坑洞。ISIS对异族、异教文明遗产的倒行逆施是它所谓纯洁伊斯兰教、推行圣战的重要表现形式，其行为狭隘、偏激且逆历史与文明潮流，实为"多行不义"。

---

① "Eyewitness Describes Plight of Iraq's Trapped Yazidis," Aug. 7, 2014, http://www.bbc.com/news/world-middle-east-28687329.

② Diaa Hadid and Bassem Mroue, "Syrian Kurdish Fighters Rescue Stranded Yazidis," *Associate Press*, Aug. 12, 2014, http://abcnews.go.com/International/wireStory/syrian-kurdish-fighters-rescue-stranded-yazidis-24948058.

③ Mina al-Lami, "Iraq: The Minorities of the Nineveh Plain," *BBC Monitoring*, Jul. 21, 2014, http://www.bbc.com/news/world-middle-east-28351073.

三 "伊斯兰国"对地区和国际社会的影响

ISIS 崛起给伊拉克局势带来不可估量的冲击和破坏。首先是人员伤亡数量激增。2010 年伊拉克全年死亡人数为 4167 人；2011 年死亡人数为 4153 人；2012 年死亡人数为 4622 人；2013 年死亡人数为 9851 人；2014 年死亡人数为 18877 人。① （见表 1) 2014 年的死亡人数已经超过 2005 年的 16395 人，也超出 2009～2012 年四年的总和，仅次于 2006 年和 2007 年教派大屠杀的死亡人数，达到历史的新高峰。2015 年前 4 个月死亡人数超过 5000，在月均和总数上均超过 2014 年同期 （见表 2）。如果局势得不到有效控制，全年死亡人数甚至将超过 20000 人。不仅如此，ISIS 还导致国内难民数量激增，总数已经超过 120 万人，迫使联合国和难民署将其列为全球第四个启动"三级应急"状态的国家。依据联合国难民署的最新通报："近日伊拉克政府军与极端武装分子在西部安巴尔省境内，尤其是首府拉马迪东部地区开展的军事对抗活动导致严重的人员流离失所……有近 4 万人滞留安巴尔省其他地区，5.4 万人逃往首都巴格达，1.5 万人迁往库尔德斯坦南部山区苏莱曼尼亚寻求庇护……近期暴力冲突导致全国 270 万人成为内部流离失所者 （难民的一种形式）。"②

表 1 2014 年伊拉克死亡人数

单位：人

2014 年	1 月	2 月	3 月	4 月	5 月	6 月	7 月	8 月	9 月	10 月	11 月	12 月	总计
人数	1096	971	1027	1036	1098	4078	1568	1592	1956	1797	1468	1190	18877

资料来源：伊拉克死亡人数统计；https：//www.iraqbodycount.org/database/。

---

① "Documented Civilian Deaths from Violence," Apr. 2015, https：//www.iraqbodycount.org/database/.
② 《伊拉克西部冲突导致严重流离失所，联合国救援机构加强人道支持行动》，联合国新闻，http：//www.un.org/chinese/News/story.asp? NewsID =23855，检索日期：2015 年 4 月 21 日。

表 2　2015 年伊拉克死亡人数

单位：人

2015 年	1 月	2 月	3 月	4 月	总计
人数	1431	1472	927	1428	5258

资料来源：伊拉克死亡人数统计；https：//www.iragbodycount.org/database/。

其次，ISIS 崛起导致伊拉克政局调整。第一，马利基政府两届任期内对逊尼派政治力量的打压和边缘化日渐严重，逊尼派民众对什叶派掌控的中央政府失去信心和信任。ISIS 正是在此基础上找到重新立足的机会和可能。ISIS 的崛起也使得周边国家包括国内什叶派民众对马利基政府投了反对票。迫于美国、伊朗以及国内什叶派、逊尼派、库尔德人和宗教领袖西斯塔尼等多方压力，马利基被迫放弃连选连任，2014 年 9 月 8 日海德尔·阿巴迪胜选出任总理，下有什叶派、逊尼派和库尔德副总理各 1 人，部长 23 人。10 月 18 日，议会批准任命逊尼派哈莱德·欧拜第（Khaled Obeidi）为国防部长，来自巴德尔组织的什叶派穆罕默德·葛哈班（Mohammed Ghabban）为内政部长，曾任外交部长的库尔德人侯士亚·赛巴瑞（Hoshyar Zebari）为财政部长。除了完成艰难的组阁工作，阿巴迪还在反腐败问题上对马利基集团进行清理和整治，以提高军警队伍的战斗力。

第二，国内政治格局调整，库区与中央政府关系阶段性缓和。在马利基政府执政期间，不仅逊尼派与中央政府关系恶化，库区也在领土、石油和财政三个核心问题上与巴格达尖锐对立。马利基于 2014 年 1 月停止拨付财政款项，库区政府连工资都无法发放。8 月，ISIS 对巴格达地区和库区首府埃尔比勒的骚扰和袭击导致双方关系缓和。面对共同的敌人，库区与中央政府于 12 月 2 日达成初步和解：当月库区可以获得 5 亿美元的应急财政款项，巴格达从 2015 年开始恢复对库区的财政拨款；除此之外，库尔德的"自由斗士"武装每月另获得 1 亿美元资助（2015 年总额为 10 亿美元）。作为交换，库区保持与巴格达的关系格局；承诺将多数石油收益上缴国家财政；库区向国家石油公司输送石油为 25 万桶/天；利用基尔库克—杰伊汉（位于土耳其境内）管线协助巴格达向土耳其出口基尔库克石油 30 万桶/天（该管线设计运输能力为 160 万桶/天）。这 55 万桶石油由国家石油销售公司统一出售，然后存入美联

储账户，再按预算分配。重要的是基尔库克省西部石油主产区和生产现在处于库区政府的控制和管理之下；更重要的是此规定量以外的石油可由库区自行销售（库区 2014 年以来有 25 万桶/天的产量供区内经济社会发展需要和自行出口，这些石油在协议的 55 万桶/天之外），库区还计划在 2015 年将总产量提高到 100 万桶/天，这就意味着有超过 40 万桶/天的石油收入直接归库区政府支配。因此，这次中央政府与库区的和解协议实际上默许库区石油开发和出口的双轨制、间接默许库区对基尔库克地区油田的控制权（明年新协议的争斗焦点），让步之大前所未有。"有钱才能任性"，库尔德人终于有了任性的资本。石油是伊拉克最大的财富，对石油开采、出售、分配的控制被视为中央政府最敏感和核心的利益，此次库区石油问题上的松动意味着在中央地方斗争中巴格达中央政府已从优势转向平局，意味着双方甚至三方正在进入相持阶段，经济独立将推动政治独立走向实质化，危害甚远。

　　ISIS 的崛起使得伊拉克和叙利亚两国成为全球极端主义和恐怖主义分子的聚集地和训练场，同时也在转变为两者的输出地。ISIS 的成员来自世界各地，除了叙伊两国和中东域内周边国家，高加索地区和欧洲、美洲、中亚、南亚、东南亚的国家都有人前往参战。"它甚至正在通过吸引基地组织成员和资源一步步地超越基地组织。"[1] 据英国智库调研显示，前往伊、叙两国的外籍极端分子已经超过一万人，来自西方的新成员多是生活在社会底层的穆斯林第二代和第三代移民，东南亚和南亚的来源包括菲律宾、马来西亚、印度尼西亚、印度等，菲律宾外交部指出："有 200 人在 ISIS 号召下前往中东，他们大多是国内伊斯兰恐怖组织阿布萨耶夫组织或者摩洛国民自由阵线战士的孤儿……他们不听从任何人的命令并认为自己是哈里发国的一员。"[2] 就极端和恐怖袭击事件来看，2014 年 9 月 14 日斩首三名西方人质的 ISIS 成员操一口标准的英国口音，英国媒体称加入 ISIS 的英国人超过 1000 人；加入 ISIS 的美国人超过 100

① Ross Harrison, Micheal W. S. Ryan, "The Master Plan: How to Stop ISIS," Aug. 21, 2014, http://nationalinterest.org/feature/the-master-plan-how-stop-isis-11112? page=show.

② Jeff Moore, "IS Inspires Southeast Asian Terrorists—Implication for the Region and the US," Sep. 11, 2014, http://www.upi.com/Top_News/Analysis/Outside-View/2014/09/11/IS-inspires-Southeast-Asian-terrorists-implications-for-the-region-and-the-US/3751410448820/.

人。迄今为止视频公布斩首西方国家人质近 10 人；2014 年 5 月的布鲁塞尔恐怖袭击就是 ISIS 成员所为；2015 年 1 月震惊世界的巴黎《查理周刊》恐怖案件中有 1 名恐怖分子是 ISIS 成员；2 月，ISIS 在利比亚处死 21 名埃及科普特基督徒，4 月 19 日又斩首 30 名埃塞俄比亚黑人基督徒，教皇弗朗西斯罕见再次公开表态加以谴责；3 月 20 日，ISIS 在也门首都萨那实施自杀式炸弹袭击两座清真寺，造成至少 137 人死亡，350 人受伤；4 月 25 日，西班牙驻利比亚大使馆发生炸弹袭击事件，当地 ISIS 组织承认是其所为。ISIS 还宣称 5 月 3 日美国德克萨斯"先知动漫赛"袭击事件是其成员所为，并称这只是对美国恐怖袭击的开始。在反恐问题上，ISIS 实际上涉及两方面问题：一方面是国际社会，尤其是西方国家，普遍担心极端分子回流国内，成为威胁国家安全的重大隐患；另一方面是随着打击行动的日渐推进，ISIS 将利用效忠它的力量加强在中东乃至世界各地主动发起恐怖主义袭击的频率，造成更大的人员伤亡和财产损失，以减轻压力，分散注意力，同时招募更多极端分子。尤其对西方国家而言，前者的威胁是怎么估量都不过分的；对中国来说也存在类似的隐患。

为应对挑战，国际社会逐渐建立起反 ISIS 联盟。2014 年 8 月，沙特阿拉伯、约旦等国外长就应对 ISIS 威胁问题召开国际会议，各国外长一致认为当前迫切需要严肃对待 ISIS 给阿拉伯国家安全和稳定带来的危机和挑战，并采取切实措施打击和削弱它。伊拉克和伊朗两国总理也会面探讨打击 ISIS 的援助问题。随后在美国的组织下，由 GCC 六国、埃及、约旦和伊拉克联合组建反 ISIS 联盟，合作内容包括阻止外籍战士加入、实施金融制裁和打击、进行意识形态斗争等。9 月 15 日，包括安理会五大常任理事国在内的 26 个国家开会商讨联合打击 ISIS。"这项由美国和六十多个国家实施的运动（打击 ISIS）是一个基本的态度，包括直接军事打击、训练和装备当地武装、帮助伊拉克和叙利亚伙伴进行政治重建、切断外国极端分子和资金流向 ISIS、与 ISIS 的极端主义思想做斗争、控制战争的人道主义损失。"[①] 2014 年 8 月 15 日，联合国安理会通过第 2170 号决议，该决议弹出联合国反对 ISIS 的"最强音"，决议首

---

① James F. Jeffery, "Assessing the Strategic Threat from ISIS," Congressional Testimony, Feb. 12, 2015, http：//www. washingtoninstitute. org/policy – analysis/view/assessing – the – strategic – threat – from – isis.

先重申伊拉克和叙利亚两国主权、领土完整,"谴责伊斯兰国、'胜利阵线'和其他所有与基地组织有关联的个人、团体、企业和实体目前采用多种恐怖主义犯罪行为,以打死平民和其他受害者,毁坏财产和其他文化宗教场所,严重破坏稳定……为任何目的,包括为筹集资金或赢得政治让步而制造的绑架和劫持人质事件……最强烈反对和谴责'伊斯兰国'的恐怖行为和它的暴力极端主义思想……强烈谴责不分皂白地杀害平民和蓄意把平民当作攻击目标,犯下无数滔天罪行,进行大规模枪决和法外处决,包括枪决和处决士兵、依据个人和整个社区的宗教或信仰对其进行迫害、绑架平民、强迫少数族群成员流离失、杀害和残害儿童、招募和使用儿童、强奸和其他形式性暴力、任意羁押、攻击学校和医院……特别是在叙利亚的腊卡省、代尔祖尔省、阿勒颇省和伊德利布省,以及伊拉克的北部,特别是塔米姆省、萨拉赫丁省和尼尼微省……敦促所有国家努力缉拿实施、组织和资助恐怖行为的……个人、团体、企业和实体,并将其绳之以法"。① 此后涉及 ISIS 的决议有第 2178 号、第 2191 号、第 2192 号、第 2195 号、第 2199 号、第 2214 号,联合国在反恐、中东局势和国别问题领域中点名谴责 ISIS,并要求各方配合行动。

ISIS 的崛起不仅助推地区内新反恐联盟的形成,同时迫使作为霸权国的美国调整其中东政策。自奥巴马总统上任以来,美国全球战略东移已成定局,在中东地区进行战略收缩的态势十分明显。奥巴马相继启动和完成伊拉克、阿富汗撤军计划,在推翻巴沙尔政权问题上虎头蛇尾,在化武问题上"自食其言",在伊核问题上力促新协议,2013 年 10 月国家安全顾问赖斯提出:除非美及盟友遭袭、石油供应中断、恐怖主义和大规模大杀伤性武器失控,否则将尽力避免动武。随着 ISIS 在伊拉克和叙利亚的攻城略地,局势的发展超出美国对叙、伊两国局势的预判和设定,突破赖斯提出的政策底线。由于国内坚决反对直接出兵参战,奥巴马最终提出采用有限军事干预政策。华盛顿最初给出的建议包括"对伊拉克境内 ISIS 目标进行联合外科手术式空袭,军事支持库尔德人,推动阿巴迪政府进行必须的改革"。② 9 月 11 日,奥巴马政府正式提出

---

① 《联合国安理会第 2170 号决议》,2014 年 8 月 15 日,http://www.un.org/zh/documents/view_doc.asp?symbol=S/RES/2170(2014)。

② Ross Harrison, Micheal W. S. Ryan, "The Master Plan: How to Stop ISIS," Aug. 21, 2014, http://nationalinterest.org/feature/the-master-plan-how-stop-isis-11112?page=show.

"削弱和摧毁"战略。具体来说，要求"空中打击、支持当地代理人、通过情报和反恐行动抵御 ISIS 袭击、提供人道主义救援"。① 在伊拉克境内的军事人员数量从 8 月的 130 人增加到 12 月的 3100 人，据称美国准备将派驻人员数量提高到 5000 人。同时美国加大对叙利亚反对派、伊拉克逊尼派、伊叙两国库尔德人和伊拉克中央政府的情报、培训、器材等方面的援助。美国的空中打击耗资 30 万美元/小时，截至 2014 年末打击次数超过 1400 次，袭击范围包括伊拉克的阿萨德、辛贾尔、摩苏尔、提克里特、拜伊吉等，叙利亚的科巴尼、拉卡和哈桑克，耗费资金 10.2 亿美元。ISIS 的崛起打乱了美国战略东移的步伐，使得美国政府不得不考虑进行全球战略再平衡和地区格局再平衡，增强在中东地区的军力部署和经费投入，将美国又一次拖入局面刚刚趋缓的全球反恐"泥潭"，无法脱身。

打击 ISIS 问题本身也牵动着地区和世界大国的角逐和复杂的政治博弈。以沙特为首的海湾阿拉伯国家一直将伊朗什叶派力量的扩张视为"眼中钉、肉中刺"，一度将"伊拉克分支"和后起的 ISIS 看成在伊拉克遏制什叶派力量的工具，采取视而不见、有意纵容的态度。伊朗则始终将其视为威胁自身安全的大敌，同时将打击 ISIS 看成扩大在伊拉克和叙利亚影响力的有效途径，但伊朗不希望看到打击 ISIS 的成果记在美国总统头上并最终加固美国的地区霸权。土耳其有意遏制伊朗势力，借 ISIS 打击巴沙尔政权，同时为确保国内安全与稳定，加上对美国在叙问题上的摇摆反复，土耳其不愿在打击 ISIS 的问题上"惹祸上身"，态度暧昧，土耳其一直是外籍极端分子和武器、资金、物资流向 ISIS 的最佳通道。约旦经济基础薄弱、失业率高、伊叙难民数量巨大，同时 ISIS 的渗透较深，早在 2014 年 5 月，"'伊斯兰国'的官员就在视频中催促马安的青年人起而反抗'判教的罪恶政权'……宣布准备用腰带炸弹刺杀国王"。② 因此，即便发生虐杀飞行员事件，约旦政府的整体立场是态度明朗，

---

① Frederic Wehrey, "Five Hidden Risks of U. S. Action Agains the Islamic State," Sep. 11, 2014, http：//carnegieendowment. org/syriaincrisis/？ fa = 56596&mkt _ tok = 3RkMMJWWfF9wsRonvq 3IZKXonjHpfsX57OwuXKeg38431UFwdcjKPmjr1YIFScN0aPyQAgobGp5I5FEIQ7XYTLB2t60MWA% 3D%3D.

② Steven Simon, "How Vulnerable Is Jordan," Aug. 5, 2014, http：//www. mei. edu/content/at/ how – vulnerable – jordan.

直接打击行动乏力。以色列的情况更为艰难,伊朗、哈马斯、真主党等一直是以色列的首要威胁,而 ISIS 也提出要将以色列从地图上抹掉。涉事三方均是无可化解的死敌。以色列希望推翻巴沙尔政权又担心叙利亚的极端化失控,希望消灭 ISIS 又担心伊朗势力扩张,另外以色列若直接采取干预行动将会被解读为犹太人和阿拉伯人的新战争,后果更难以预期。更进一步说,以色列目前仍将伊朗等看成"股肱之患",ISIS 的威胁还居次位。对叙利亚巴沙尔政权而言,包括"胜利阵线"在内的反对派才是最大的威胁,它们既提供社会治理,又不推行极端宗教思想和统治。因此,推动反对派内战,"以夷制夷",可以牵制和消耗它们,为巴沙尔赢得时间和谈判的资本。美国妄想在遏制伊朗和打击 ISIS,推翻巴沙尔政权和打击 ISIS 的两对矛盾中寻求平衡,结果是首尾难顾,最终导致 ISIS 力量渗透和迅速做大。一方面,物资资金流向极端组织的事件时有发生且难以监管和控制;另一方面,在巴沙尔和 ISIS 的先后次序上,美国与盟友如沙特、土耳其、卡塔尔等国分歧日深。俄罗斯虽然也将以 ISIS 为代表的伊斯兰极端主义组织视为重大威胁,但同样不愿意让美国"摘桃"并坐视叙利亚、伊朗被推翻或遏制。

在打击或消灭 ISIS 的问题上,地区国家和大国形成多方博弈,利益和冲突相互交织重叠,大家均三心二意,"雷声大雨点小",难以形成合力。"许多国家不同程度地宣称支持打击 ISIS,但难以观察和缓慢展开的(打击)政策使得对(行动)的评估几乎不可能。"① 在如此复杂的中东地缘格局下,对参与打击 ISIS 的各利益攸关方来说,最佳的策略就是"边圈边打、遏制和拖延":"圈"就是将它的危害限制在伊拉克和叙利亚两国,防止外溢,切断外部资金、人员、物资供给;"打"则是依靠美英空中力量、政府、党派和部落地面武装逐渐收复失地,压缩 ISIS 的活动区域,消灭其有生战斗力;同时各国都期待能够尽可能减小 ISIS 对自己的威胁,又以它为工具实现利益最大化。

目前来看,ISIS 的斗争策略是明智的。它将力量主要布置在两国中央政府

① Micah Zenko, "Guess Who Is Bombing ISIS," Feb. 4, 2015, http://blogs. cfr. org/zenko/2015/02/04/guess – who – is – bombing – isis/? cid = nlc – public – the_world_this_week – highlights_from_cfr – link10 – 20150206&sp_mid = 47974811&sp_rid = bmVtbzIwMDBAMTI2LmNvbQS2.

力量消亡、统治薄弱的省份,对北部库区、中南部什叶派控制区、大马士革等地仅采取威胁和骚扰行动,同时管束在土耳其和约旦的潜伏力量。对 ISIS 来说,这片近 26 万平方公里的真空区就是它"立国"的基础和家底,一旦向外突破,比如说什叶派聚集区、库区抑或约旦,将破坏当前脆弱的平衡,导致自身生存环境迅速恶化和周边国家强力反弹。以约旦为例,"它(ISIS)的领导人评估了一旦入侵约旦,将导致美国和以色列军事干预的可能性。ISIS 的人员数量并不多,武器装备以轻武器步兵团为主,换句话说,他们将成为约旦及其盟友在平原上使用坦克、飞机、大炮轻易围杀的目标"。① 因此,ISIS 对地区战略格局和自身优劣势的认知是非常清晰的,明了自己身在其中的工具性价值和由此产生的生存空间,更深谙国际政治博弈的规则。面对联合国、国际社会、美国的制裁和打击,其战略意图明显,力求在相持中求守局,依据情况伺机而动。

今天的 ISIS 是逊尼派国家和各派武装最锋利的"刀刃",在教派冲突为背景的地区政治斗争中,其价值实难舍弃。另外,ISIS 是一个跨境问题,它的成长与伊拉克国内教派矛盾失衡、与叙利亚长期动乱有直接关系,如果这样的政治和社会基础得不到控制和改善,ISIS 的力量就难以从根本上动摇。作为中东地缘格局崩塌和混乱时期塑造的"畸形儿",只要上述生存土壤和外部环境依旧,即便近几个月来伊拉克境内的军事反击行动取得明显收效,ISIS 仍将是一个富有生命力的"顽疾",遏制不难,消灭实难。

---

① Steven Simon, "How Vulnerable Is Jordan," Aug. 5, 2014, http://www. mei. edu/content/at/how - vulnerable - jordan.

Y.8
解读2015年也门危机

王金岩*

摘　要： 2014 年 9 月起，也门境内的胡塞武装组织开始大规模武力扩势，从而掀起自 2012 年也门政权更迭以来的又一次国内危机。进入 2015 年后，危机进一步深化和发展：胡塞武装对国家的控制权步步紧逼，现政府节节败退。由于教派矛盾、地缘政治等多重因素，沙特阿拉伯率十国联军对也门危机进行军事干涉。当前，也门危机仍在持续，前景尚不明朗。此次危机的爆发有来自也门国内及境外的多方面的深刻原因，将对其国内及所在地区带来全面、深远的影响。

关键词： 也门　胡塞武装组织　危机

自 2014 年 7 月起，长期盘踞于也门北部的什叶派胡塞武装组织向政府持续发难，要求扩大自身权力，并于 9 月夺取首都萨那的控制权。进入 2015 年后，胡塞组织夺权行动进一步推进，控制范围不断扩大，现政权对国家的控制力受到严峻挑战。在此情况下，沙特阿拉伯率十国联军对也门境内的胡塞武装组织实施军事打击，以帮助现政权维持统治，此举使也门危机进一步复杂化。本文致力于探究此次也门危机的多重原因，及其对国内和所在地区带来的影响。

---

* 王金岩，文学博士，中国社会科学院西亚非洲研究所助理研究员，主要研究中东政治问题。

一 2015年也门危机的过程

胡塞武装组织是也门境内的一支反叛武装组织。2012 年也门政权更迭后,胡塞武装组织开始趁乱扩势。2014 年 7 月,也门政府削减燃油补贴,引发民众强烈不满,胡塞武装组织借此"良机"利用民众的不满情绪发动"人民革命",武力夺取首都萨那的控制权,并在随后的内阁改组、军队改革等问题上因与政府意见不一而摩擦不断。进入 2015 年后,随着胡塞武装组织在夺权之路上步步为营,也门危机不断加剧,至今已经历三个主要阶段。

(一)胡塞武装组织扩势阶段

2015 年 1 月,也门政府向全国和解委员会提交新宪法草案——将国家现有的 21 个省和 2 个直辖市重新划分为 6 个联邦州,遭到胡塞武装组织强烈反对。为阻止该草案,1 月 19 日,胡塞武装组织先是绑架了负责此项工作的总统办公室主任,后与总统卫队发生激战后于次日占领总统府,并软禁总统阿卜杜·拉布·曼苏尔·哈迪和多名内阁要员。21 日,胡塞武装与政府谈判后达成协议,主要涉及修改宪法草案,胡塞武装和坚持南部地区独立的"南方运动"获得更多内阁席位,胡塞武装释放总统办公室主任并交还总统府和附近军营等内容,也门政治危机得以平息。然而,22 日晚间,总统哈迪和总理巴哈突然宣布辞职,虽然哈迪的辞呈未被获准,也门局势却自此急转直下。2 月 6 日,胡塞武装组织单方面宣布解散议会并成立临时政权,包括由 5 名成员组成的"总统委员会"负责组建专家型政府,以及由 551 名成员组成的"全国过渡委员会"代行议会职责,以上决定未得到联合国的承认。2 月 15 日,联合国安理会通过决议,要求胡塞武装从首都萨那撤出。

(二)两个政权对峙阶段

2 月 21 日,哈迪秘密逃入南部城市亚丁,声称自己此前是被迫辞职,现收回辞呈,强调自己仍是"合法总统"。3 月 8 日,哈迪宣布亚丁为也门的首都,一些支持哈迪政权的国家驻也门的使领馆也随之南迁,也门由此进入两个政权并立对峙的阶段。其间,胡塞武装组织的势力不断扩大,一度逼近亚丁;

而哈迪政权得到联合国的承认和海湾国家的支持。在此阶段内，国家处于权力真空，由此引发恐怖与暴力盛行的安全危局。多股势力交互混战：（1）胡塞武装组织与政府军及哈迪的民间支持者持续交战，步步紧逼，力图扩势；（2）持不同政见的部落间相互混战；（3）什叶派与逊尼派的支持者间相互对战；（4）恐怖组织趁乱活动猖獗；（5）南方分裂主义势力抬头。

（三）外部军事干涉阶段

3月26日，沙特阿拉伯率领十国联军在也门境内发起代号为"果断风暴"的军事行动，将也门领空划为禁飞区，对其境内的胡塞武装力量实施军事打击以保护哈迪的"合法政府"。同日，哈迪离开也门进入沙特首都利雅得。参战十国分别为：阿联酋、卡塔尔、巴林、科威特、埃及、约旦、摩洛哥、苏丹、巴基斯坦和沙特，各国参战的方式和程度不尽相同。国际社会对此次行动反应不一：从其所处的西亚北非地区来看，阿拉伯国家联盟和土耳其表示支持；伊朗对此强烈谴责，但并未采取任何实际行动。从区外大国来看，美国没有直接参与此次军事行动，但表示支持并提供情报援助；欧盟认为军事行动不能解决也门问题，对此次行动不予支持。4月21日，沙特国防部发言人突然宣布，"果断风暴"空袭行动的目标已基本达到，将就此停止，并开始下一阶段代号为"恢复希望"的行动，即综合采取政治、外交及军事手段，重点在于打击恐怖主义、实现安全和寻求政治解决也门危机等。沙特在声明中称，空袭行动摧毁了胡塞武装和亲前总统萨利赫部队拥有的重武器及导弹，捣毁了其军事基地、兵营及其他军事设施，制止了胡塞武装针对沙特和其他地区国家的侵犯，对沙特和邻国的威胁得以消除，因此可以停止对也门的空袭。① 但外界有分析认为，由于也门复杂的地形地势，胡塞武装组织和亲萨利赫军队的指挥系统并没有被彻底摧毁，而且也门人的抵抗情绪被激发起来，反而使二者在当地的声望有所提升。事实上，联军在也门境内的军事行动也并未就此完全停止。

---

① "Yemen Conflict：Aid Groups Seek Unobstructed Access，" http：//www.bbc.com/news/world－middle－east－32590994，2015－5－5.

二　2015年也门危机的原因

本次也门危机来势凶猛，但其爆发绝非偶然，而是多种境内外因素长期积蓄的结果。

（一）直接原因

本次也门危机的导火索是胡塞武装组织争夺对国家的控制权。胡塞武装组织属于伊斯兰教什叶派宰德分支，发源于并长期盘踞在也门北部萨达等省份。其前身为"青年信仰者"组织，由宰德派领袖侯赛因·胡塞于20世纪70年代创建。2004年，侯赛因·胡塞在一次与政府军的交火中被击毙，此后，其支持者将该组织更名为胡塞武装组织。其成立之初，曾受到时任总统阿里·阿卜杜拉·萨利赫的支持，主要由于二者同属宰德教派，萨利赫利用其对抗国内的逊尼派，以稳定统治，该武装趁势发展壮大。后因政见不和二者反目成仇，自此胡塞武装组织与政府军之间时常发生交火。

2012年，也门在西亚北非大变局浪潮席卷下发生政权更迭，萨利赫下台，原副总统哈迪以唯一候选人身份继任也门总统。胡塞武装组织再次借国家动荡之机发展壮大，并致力于扩大自身权力，争夺国家控制权，自2014年9月起持续向政府发难。胡塞武装在夺权之路上步步为营，引发国内多股势力的混战，并招致外来军事干涉。可以说，胡塞武装组织争夺对国家的控制权直接引发此次也门危机。

（二）国内因素

长期以来，也门国内多重势力交织并存致使多方面矛盾分歧丛生，存在地区隔阂、教派冲突、部落角力等问题，只有达成一定的平衡，才能实现稳定。但由于各种势力盘根错节，矛盾根深蒂固，这种平衡必定是脆弱的，一方倾斜即可引发全局坍塌。此次也门危机的爆发是以上多重因素共同作用的结果。

1. 历史因素

也门独立前曾经历长期被分而治之的历史，且自古至今一直存在部落体

制，国家凝聚力不强，多股势力交错并存，从而造成国家独立后南北地区间难以融合、不同教派间冲突、众部落间角力。

（1）地区隔阂。也门至独立前历经古王国时期、奴隶制时期、封建制时期和殖民统治时期等，经常处于小王国并立状态和被不同外来统治者分而治之的状态。不同的统治者、相异的统治制度造成也门地区间的发展状况、政治制度等都存在较大差异，从而造成也门独立后地区间的隔阂长久存在。7世纪，阿拉伯帝国的首任哈里发阿布·伯克尔为了有效管理也门，首次将也门分为南北两省，北也门首都设在萨那，南也门首都设在亚丁北部城市杰纳德，① 由各自的总督管理，也门南北间的隔阂由此而起并不断加深。其独立前一百多年间的南北分治使隔阂进一步深化。自19世纪30年代起至也门独立期间，南部处于英国的占领之下，并一度沦为英属殖民地，北部处于奥斯曼帝国统治下。奥斯曼帝国试图收复南也门的努力失败后，与英国签署了一项条约，其中明确规定二者对也门南北分治，并划定一条自丕林岛起至巴纳河止的分界线。也门的最终独立也是南北部通过各自斗争而先后实现的。1962年北也门推翻伊玛目王朝，建立阿拉伯也门共和国；1967年南也门取得反英武装斗争的胜利，建立也门民主人民共和国。独立后的南北也门经历了长达二十多年的分治后于1990年才实现统一，但南北隔阂并未消除，从而导致1994年南北内战爆发。更为严重的是，在南北分治期间，统治者为稳定统治和便于管理，又分别在各自统治区域内实行次级分治，进一步加剧了也门多地间的隔阂，为也门独立和统一后多地存在分裂势力埋下隐患。引发此次也门危机的胡塞武装组织就是长期存在于也门北部的一支实力最强的分裂势力。

（2）教派冲突。伊斯兰教自7世纪传入也门后就成为主流宗教，当前绝大多数也门民众都信仰伊斯兰教，但他们分属什叶派的宰德分支和逊尼派的沙斐仪派别，双方民众约各占一半。由于各自教义的不同以及现实争权夺利的需要，两教派间的矛盾冲突始终存在。自20世纪70年代的伊朗伊斯兰革命以来，无论是西亚北非地区大国，还是妄图控制该地区的美国等西方国家都极力构建教派冲突的话语体系，不断放大教派对地区局势的影响作用，进一步加剧了也门两教派间的冲突。在此次也门危机中，什叶派胡塞武装组织与逊尼派也

---

① 林庆春、杨鲁平编著《列国志·也门》，社会科学文献出版社，2009，第45页。

门现政权间的对抗就是两教派间冲突的一次激烈爆发。

（3）部落角力。部落自古至今都是也门社会的重要组织形式。部落内部实行氏族民主制和生产资料公有制，生活资料平均分配，部落酋长和部落首领委员会管理部落内外事务。随着生产力的发展，部落领导权增强，由争地和自卫引发的部落战争和部落兼并又产生出以共同的经济、社会利益连接的部落联盟，由其中最大部落的酋长担任联盟领袖，该部落也随之成为"领袖部落"。规模较大的部落和部落联盟都有自己的常备军事组织和武装力量，平时作为军事储备，战时参战。历史上，也门不同时期的统治者经常利用部落间的矛盾使之相互制衡，现今国家的政治、经济、社会权益也多依据部落力量的强弱来分配。因此，部落角力在也门自古至今始终存在。掀起此次也门危机的胡塞武装组织也是一个部落武装，该武装与现政府的对抗也是双方支持部落间角力的体现。尤其值得一提的是，在也门，大部落的兴衰直接影响着国家的命运，这一点无论在也门的历史上，还是在此次也门危机中都有体现。2012年也门政权更迭后，一直居于国家统治地位的哈希德部落联盟出现分化，且呈现越来越严重的趋势，在此背景下胡塞部落武装趁机扩势争权，也门爆发国内危机，并招致外来干预。

2. 现实因素

一方面，政府软弱助长胡塞武装夺权。2014年9月，胡塞武装组织武力夺取首都萨那的控制权，哈迪政府没能扳回败局，使得胡塞武装越战越勇。2015年1月，胡塞武装击溃总统卫队后占领总统府。在此次交战中，政府军仅做了半个小时的还击即投降，此后总统和总理分别递交辞呈，显示出接受这一结果并将国家权力拱手相让。2月，胡塞武装组织采取进一步行动，单方面宣布解散议会，成立总统委员会和全国过渡委员会，对哈迪总统及其内阁成员都实施软禁。一个月后，哈迪在支持者卫队的保护下逃出萨那，回到其势力所在的南部地区，收回辞呈，并在南部城市亚丁另立政府。3月，当胡塞武装势力逼近亚丁，哈迪离国出走，逃入沙特阿拉伯。由此可见，是哈迪政府的软弱才使得胡塞武装在夺权之路上步步为营。哈迪政府的软弱在此次也门危机前早已显现。例如，2014年2月，也门开始实施联邦制，国家被划分为6个联邦州。① 事实上，联邦

---

① 《也门政府正式实行联邦制　国内安全与经济面临挑战》，http：//news. china. com. cn/world/2014－02/17/content_ 31493625. htm，2014年2月17日。

制需要强大的国家军队和财政保障，而当时的也门是做不到的，实行联邦制只是当时政府维持统治的无奈之策，也显现出哈迪政府的软弱。

另一方面，萨利赫的影响力犹存。本次也门危机的发生也有其前总统萨利赫影响力犹在的原因。首先，在本次危机发生与发展过程中，萨利赫是胡塞武装的支持者之一。萨利赫与胡塞武装组织同属什叶派宰德分支，前者执政前期，曾联合后者打压逊尼派穆斯林。但在其执政后期，因与后者间政见分歧愈益严重而对其实施打压。萨利赫下台后，二者间的矛盾随之消失，对抗逊尼派这一共同目标将二者紧密联系起来。当前已有多种迹象表明萨利赫的支持者在帮助胡塞武装夺权，以此达到其在也门政坛重振雄风的野心。其次，萨利赫在也门仍有政治根基。2012年2月萨利赫辞去总统一职，但仍担任着全国人民大会党领袖。哈迪上台后曾向联合国呼吁，对萨利赫实施制裁，此后哈迪就被全国人民大会党从领导层开除。从此事可看出萨利赫在也门政局的影响力仍然存在。此事严重打击了也门的政治进程，胡塞武装组织趁乱夺权。此外，萨利赫的儿子、侄子等家族和部族成员现在仍在也门安全部队等政府部门任职，其势力和影响力在也门境内各处仍然存在。

（三）境外因素

在地区层面，沙特一直自视为逊尼派的盟主，伊朗则是地区什叶派的领袖，这两个阵营的矛盾由来已久。随着伊拉克、叙利亚战乱的悬而未绝，沙特和伊朗主导的伊斯兰教逊尼派与什叶派间的力量博弈已蔓延至也门。也门成为两强之争新的竞技场，主要原因是其地理位置重要。也门位于可控苏伊士运河的红海入海口，南部城市亚丁紧邻曼德海峡，每天有400万桶石油经此运输通过。此次胡塞武装组织在也门的夺权行动与伊朗的支持有密不可分的关系。对此，伊朗并不隐晦，胡塞武装夺取对萨那的控制权时，伊朗曾高调欢呼。而以沙特为代表的逊尼派掌权的海湾君主国则不会坐视地区内又出现一个什叶派政权，对同属逊尼派的也门政府明里暗里提供支持。此次也门危机中，随着胡塞武装组织夺权不断取得进展，沙特阿拉伯率十国联军对也门采取军事干预，对胡塞组织的各种力量实施以空袭为主的多种形式的打击。可以说，地区大国博弈是此次也门危机爆发的原因之一，有分析人士甚至将此次也门危机视为沙特和伊朗两强之间的一场代理人之战。

此次也门危机同样与区外大国相关。也门自独立后与美国等西方大国一直因互有需求而保持合作关系。前者需要后者为其发展提供经济支持，也门数十年来始终依赖美国为之提供的资金支持才得以维持国家的正常经济运转；后者将前者作为打恐盟友，美国曾将与也门合作打恐树为其在全球合作打恐的样板；此外，西方国家也需要保持也门的港口、航道等经济枢纽的畅通。因此，虽然由于国内外诸多因素，美国及其他西方国家没有直接参与本次也门危机，但它们对也门局势始终密切关注，也具有一定的影响力。从态度上看，自也门危机爆发以来，沙特国王与奥巴马总统多次就也门局势进行沟通，美国对沙特等国的空袭行动表示支持，称美国与该地区国家有"共同目标"，即希望濒临内战边缘的也门局势恢复稳定。从行动上看，美国为联军的空袭行动提供后勤及情报支援。

三 2015年也门危机的影响

（一）国内影响

1. 经济状况雪上加霜

也门是世界最贫穷的国家之一，长期被归在世界最不发达国家行列。2300万的总人口中近一半人生活在贫困线以下，每天收入不足2美元。① 从总体上看，也门的人民生活水平和经济发展水平都很低，失业率和人口增长率都很高。在联合国所做的涉及国家机构失灵的几乎每一项统计中，也门都名列前茅。其领导层长期、严重的贪腐现象更加重了国家的贫困状况。长期的贫穷落后使也门滋生恐怖主义，"基地组织"阿拉伯半岛分支早已在此扎根，成为也门政府的统治障碍，更是社会安定的破坏因素。2011～2012年的也门政治变局发生后，国家恢复基本稳定，但小规模的动荡依然时有发生，国家经济状况进一步恶化，物资短缺、能源供应严重不足、物价飞涨、百姓生活举步维艰。在此次政治危机中，胡塞武装组织诟病政府的经济政策不能带来国家的发展和

---

① "Yemen Economy," http: //www. economywatch. com/world _ economy/yemen/# channel = f48105d3f6d1aa&origin = http%3A%2F%2Fwww. economywatch. com, 2010 – 6 – 29.

人民生活水平的提高。

本次危机使得原本困难重重的也门经济发展雪上加霜。一方面，自2014年9月胡塞武装组织武力夺取了萨那的控制权后，沙特等海湾国家暂时中断了对也门的资金援助。在也门实现逊尼派的稳定统治前，难以保障获得稳定的外来经济援助，经济运行有可能更加困难。另一方面，也门战乱致其石油出口收入下降，由此带来财政窘迫。根据也门央行发布的数据，2014年也门政府石油出口收益约为16亿美元，同比下降38.5%，远低于上年的26亿美元；原油出口约为1700万桶，低于上年的2400万桶。① 也门石油出口的大幅减少和收益的大幅下降当然受到国际原油价格下降的影响，更重要的原因是国内战乱带来的生产能力的下降。由于也门的石油出口收入占财政总收入的近70%，其国家财政已遭遇运转瓶颈。也门政府2015年1月拖欠了大量政府工作人员工资。也门财政部官员表示，当前也门央行的外汇储备仅够维持到2015年底，如果内乱持续、国际援助中断，也门货币里亚尔有大幅贬值的风险。② 此外，本次也门危机必然为其国内带来基础设施遭损毁和生活物资匮乏的重创，且外资企业为避战乱纷纷撤资撤侨将为也门经济发展的创口上再撒盐。

2. 国家权威越发碎裂

也门历史上曾是一个统一国家。1934年英国占领南部地区后，也门被分割成南北两部分。1962年9月，以阿卜杜拉·萨拉勒为首的"自由军官"组织推翻北部巴德尔王朝，成立阿拉伯也门共和国。1967年11月，南也门摆脱英国殖民统治获得独立并建国。1990年5月22日，南北也门终于实现统一，成立也门共和国。1994年，因原南北双方领导人矛盾激化而爆发内战，半年后以南部军队战败而告内战结束。但是，也门境内的分裂势力及其分裂活动始终存在。

除了多股分裂势力的长期存在，也门社会中也存在多重根深蒂固的分裂因素，主要有：什叶派与逊尼派角力争夺国家统治权；也门也是一个多部落国家，每个部落如同一个国中之国，部落间的利益之争从未断绝，大部落的权威

---

① "Yemen Overview," http：//www. worldbank. org/en/country/yemen/overview, 2015 – 3 – 31.

② "Breaking the Cycle of Poor Service Delivery in the Middle East and North Africa," http：// www. worldbank. org/en/news/feature/2015/04/10/breaking – the – cycle – of – poor – service – delivery – in – the – middle – east – and – north – africa, 2015 – 4 – 14.

甚至盖过中央政府。

哈迪执政后，迫于各方压力，将也门改行联邦制，全国分为 6 个联邦州，此举显示出其权威的弱势，其境内各种分离势力趁势发力：实力强大的组织争夺国家的控制权，如胡塞武装组织；实力相对弱小的组织试图圈地自治。显然，也门的国家权威进一步碎裂，甚至有分析人士认为，也门难以恢复原来的统一国家。

3. 安全局势更加恶化

也门国内长期存在地区隔阂及各自所属的多股分裂势力，部落间为争夺权益而混战不断，加上"基地"组织半岛分支等多个恐怖组织作乱，因此国内安全问题一直存在。此番危机中既有国内交战，又有外来军事干涉，必然造成安全局势更加恶化。在本次危机的初始阶段，即胡塞武装扩势夺权阶段，也门境内多股势力交战：胡塞武装与政府军对战，萨利赫的支持者参战，各自支持部落间混战，安全局势严重恶化，致使多国从也门撤侨。在此后的外来军事干预阶段内，沙特率联军对胡塞武装组织的势力实施猛烈的空中打击，造成严重的人道主义灾难，其中既有参战军人的伤亡，也带来无辜平民的生命财产安全被误伤。当前，沙特已宣布停止对也门的大规模空袭行动，力促和谈化解危机。但事实上，空袭行动并未完全停止，激战依然时有发生。就在沙特宣布"果断风暴"空袭行动结束不足 24 小时内，其联军继续对也门第三大城市塔伊兹的胡塞武装据点发动空袭。仅 5 月上旬就发生多起严重的袭击事件，5 月 6 日联军发射的炮弹击中亚丁市一处难民营，造成 120 人死亡，其中多为平民；9 日，联军发射的两枚导弹击中萨那国际机场，这是萨那机场在此次也门危机中第三次遭袭；同日联军还空袭了该机场附近的一处空军基地；10 日，联军空袭了萨利赫位于萨那的住宅，萨利赫及家人没有受伤，但该住宅被炸为一片废墟。可见，当前也门的安全问题依然严峻。

本次也门战火带来严重的人道灾难，并逐渐蔓延至邻国及所在地区。自 3 月 26 日联军发动空袭以来，已有逾 1200 人死亡，数千人受伤，其中约一半是平民。此外，数万平民流离失所；数十万人沦为难民，逃至他国；数以百万计的仍然留居国内的也门人已陷入粮食、饮水、电力和其他生活必需品供应被切断的困境。当前，也门食品、医药等方面物资运输严重受阻，卫生、通信系统濒临崩溃。世界粮食计划署中东和北非地区发言人埃特法说："这可能是也门

10 年来面临的最严重危机，局势还在急速恶化。"① 联合国已就此制订救济计划。更为严重的是，此次暴力行动带来的暴力思维将会在也门长期持续，安全危局难以扭转。

（二）地区影响

1. 加剧地区动荡

自从联军对也门实施空袭以来，也门内乱就已演化成一场地区危机，使本就处于乱局的西亚北非地区再添动荡因素。首先，本次危机将使也门在相当长的时期内成为继叙利亚、伊拉克、利比亚乱局之后地区又一动荡国家，其外溢效应必将加剧整个地区的动荡乱局。其次，危机爆发至今已有 30 多万也门人逃入邻国避难，为本就国力衰弱的索马里、吉布提等邻国再添负重。再次，也门危机的起因之一即是国内的教派冲突，随着危机在地区蔓延，其外溢效应将加剧地区的教派斗争。最后，由于也门重要的战略地位，本次危机的长期持续将为整个地区的能源、交通等构成障碍，从而影响地区经济的稳定发展。

当前，也门危机已进入政治解决阶段，但其国内各派别间矛盾根深蒂固，冲突盘根错节，政治解决绝非易事。且联军与胡塞武装组织间的停火协议数次都是墨迹未干即被撕毁。可见，也门危机的政治解决依然任重道远，其对地区局势的负面影响也将长期存在。

2. 恐怖势力扩张

由于也门长期动荡，其境内尤其南部地区一直是"基地"等恐怖组织和极端组织的"沃土"。此次也门危机加重了这一情况，客观上"助力"了恐怖势力的扩张。首先，由于胡塞武装组织和"基地"组织分属什叶派和逊尼派，包括教派矛盾在内的多重因素使然，在此次危机爆发前，胡塞武装与"基地"组织经常发生交火，可以说胡塞武装是也门境内打击基地组织的一支重要力量。但危机爆发后，胡塞武装忙于与政府军作战和应对联军的空袭而无暇他顾，给予恐怖势力喘息之机。其次，美国一直将也门作为重要的反恐盟友，长期为其提供反恐情报、战术培训等军事、经济及多方面的支持，随着此次危机

---

① 《也门人道灾难凸显　海合会寻求解决危机途径》，《人民日报》2015 年 5 月 5 日。

的深入发展，美国已经撤出其部署在也门南部拉赫季省阿纳德空军基地的军事人员，该基地是美军对也门南部"基地"等恐怖组织和极端组织进行无人机空袭的指挥中心，同时还担负着与也门政府军配合作战的任务。这无疑为恐怖势力在也门的发展扫除一个重大障碍。再次，也门危机久拖难解使其国内已陷入某种程度上的"无政府状态"，为恐怖势力提供了扩张的空间。此外，由于目前构成地区重要威胁的"伊斯兰国"极端武装在叙利亚和伊拉克的战事吃紧，一些武装分子已纷纷南下进入也门。以上种种局势变化无疑有助于恐怖组织的趁乱扩势，进一步威胁地区安全。

（三）对国际油价的影响

也门地处中东产油区腹地，西临红海，南濒亚丁湾，西南接曼德海峡，其重要的战略地理位置使其扼守多条国际主要航道，因此，也门危机也带来国际油价的波动。亚丁湾是自古至今的重要港口，曼德海峡是国际重要通航海峡之一，沟通印度洋和地中海，是欧亚非三大洲的海上交通要道，战略位置极为重要。曼德海峡这一航道仅 2013 年的原油和精炼油输送规模大约为 3800 万桶。[1]

在本次危机的国内冲突阶段，随着胡塞武装组织势力的南扩和国内各股势力间混战的不断加剧，亚丁港和曼德海峡航道受到不同程度的安全威胁，影响石油的运输畅通，油价已出现上扬趋势。沙特率联军对也门展开空袭后，也门境内战火已波及地区安全，国际油价大幅上扬，最高涨幅超6%，布伦特原油也突破60 美元/桶。Global Hunter Securities 宏观策略师 Richard Hastings 认为，也门局势是目前原油市场上一个重大的影响因素。[2] 也门危机带来其国内和地区恐怖势力上升也将成为航道安全的干扰因素。也门危机爆发至今的事实已证明，也门虽不是主要产油国，但由于其重要的地理位置和政治地位，其国内乱局对中东原油产量带来不确定性，进而影响国际油价的波动。

---

① 《沙特空袭点燃中东火药桶　原油飙升黄金再现巨量买单》，http：//gold. hexun. com/2015 - 03 -26/174435254. html，2015 - 3 - 26。
② 《沙特空袭点燃中东火药桶　原油飙升黄金再现巨量买单》，http：//gold. hexun. com/2015 - 03 -26/174435254. html，2015 - 3 - 26。

四 结语

从也门当前情况来看，胡塞武装组织并未被联军的空袭击垮，且其夺权之心未死，而沙特阿拉伯等逊尼派国家也不可能接受周边崛起一个日益强大的什叶派政权，并控制如此重要的战略要地，加之也门境内持不同政见的多股势力间叠加作乱，也门之乱不会在短期内终结。多年来也门一直依靠海湾国家等一些经济强国的援助才得以维持经济运行和政治稳定，也门乱局将导致其本就羸弱的国力进一步衰减，未来也门经济发展、政治稳定和社会安定的实现必将更加依赖境外势力的援助，这使得也门未来多方面的发展都将受到外力的更大牵制。从其所在的地区情况来看，本次危机已使也门沦为地区大国博弈的战场，其结果将使得地区相关国家的力量对比发生变化，也将引发美国等西方国家与地区国家关系的变化。

埃及局势：脆弱的稳定

王林聪*

摘　要： 2014年埃及新宪法颁布和塞西当选总统以来，埃及重回强人政治治理轨道，政治过渡缓慢，政局逐渐趋于稳定；"开源"与"节流"并举，经济呈现恢复性增长；对外交往主动积极，重建地区大国地位。但是，埃及国内恐怖威胁增大，极端思潮泛滥，社会安全形势严峻；经济发展缺乏推动力，结构性问题并未改观。因此，埃及虽然迈上趋稳之路，但它面临的挑战是长期性的和复杂性的，目前的稳定依然脆弱，未来发展前景仍存在不确定性。

关键词： 政治稳定　过渡性　恢复性增长　极端主义　脆弱性

自穆巴拉克政权倒台以来，埃及政坛经历了三个发展阶段：以国防部长穆罕默德·侯赛因·坦塔维为首的最高军事委员会（Supreme Council for Armed Forces，SCAF）主导下的政治过渡时期（2011年2月11日至2012年6月30日）、穆尔西当权时期（2012年6月30日至2013年7月3日）、军方支持下的临时政府时期（阿兹利·曼苏尔担任临时政府总统，2013年7月3日至2014年6月8日）和塞西执政时期（2014年6月8日以来）。其中，"七三"事件①后的

---

* 王林聪，中国社会科学院西亚非洲研究所研究员、国际关系研究室主任，中国社会科学院海湾研究中心副主任，阿拉伯世界与中国内陆向西开放研究协同创新中心教授。

① "七三"事件是指2013年7月3日夜，为了平息埃及国内日益升级的冲突，时任国防部长、武装部队总司令阿卜杜勒－法塔赫·塞西在向民选总统穆罕默德·穆尔西发出最后通牒，遭拒后即宣布接管政权，罢黜穆尔西总统。"七三"事件标志着以穆斯林兄弟会为代表的伊斯兰政治力量主导埃及政治转型局面的结束。

2014年堪称是埃及政治过渡的关键期，新宪法经全民公投得以颁布施行，阿卜杜勒－法塔赫·塞西（Abdel-Fattah Al-Sisi）又在总统大选中轻松胜出，埃及重新回归有着军人背景的政治强人执掌政权的轨道上。塞西当政一年来，埃及逐渐迈上艰难而复杂的稳定、发展之路。

一 政治过渡缓慢，政权重回强人治理模式，政局逐渐趋稳

"七三"事件后，为了强化新政权的合法性和权威性，执政当局（以曼苏尔总统为首的临时过渡政府）公布了2014年政治过渡路线图，即制定新宪法、举行总统选举和议会选举"三大步骤"，借此巩固新政权，建立新埃及。目前已完成了路线图中的前两项，"第三大步骤"——议会选举却迟迟未能举行。

（一）新宪法的制定、公投及其影响

宪法修改是政权更替后的首要任务，也是埃及政治过渡路线图的"第一大步骤"。早在"七三"事件当天，武装部队总司令阿卜杜勒－法塔赫·塞西就宣布中止前总统穆尔西当政时制定的2012年宪法。随后，根据临时政府总统曼苏尔的命令，成立了一个由50人组成的修宪委员会，负责制定新宪法。围绕新宪法的制定，政坛、朝野斗争异常激烈。其中，以埃及社会党、社会大众联盟党、自由埃及人党、尊严党等为代表的世俗派力量支持新宪法草案；而那些力挺穆尔西的"反政变联盟"则由大大小小40个伊斯兰政党组成，它们坚决反对过渡政府，抵制由过渡政府启动的宪法修改和新宪法公投。

经过激烈较量和广泛讨论后，新宪法草案最终提交全民公投。2014年1月14日和15日举行新宪法草案全民公投，以98.1%的高支持率获得通过。宪法公投顺利通过，表明绝大多数民众对于国家定位和制度设计的认可。对比2012年宪法，2014年宪法的突出特点是：第一，在制度设计上，取消了协商会议（原议会上院），由两院制改为一院制（即人民议会）；同时强调政党的建立不得以宗教为基础，从而限制了穆兄会基层参政能力，确保政权的世俗性质。第二，强化军方在政治、法律、经济等领域的独特地位。"宪法"第234

条规定，在宪法通过后的两届总统任期（8 年）内，最高军事委员会负责任命埃及国防部长；军队有权通过军事法庭审判平民，而不必通过必要的司法程序；军队预算的独立性和秘密性等，以此维护军队的特殊地位和作用，进一步巩固军方的既得利益，加强了军方的自主地位。① 第三，在有关人民权利方面，明确维护男女性别在政治、经济、社会和文化等领域的平等权利，并且保护妇女免受各种形式的暴力侵犯（"宪法"第 11 条）等。

新宪法的通过反映了埃及民众在经历近 3 年动荡之后，期盼安定发展的愿望。它的颁布，在一定程度上宣示了现政权的合法性，确立了埃及的国家属性和发展定位。

（二）总统选举和塞西当选

选举总统是临时执政当局实施政治过渡路线图的"第二大步骤"。宪法公投结束后，总统选举提上议事日程，临时执政当局积极为塞西参选创造条件。2014 年 1 月，临时总统曼苏尔授予阿卜杜勒－法塔赫·塞西"元帅"——埃及军队最高军衔。2014 年 2 月 24 日，临时政府总理贝卜拉维宣布内阁集体辞职。接着，曼苏尔任命住房、公共工程与城市化部长易卜拉欣·马格赖卜（Ibrahim Mahlab）出任总理，并组建新内阁，塞西元帅任埃及第一副总理兼国防部长。

2014 年 3 月 26 日，塞西宣布辞去最高军事指挥官，竞选埃及总统。4 月 20 日，埃及最高总统选举委员会宣布，左翼政治团体领导人哈姆丁·萨巴希和前军方领导人塞西符合参选条件。

2014 年 5 月 26 ~ 28 日，埃及举行总统选举，第一候选人、前军方领导人塞西获得约 2378 万张选票，以 96.91% 的得票率战胜对手左翼政治家哈姆丁·萨巴希，赢得总统选举。6 月 8 日，塞西总统宣誓就职，从曼苏尔手中接过执政权力。随后成立新一届政府，马格赖卜留任总理，主要阁员有国防部长西德基·苏卜希、外交部长萨米哈·舒克里、内政部长穆罕默德·易卜

① Nathan J. Brown and Michele Dunne, "Egypt's Draft Constitution Rewards the Military and Judiciary," http://carnegieendowment.org/2013/12/04/egypt-s-draft-constitution-rewards-military-and-judiciary/gvc8, 2013-12-04.

拉欣等。

塞西的高票当选，很大程度上归因于选民认为他能为埃及带来稳定并推动社会经济发展。更为重要的是，塞西当选表明埃及政治过渡重新回归到了以军方为核心的世俗力量主导政治发展的轨道上来。

（三）议会选举尚未举行

议会选举被看作政治过渡的"第三大步骤"，也是最后一步。但是，塞西当选后，议会选举迟迟未能举行。2014 年 12 月 10 日，政府内阁通过了新修改的议会选举选区法。12 月 21 日，塞西总统签署了议会选举选区法，该法将全国划分为 241 个选区，其中，237 个选区的候选人将角逐新议会独立议员议席，4 个较大选区的候选人将角逐党派议员议席，每个较大选区都包含数个省份；同时新议会的议席设为 567 席，其中 420 席归属不隶属于任何党派的独立议员，120 席归属党派议员，另外 27 席（即总席位的 5%）的议员由总统直接任命（主要考虑科普特人、妇女代表）。① 议会选举选区法的通过似乎为人们期待已久的议会选举铺平了道路。随后，2015 年 1 月 8 日，埃及最高选举委员会宣布议会选举将于 2015 年 3 月 21 日至 5 月 7 日之间分两阶段进行。

然而，2015 年 3 月 1 日，最高宪法法院（the High Constitutional Court）裁定议会选举选区法违宪，指出该法在选区选票分配上存在不公平问题，它违背了宪法中依据人口密度和选民人数平等划分选区的规定，依据该法选出的议会将无法公平地代表各个选区的选民。实际上，不同时期，随着选区参选人数的变化，选举人席位也随之而变化。2015 年 1 月合格选民人数为 5515 万（总人口为 8796 万），5 月选民人数为 5547 万（总人口为 8863 万），② 这种变化必然带来席位数的调整。宪法法院做出违宪裁决后，塞西总统下令重新起草议会选

---

① "Sisi Ratifies Egypt Electoral Constituencies Law，" http：//english. ahram. org. eg/NewsContent/1/0/118608/Egypt/0/Sisi－ratifies－Egypt－electoral－constituencies－law. aspx, 2014－12－28.

② "Egypt Cabinet to Discuss Constitutionality of Election Laws Amendments，" http：//english. ahram. org. eg/NewsContent/1/64/133260/Egypt/Politics－/Egypt－cabinet－to－discuss－constitutionality－of－elec. aspx, 2015－6－21.

举选区法。经过修改后，新议会的议席增设为596席，其中448席归属不隶属于任何党派的独立议员，120席归属党派议员，另外28席的议员由总统直接任命。反对党（自由改革与发展党、埃及民族运动党）要求政府优先推动议会选举。为此，塞西总统与30多个政党举行对话会，讨论未来议会选举。然而，随着穆斯林斋月的到来，议会选举再度推迟，究竟何时举行，仍需在议会选举选区法修改通过后才能提上日程。于是，自2012年6月人民议会被解散以来，埃及政治生活一直是在没有议会的前提下运行的，立法权暂时掌握在总统手中，这在一定程度上强化了总统的集权。

与此同时，对两位前总统穆巴拉克和穆尔西的审判也显示埃及政权"回归"的特点。这场审判如同一场反转剧，具有很大的讽刺性。法院对穆巴拉克本人和同时期官员的判决逐渐变轻；相反，对穆兄会及其支持者的审判则日益严厉。

2014年5月，开罗一家刑事法院审理认定穆巴拉克挪用公款、贪腐罪名成立，处3年有期徒刑。2014年11月29日，埃及法院做出终审判决，裁决前总统穆巴拉克涉嫌谋杀示威者一案不成立，穆巴拉克将无罪释放。2015年2月4日，埃及法院宣布判处230名反穆巴拉克人士终身监禁，其中包括反对运动领导人艾哈迈德·杜乌马。2015年5月9日，法院维持对穆巴拉克3年监禁的判决。

与此相反，2014年4月28日，埃及明亚省一法院判处683名埃及穆兄会成员及支持者死刑（仅110人在押，其余人员系缺席审理），其中包括穆兄会最高决策机构指导局前主席穆罕默德·巴迪亚。接着，6月21日法院宣布确认包括穆罕默德·巴迪亚在内的183名穆斯林兄弟会成员及其支持者的死刑判决，从而成为埃及法院核定的最大规模"集体死刑"，不仅表明政府对穆兄会打压力度的升级，也显示了塞西政权打击穆兄会的决心和意志。其中，对前总统穆尔西的审判是最引人关注的。2015年5月16日，埃及开罗刑事法院判处前总统穆尔西死刑，6月16日又宣布维持对穆尔西死刑的判决，穆尔西成为埃及历史上第一位被判死刑的总统，理由是他参与了2011年初发生的一起越狱事件。穆尔西还因间谍罪被判终身监禁。因越狱案和间谍案一同被宣判的还包括多名穆斯林兄弟会（穆兄会）领导人和支持者，其中包括穆兄会三名领袖：沙特尔、贝尔塔吉和阿卜杜勒阿提。

二 "开源"与"节流"并举，经济
呈现缓慢的恢复性增长

恢复经济发展不仅是塞西政权的当务之急，也是维护政权合法性、权威性的依托。2014 年 6 月新政府成立后，大力发展经济，承诺要在尽可能短的时间里恢复经济，改善民生，为此，埃及政府制定一系列经济政策和发展蓝图，以期推动社会经济发展。这些经济政策简要概括为"节流"与"开源"两大方面的内容。

"节流"是指削减、取消能源补贴，减少财政赤字，为财政"减负"。补贴是埃及经济政策的特色，长期以来，埃及政府为民众提供能源和食品（包括糖、面粉和茶）的补贴，它给民众带来了不少实惠，但是，巨额补贴使政府财政不堪重负，仅能源和食品补贴每年就花费国家预算 26% 以上，且补贴制度效率低下，导致浪费并滋生腐败，补贴政策中享受实惠最多的往往是大企业主，并非埃及底层民众。尽管如此，"补贴"是历任埃及领导人不敢也不愿触碰的"雷区"，稍有不慎，就会造成民怨沸腾，政权不稳。新政府的"节流"措施主要体现在：（1）节约开支，削减赤字。2014 年 6 月 25 日，塞西宣布，他将放弃一半的薪水和财产，用以支持埃及的经济发展，并呼吁埃及人做出一些牺牲。紧接着，总理马格赖卜响应塞西总统呼吁，也宣布主动降低一半薪金，捐出一半财产。国防部长 Sedky Sobhy 表示军方企业将放弃 10 亿埃镑（合 1.4 亿美元）用以支持国家经济建设。① 在此背景下，埃及政府采取较为严厉的财政紧缩政策。2014 年 6 月底，塞西批准了 2014 年 7 月 1 日至 2015 年 6 月 30 日的新财年预算，该预算计划削减 480 亿埃镑财政赤字，从而使赤字占国内生产总值（GDP）的比重从 12% 降至 10% 以内，其中 440 亿埃镑赤字削减将通过取消能源补贴来实现。（2）削减补贴。2014 年 7 月，埃及政府正式宣布大幅削减能源补贴，调整食品补贴制度，减少浪费。根据最近埃及政府

---

① "Egyptian Army Gives 1 Billion Pounds to El-Sisi's Initiative，" http：//english. ahram. org. eg/NewsContent/1/64/104863/Egypt/Politics－/Egyptian－army－gives－－billion－pounds－to－ElSisis－ini. aspx，2015－1－18.

部门发布的统计，2014/2015 财年埃及能源补贴费用为 246.23 亿埃镑，比预算规划的 272 亿埃镑减少了约 26 亿埃镑，该预算赤字占 GDP 的比重有望从 2013/2014 财年的 12.6% 下降到 2018/2019 财年的 8% 或 9%。[①]（3）调整财产分配方式。主要实行对高收入人群增加税收，增加财政收入。从 2014 年 1 月起，对年收入超过百万埃镑的富人 3 年内多征 5% 的附加税。税率调整后，将增加 100 亿埃镑收入，其中 30 亿 ~ 35 亿埃镑是"富人税"。

"开源"之举是指通过重大工程项目建设，拉动内需与就业，实施具有长远战略意义的建设项目。例如，修建全长 3400 千米的国家公路网、南北高铁项目、苏伊士运河扩建工程、再造新开罗等。其中，苏伊士运河扩建工程是一个典型。2014 年夏，塞西总统提出了新苏伊士运河建设项目，计划在一年之内开凿完成一条 35 千米的苏伊士运河新航道，为长 163 千米的运河主河道减负，使得运河可以双向通行。工程费用全部通过民众和海外侨民购买债券等方式"自筹"。新运河竣工后，船只通过运河的时间从 22 小时缩短到 11 小时，日均通航船舶数量将从 49 艘上升到 97 艘，为埃及所赚取的外汇收入也将由 2014 年的 53 亿美元增加到 2023 年的 132 亿美元。新苏伊士运河开通后，埃及政府将在运河相关地区修建多个港口并成立工业园区，还计划将伊斯梅利亚打造成世界级物流中心。至 2020 年，整个项目总投资额或可达到 1000 亿美元，除了进一步增强运河的综合服务能力，还将有力带动运河地区汽车组装及制造、电子、石化、船舶、玻璃、水产养殖等多行业的发展。到 2030 年，苏伊士运河沿线将形成数个产业集群，并创造 100 万个就业岗位。其中仅运河周围可建鱼塘 3500 个，每个鱼塘按照安置 50 人计算，就可提供 17.5 万个就业岗位。[②] 2015 年 6 月 13 日，埃及苏伊士运河管理局宣布，长达 72 千米的新苏伊士运河将于 8 月 6 日正式开通。

事实上，"开源"的核心在于投资。2015 年 3 月 13 ~ 15 日埃及经济发展大会引人注目，展示了埃及政府的雄心。此次经济发展大会在西奈半岛南部城

---

① "Egypt's Electricity Subsidies Reach LE24.6 bn in FY2014/15," http：//english. ahram. org. eg/NewsContent/3/12/133329/Business/Economy/Egypts – electricity – subsidies – reach – LE – bn – in – FY. aspx，2015 – 6 – 22.

② 刘水明、王云松、韩晓明：《埃及新苏伊士运河开通进入倒计时》，《人民日报》2015 年 6 月 15 日，第 21 版。

市沙姆沙伊赫举行，埃及政府邀请了来自90多个国家的2500名政商界人士参加，推介了大量油气和矿产资源开发、制造业、信息及通信产业、交通、房地产、电力和新能源产业等领域的投资机会，以此向外界传递埃及经济发展已步入正轨的积极信号。马格赖卜总理称，本次大会为埃及吸引到了总额达362亿美元的直接投资。沙特、科威特、阿联酋和阿曼4国在本次会议上重申将会履行给予埃及120亿美元经济援助的承诺。此前，2002~2014年，埃及年均外商直接投资仅为90亿美元左右。

塞西当政一年来，通过"节流"和"开源"之举，埃及经济发展态势有了明显改观。按照计划部部长Ashraf El-Arabi的说法，相比较2013/2014财年，2014/2015财年埃及国内生产总值增长率将由2.2%增至4%，下半年经济增长有望达到4.2%~4.5%。国际信用评级机构穆迪宣布，预计埃及2014/2015财年经济增长率为4.5%，未来几年经济增长率为5%~6%，并将埃及的信用评级上调至B3，对于埃及的经济前景表示乐观。

与此同时，埃及财政部的一份报告显示，2015年4月底税收达到2390亿埃镑，比去年同期增长22.6%（440亿埃镑），对总收入增长的贡献为2%，相当于总收入增长了60亿埃镑。埃及中央银行2015年5月份统计公报称，埃及外债情况已从2014年3月底的451亿美元（占GDP的15.8%）下降至2015年3月底的395.8亿美元（占GDP的12.5%）。埃及外汇储备在2011年12月以来，从未超过200亿美元。随着海湾外援到账（沙特、科威特和阿联酋等海湾国家对埃及的60亿美元援款），外汇储备已从2014年6月的166.87亿美元上升至2015年5月的205亿美元。

但是，通货膨胀率和失业率的"双高"问题仍然是困扰政府的棘手难题。通货膨胀率从2014年6月的8.2%上升至2015年4月的10.96%。而失业率变化并不明显，从2014年第一季度的13.4%下降至2015年第一季度的12.8%。① 2015年初，埃及政府启动了全国培训计划鼓励劳动者就业。通过该计划，政府每年将为75万埃及人解决就业问题。实际上，失业问题一直是最

① Randa Ali, "One Year on: Economic Policy under El-Sisi," http://english.ahram.org.eg/NewsContent/3/12/132189/Business/Economy/One-year-on-Economic-policy-under-ElSisi.aspx, 2015-6-10.

为尖锐复杂的社会难题。开罗美国大学全球事务及公共政策学院 Ghada Barsoum 专注于青年、就业和贫困问题研究，她认为关于这一问题不仅仅是缺少工作，而是缺少好的工作。失业率在青年阶层中高达 26%，其中，女性失业人数相当于男性的两倍甚至更高（几乎是 1300 万∶600 万）。与此同时，青年最大失业群体集中于大学毕业生，即"受教育者失业"（Educated Unemployment），这一问题构成了严峻挑战。① 失业率不仅加重贫困问题（目前的贫困率持续上升至 26.3%），而且是社会动荡的潜在因素。

另外，由于投资法修改进展缓慢，新投资法迟迟未予公布，不利于吸引外国投资，很难为埃及经济发展注入新的活力。正因如此，在经济结构尚未改观的背景下，经济发展形势虽有好转，但经济发展动力不足，经济发展前景还存在变数。

三 打击恐怖极端势力，维护社会稳定和安全

塞西当政以来，一方面，坚决打击恐怖主义和极端势力，削弱滋生社会极端思潮的土壤；另一方面，逐步弥合社会族群分歧和裂痕，维护社会正常秩序，初步实现了埃及社会的稳定。

首先，埃及政府采取强制手段，通过取缔穆兄会，审判穆尔西和穆兄会重要成员，打击了支持前总统穆尔西的各种力量，从而极大地削弱了穆兄会在埃及的社会影响力。

其次，通过立法等手段有针对性地打击恐怖主义。2014 年 11 月，埃及政府内阁通过了新反恐法案，该法案明确界定恐怖组织和恐怖行为，即危害公共秩序和社会安全，伤害或威胁公民个人生命、自由、安全，危害国家统一，损害环境和自然资源或公共交通及设施，妨碍公众工作以及法律机构、宗教场所、医院、教育机构、驻埃外交机构和地区性、国际性组织等。② 2015 年 2

---

① Ghada Barsoum, "Youth and Unemployment in Egypt," http：//english. ahram. org. eg/NewsContentP/4/132530/Opinion/Youth – and – unemployment – in – Egypt. aspx. 2015 – 6 – 12.

② "Egypt Cabinet Approves New 'Terrorist Entities' Law," http：//english. ahram. org. eg/NewsContent/1/0/116565/Egypt/0/Egypt – cabinet – approves – new – terrorist – entities – law. aspx, 2015 – 1 – 6.

月，塞西总统签署发布反恐法案，以此作为埃及在境内外开展反恐行动的法律依据。埃及军方还不断加大对以西奈半岛为据点的恐怖主义势力的打击力度，多次组织大规模清剿行动，出动坦克、武装直升机等重型武装对恐怖分子进行清除。从 2014 年 10 月 25 日至 2015 年 4 月底，仅在北西奈省，就有 725 名武装分子被击毙，591 辆无照机动车辆和 1447 辆摩托车被毁，另有 1823 名恐怖分子藏匿点被捣毁。① 埃及甚至不惧外界批评，将哈马斯（巴勒斯坦伊斯兰抵抗运动）列入"恐怖组织"名单（2015 年 6 月，埃及法院重新认定哈马斯不是恐怖主义组织）。埃及军方还出动战机对利比亚境内恐怖组织的训练营、聚集地等目标施以"重拳"打击，击毙 40 多名极端分子，以报复该组织对埃及人的斩首罪行。② 塞西总统还多次呼吁国际社会采取更有效行动，应对日益严重的恐怖主义威胁，他提倡并推动组建一支阿拉伯联合军队，共同打击恐怖主义。

再次，采取措施，从思想根源上遏制极端思潮的泛滥和蔓延。埃及当局采取措施，一是强化爱兹哈尔大学的权威性，加强对清真寺的控制。早在 2014 年 6 月，临时总统曼苏尔就颁布法令，只允许爱兹哈尔大学毕业的宣教师从事宣教活动，禁止非爱兹哈尔大学毕业人员在宗教事务部下属的清真寺宣教。与此同时，埃及宗教事务部部长 Mohamed Mokhtar Gomaa 要求，所有清真寺均应归宗教部管理，将各种宣扬"极端思想或暴力倾向"的书籍、音像（磁带、CD）制品、视频等从清真寺中清理出去，并加强对网络的监管，以此将伊斯兰教宣讲活动及其管理等纳入正轨。二是提倡革新，宣扬正教，抵制极端思潮的泛滥、侵蚀和蔓延。2015 年新年之际，塞西总统亲往爱兹哈尔大学发表演说，公开呼吁伊斯兰教革新，消除像"伊斯兰国"这种毁灭性的极端主义。当时，他对在场的有着重要影响的伊玛目和学者们说："我们需要革新我们的宗教"（We need to revolutionize our religion），"尊贵的伊玛目，在安拉面前，

---

① "Egyptian Army Says 725 'Terrorists' Killed in North Sinai over Last 6 Months," http：// english. ahram. org. eg/NewsContent/1/64/129811/Egypt/Politics –/Egyptian – army – says – – terrorists – killed – in – North – Sin. aspx, 2015 – 5 – 12.

② 目前，利比亚境内约有 100 万埃及劳工，其中科普特人常成为绑架和袭击对象。2015 年 2 月 15 日，"伊斯兰国"组织利比亚分支在社交网站公布了斩首 21 名埃及科普特人的视频，其真实性被确认后，埃及遂出动空军予以打击。

整个世界都在等待着你们的言行"。① 塞西以国家最高领导人身份呼吁进行宗教革新，这在整个伊斯兰世界实属罕见，说明极端主义思潮对中东地区乃至世界的危害程度，只有通过一场宗教革命才能根绝异端思想，才能回到伊斯兰教的正道上来。于是，在塞西的呼吁下，埃及教界精英纷纷出面，或宣教讲经，或接受采访，或发表主张，强调伊斯兰教的中道思想，抨击极端主义者歪曲伊斯兰教，谴责极端主义者的种种暴行。

与此同时，塞西还专程访问位于开罗的科普特（基督教）大教堂，这是自纳赛尔总统以来埃及最高领导人的首次亲善行动，此举对于缓和埃及穆斯林与科普特人（约占埃及人口的10%）之间的紧张关系（穆尔西执政时期，穆斯林与科普特人之间裂痕加深，流血冲突不断，导致埃及社会族群问题复杂化、尖锐化），弥合穆斯林与科普特人之间的分歧起了积极作用，有助于推动社会的和谐与稳定。

尽管如此，埃及的社会安全和稳定问题依然严峻，其挑战是多方面的。

一是西奈半岛、利比亚边境的恐怖活动加剧，形成了新的恐怖策源地。恐怖分子制造了一系列暴力袭击事件。2014 年 11 月，以"耶路撒冷支持者"为代表的多个西奈恐怖组织宣誓效忠"伊斯兰国"头目巴格达迪，形成了恐怖组织内外勾结、与"伊斯兰国"组织合流之势。更重要的是，恐怖袭击行动从西奈半岛伸向尼罗河谷地人口稠密地区，反恐斗争正面临着来自东西两线、国内与国际的多重挑战。2014 年 10 月 25 日政府宣布在西奈实行为期三个月的宵禁，此后，因西奈半岛局势继续恶化，先后又于2015 年 1 月 25 日和 4 月 25 日两次宣布延长宵禁（为期三个月），反恐压力异乎寻常。

二是反抗塞西政权的斗争常态化。穆兄会领导的伊斯兰党派联盟"支持合法性全国联盟"的反抗行动，以开罗大学为代表的穆尔西支持者每逢重要纪念日、周五聚礼日等，经常举行示威活动，并与警察部门发生冲突，造成社会动荡不断。另外，曾经在一个阵营的共同反对穆尔西政权的自由派、世俗派党派，早已分道扬镳，其中"4·6 运动"组织被取缔，一些领导人被关押。

---

① "Egyptian President Sisi Calls for Reform of Islam," http：//www. vieinter. com/news/egyptian - president - sisi - calls - for - reform - of - islam/，2015 - 3 - 18.

对此，反对党指责当局以《抗议法》① 限制民众的权利诉求，遂经常举行示威活动，要求取消《抗议法》，于是，《抗议法》的存废成为当前朝野斗争的又一个焦点。

实际上，在经历政权变更的多次反复之后，它对埃及社会造成的"创伤"很深，目前依靠强制手段未能"压服"有着重要影响的穆兄会以及其他反对派力量，社会矛盾和社会冲突依然尖锐复杂。根据半官方的埃及全国人权委员会（National Council for Human Rights，NCHR）公布的最新统计，自 2013 年 6 月至 2014 年 12 月底，约有 2600 人（包括平民、安全部队人员和穆斯林兄弟会成员）死于各种暴力冲突。其中，1250 人是穆兄会成员，另有 700 人和 550 人分别为安全人员和平民。② 另据埃及官方报告，在西奈半岛的恐怖袭击及反恐斗争中，已有 643 名平民和军人遇害。③ 由此表明，困扰埃及社会稳定的诸问题远未解决。

四 加强对外交往，重建地区大国地位

塞西当政一年来，对外交往活跃，其目标一是为埃及经济恢复和发展创造条件；二是重建地区大国地位，展现地区大国的影响力。其对外关系的特点是：强调阿拉伯属性和非洲属性，深化与阿拉伯兄弟国家的各项合作，提升埃及在中东、非洲地区事务中的作用；重视对大国的外交关系，在开展"平衡外交"的同时，继续推进"向东看"政策。

埃及经济的恢复和发展首先离不开阿拉伯兄弟国家的支持。塞西上任后，先后多次访问沙特阿拉伯（2014 年 8 月，2015 年 1 月和 3 月）、阿联酋、科威特等海湾国家，后者慷慨相助，对埃及经济顺利渡过难关发挥了重要作用。塞西总

① 2013 年 11 月 24 日，曼苏尔总统签署《抗议法》，该法案规定所有游行和抗议活动必须提前向内政部门提出告知函，内政部门有权拒绝。

② "Egypt's NCHR Says 2600 Killed since Morsi's Ouster," http：//english. ahram. org. eg/NewsContent/1/0/131616/Egypt/0/Egypts－NCHR－says－－killed－since－Morsis－ouster－. aspx，2015－6－1.

③ "643 Civilians and Military Killed and Injured in North Sinai：Health Ministry," http：//english. ahram. org. eg/NewsContent/1/64/131333/Egypt/Politics－/－civilians－and－military－killed－and－injured－in－Nort. aspx，2015－5－28.

统还通过访问约旦、阿尔及利亚，加深与阿拉伯兄弟国家的友好关系。与此同时，在沙特的调解下，埃及与卡塔尔之间的关系（自 2013 年 7 月穆尔西总统被废黜后，埃及临时政府与卡塔尔关系交恶，相互召回各自大使）逐渐缓和，2015年 3 月 28 日卡塔尔埃米尔出席在埃及沙姆沙耶赫举行的阿盟首脑会议，明确表示支持"塞西兄弟"。2015 年 3 月 13 ~ 15 日埃及经济发展大会和 3 月 25 ~ 26 日的第二十六届阿拉伯国家联盟（阿盟）首脑会议的成功举办，对于经过多年动荡的埃及来说具有重大里程碑意义。由于恐怖主义威胁的增大和也门危机的升级，埃及政府提议建立阿拉伯联军，以应对地区复杂局势。该提议在阿盟首脑峰会上得到多数阿拉伯国家的认可，标志着埃及作为地区大国地位的回升。

妥善解决分歧和争端，为埃及创造相对稳定的发展环境。2013 年 7 月，埃及穆尔西总统被废黜后，非盟宣布暂停埃及成员国资格。2014 年 6 月 17 日，随着塞西总统的当选，非盟和平与安全理事会决定恢复埃及参加非盟活动的资格。随后，塞西总统参加了在赤道几内亚召开的非盟峰会，埃及重新在非洲舞台上发挥其作用。2015 年 3 月，塞西先后访问苏丹、埃塞俄比亚，并与苏丹总统巴希尔、埃塞俄比亚总理海尔马里亚姆在喀土穆共同签署了《关于修建埃塞俄比亚"复兴大坝"的原则宣言》，三国同意在不损害各方根本利益的原则上，在"复兴大坝"蓄水以及尼罗河水资源分配等问题上进行协商合作，从而为有效解决水资源争端达成政治共识，提升了三国之间的合作水平。与此同时，在打击恐怖主义，维护西奈半岛安全方面，埃及与以色列在一定程度上达成了默契，共同的安全需要推动着双边关系的改善。2015 年 6 月，塞西总统任命前驻智利大使 Hazem Khairat 出任驻以色列大使（2012 年 11 月以色列空袭加沙行动炸死哈马斯军事领导人 Ahmed Jaabari 后，时任总统穆尔西立即召回埃及驻以大使 Atef Mohamed Salem，结果，驻以大使职位一直空缺），此举旋即得到以色列总理内达尼亚胡的欢迎。

重视与欧美等发达国家的传统交往，争取更多的贸易投资，推动埃及的经济发展。2014 年 11 月、2015 年 2 月和 5 月，塞西先后访问法国、意大利、德国等国，其中，经贸合作和招商引资始终是双边讨论中的最主要议题。此外，埃及还与法国签订购买 24 架"阵风"战机和一艘护卫舰的合同，合同总额达 52 亿欧元。与此同时，埃及与美国的关系逐渐恢复。"七三"事件后，美国一直对埃及军方镇压穆兄会持批评态度，并暂停对埃军事援助。

然而，中东局势的不断恶化，迫使美国做出相应调整。2014 年 6 月塞西当选总统后，奥巴马总统遂向其致电祝贺。此后，美国国务卿克里于 2014 年 6 月、7 月两次访埃，美埃关系有所缓和。随着"伊斯兰国"组织的肆虐和也门内战的不断升级，美国从其中东战略需要出发，改变对埃及的政策。2015 年 3 月 31 日，美国总统奥巴马与塞西通电话，表示美国将在反恐、边界安全、西奈半岛安全和海上安全等方面向埃及提供援助，将解除自 2013 年 10 月以来实施的禁令，并继续要求国会每年向埃及提供 13 亿美元的军事援助，美国将允许向埃及交付 F - 16 战斗机、"鱼叉"式导弹等武器装备。美国解禁对埃军事援助，表明美埃关系的改善，也是美国对埃及现政权合法性的认可。

在对外关系上，塞西当政后继续推动"向东看"政策，寻求政治支持，扩大贸易合作，减少对美国的依赖。一方面，埃及与俄罗斯关系快速发展。2014 年 2 月，时任第一副总理兼国防军工部长塞西访问俄罗斯，参加在俄举行的"2 + 2"会谈，双方草签了约 30 亿美元的军售合同。其间，普京总统公开表示支持塞西参选埃及总统。8 月 12 日，塞西当选总统后不久便出访俄罗斯，显示了他对加强埃俄双边关系的重视程度。2015 年 2 月 9 ~ 10 日，普京总统对埃及进行了访问，双方在反恐、军事、经贸、能源合作等领域达成许多共识，决定建立埃俄自由贸易区，合作建设核电站以和平利用核能，并就电力和天然气合作签署了谅解备忘录。2015 年初，埃及对俄公民实行入境免签，以此鼓励更多俄罗斯人赴埃旅游（2014 年约 300 万俄罗斯游客访问了埃及）。另一方面，深化与中国的友好关系。在中东剧变的四年里，中埃经贸关系呈稳步增长态势，2013 年，中埃贸易额首次突破百亿美元（102.13 亿美元），2014 年又增至 116.2 亿美元。2014 年 12 月 22 ~ 25 日，埃及总统塞西访问中国，中埃元首共同决定将双边关系提升为全面战略伙伴关系，塞西总统表示，埃方愿积极参与并支持中国提出的共建"一带一路"倡议。可以说，塞西来华访问，有力地推动了中埃关系稳步向前发展。

五　埃及发展的前景

2014 年以来，经过宪法公投和总统选举，确立了埃及现政权的合法性。

塞西执政后，通过强化管控，打击恐怖主义，恢复社会秩序；开源节流，倚重大型基础设施建设，拉动经济增长；争取外援，加强对外交往，拓展外交空间。因此，埃及逐渐从急剧动荡的旋涡中走出来，其标志：一是社会经济呈现恢复和发展势头，国家和社会整体上趋于稳定；二是重建地区大国地位，具有象征意义的是 2015 年 3 月阿盟首脑峰会的成功举行和 2015 年 6 月 10 日 26 个非洲国家在埃及签署协定建立"非洲自由贸易区",① 它表明埃及在中东、非洲地区的作用有所提升。

反映在埃及民众对塞西执政及现政权的看法上，大多持肯定态度。2015年 4 月，一份最新民意调查（the Baseera Centre for Public Opinion Studies）显示，埃及民众对总统塞西、总理马格赖卜的支持率均有所上升。其中，对塞西的支持率达到 89%，比 2014 年 12 月（塞西执政半年之际）民意调查时上升了 3%（塞西当政 100 天时的支持率为 82%）。同时，有 83% 的被调查者表示，仍将继续选择并支持塞西担任总统；66% 的被调查者对马格赖卜政府表示满意。② 在塞西执政一年之际，一些在野党也发布报告，评价塞西执政的得与失。该报告认为高达 84.6% 的埃及人对塞西当政一年持积极看法，主要指恢复稳定和安全、打击恐怖主义、复苏旅游业、外汇储备增长等，绝大多数民众认为达到了一定程度的稳定。但仍有 68% 的民众抱怨高物价、低补贴和公共服务低效等。③

客观上说，"阿拉伯之春"以来，越来越多的埃及人厌倦了动荡的生活，盼稳之心较为普遍，并对塞西政权寄予厚望。塞西执政以来，埃及初步实现了国家和社会的稳定，通过"外援"和"上大工程"以及建造"新首都"等远景规划，展现了埃及发展的乐观前景。埃及经济的恢复性增长也在一定程度上增强了塞西政权的合法性。但是，展望未来，仅仅靠经济增长是远远不够的，

---

① 该协定将非洲现有的三大区域性组织"东南非共同市场"、"南部非洲发展共同体"和"东非共同体"，整合为统一的非洲自由贸易区，对推动非洲经济一体化进程具有重要意义。

② "Support for Egypt President El - Sisi, PM Mahlab Increases: Poll," http: //english. ahram. org. eg/NewsContent/1/0/129532/Egypt/0/Support - for - Egypt - President - El - Sisi, - PM - Mahlab - incr. aspx, 2015 - 5 - 9.

③ "Egypt's Opposition to Issue Reports on Sisi's One Year in Power," http: //english. ahram. org. eg/NewsContent/1/64/130996/Egypt/Politics -/Egypts - opposition - to - issue - reports - on - Sisis - one - ye. aspx, 2015 - 5 - 25.

仍不能确保稳定和发展。① 因为，埃及作为一个拥有约9000万人口的地区大国，国家治理若长期建立在依赖外援、侨汇、旅游业和苏伊士运河过境收入等之上是远远不够的。没有经济结构的全面调整和工业化基础，就难以从根本上解决埃及发展的深层问题，很难提供社会稳定所依托的坚实的经济基础；同样，对于一个根系于社会底层且历史较长的穆兄会等伊斯兰主义者，仅仅以简单强制打压等方式很难解决教俗之间的矛盾，反而加剧了其间的张力和对抗性，也就难以为社会稳定与安全提供坚实的社会基础。这些构成了埃及政治、经济和社会转型的主要困境。② 由此而论，现阶段，埃及虽然初步实现了稳定，其发展前景趋好，但埃及社会安全形势起伏不定，目前的稳定仍然是脆弱的、充满变数的。

---

① Amr Adly, "Economic Recovery in Egypt Won't Guarantee Political Stability," http：//carnegie - mec. org/2015/05/20/economic - recovery - in - egypt - won - t - guarantee - political - stability/ i8sm, 2015 - 5 - 25.

② 王林聪：《埃及政治转型的困境和出路》，《当代世界》2013 年第 11 期。

埃及动乱原因的反思与工业化道路

仝 菲*

摘 要： 埃及工业发展历经坎坷，不同时期制定了不同的发展战略。
2011 年爆发了革命，政权被推翻，在一定程度上与没有找到
适合的工业化道路有关。埃及应大力发展劳动密集型产业，
将人口红利的优势和连接欧亚非的区位优势充分发挥出来，
把埃及建设成未来的世界工厂，为工业的可持续发展奠定基
础。在埃及工业化的过程中，中埃合作面临着诸多新契机，
可以实现互利共赢。但合作也是机遇与风险并存，中方也应
提前做好防范和应对措施。

关键词： 埃及 工业化 中埃合作

　　埃及的工业化历程自 1805 年穆罕默德·阿里改革起，至今已有 200 多
年的时间。工业发展之初，殖民统治者为了把埃及作为其原料产地和商品倾
销市场，对其民族工业进行破坏和压制，在殖民压迫下形成了单一经济的畸
形产业结构。埃及独立后，不同时期制定了不同的工业发展战略，从进口替
代到鼓励出口，从国营企业主导到私有化，在改革和摸索中寻找适合自己的
工业发展道路。2011 年埃及爆发群众运动，穆巴拉克政权被推翻，与其工
业化探索受到挫折不无关系。群众运动爆发前夕，埃及并不是中东地区经济
落后的国家，经济保持着 5% 左右的年增长率。但是，埃及人口众多，失业
率高（尤其是受过高等教育的青年失业率最高），工资水平长期偏低，通货

---

* 仝菲，博士，中国社会科学院西亚非洲研究所副研究员，主要研究中东经济及社会发展。

膨胀率高，内外债务沉重，再加上腐败和贫富分化严重，穆巴拉克总统的政权在不到一个月的时间就被颠覆。笔者认为，关键原因在于埃及工业化发展出现了问题。工业的发展无力为日益增加的适龄人口提供足够的就业机会，失业率居高不下，民不聊生，是导致埃及爆发群众运动的一个重要的根本性原因。

一 埃及工业化发展历程回顾

埃及历史上几次重要改革对其工业发展影响重大。从穆罕默德·阿里到伊斯梅尔改革，都烙上了欧化的烙印。

（一）从穆罕默德·阿里改革到伊斯梅尔改革

1805 年穆罕默德·阿里出任埃及总督，当时西欧正兴起工业革命。穆罕默德·阿里为维护和巩固其政权，进行了意义深远的改革。当时埃及行会盛行，只有部分工厂手工业。1816 年，穆罕默德·阿里对工业品实行垄断，鼓励发展工厂工业，埃及的行会手工业迅速衰落下来。通过引进西方的纺织机，创办了埃及第一批纺织厂。一些与国防密切相关的工业迅速发展起来，如军械、造船、火药等，还有制糖、造船、榨油、铸造和冶炼、机械等工厂。随着这些工厂的建立，埃及出现了产业工人。工厂对工人实行军事化管理，工人下班后还要进行军事训练。1816~1850 年，至少有 45 万埃及人当过工人，其中1840 年埃及各工业中心共有工人 26 万人。[1] 1854~1863 年，赛义德成为埃及的统治者，他自幼受西方文化熏陶，受自由主义思想影响，具有亲西方的政治倾向，希望借助西方的力量来发展埃及经济。他在位期间实行门户开放和经济自由政策，埃及的银行、铁路、运河、航运、水电和文化教育等公共事业都让西方人经办，包括苏伊士运河的开凿权和管理权。埃及的主权被践踏，为外国资本奴役埃及埋下了祸根。

1863 年赛义德去世后，伊斯梅尔继位。他在位期间实施了一系列欧化的改革措施。工业方面，他投入大量的资金进口成套设备，聘请外国技师恢复和

---

[1] 雷钰、苏瑞林：《中东国家通史·埃及卷》，商务印书馆，2003，第 195 页。

发展工业。重工业主要发展军工业，修复了几家火药厂和造船厂，扩建了亚历山大造船厂；新建了三座兵工厂，并扩建了亚历山大兵工厂。轻工业主要发展了制糖业，截至 1879 年共投资 610 万埃镑建成 64 座糖厂；还修建了若干纺织厂、榨油厂、面包房、制砖厂、制帽厂、玻璃厂、印刷厂、造纸厂和制蜡厂；设立国家邮政总局，扩建亚历山大港和苏伊士港，开办埃及轮船公司等。但是由于伊斯梅尔的欧化改革严重脱离了国情，大举借债，盲目改革，最终落得国家财政破产，国家主权丧失。[1]

（二）英国殖民统治下的埃及工业

1883 年，英军占领了埃及。在英国占领期间，形式上由埃及政府行使管理国家的权力，但实际统治权由英国驻埃及总领事掌握。为了削弱埃及军队的力量，英国对埃及采取了裁减部队人数、关闭军事院校、关闭全部兵工厂和造船厂等措施。埃及刚刚起步的民族工业遭到严重破坏。英国以埃及缺乏燃料、技术和资金为由，要求埃及放弃工业发展，以发展农业为主。埃及政府迫于压力不得不廉价出售工厂设备，关闭厂房。纺织业、造纸业、制糖业遭受毁灭性打击。原来较发达的手工业，也受进口产品冲击和苛捐杂税的重压，多数难以生存。英国占领下的埃及沦为其原料产地和商品销售市场，民族资本发展停滞不前。而外国垄断资本则迅速进入埃及，英国资本渗透到埃及经济的各个部门，攫取了巨额利润却不向埃及缴纳分文税收，令埃及经济蒙受巨大损失。1898 年，英国在埃及建立"埃及国民银行"，并几乎占有了该银行的全部股份。该银行有权发行货币，实际上行使国家中央银行的职能，是英国控制埃及财政金融的主要工具之一。1883 ~ 1914 年，外资银行资本增加了 8 倍，农业、运输和工业部门的外资暴增40 多倍。截至 1914 年，在埃及的外国资本达 2.5 亿埃镑。[2]

第一次世界大战爆发后，1914 年 12 月，英国单方面宣布埃及成为它的保护国。战争期间，埃及因承担了英军在近东的军需供应，纺织、制糖等本地工业有所发展。苏伊士港、塞得港等开始发展为工业劳动力的中心，铁路工人、码头工人的数量开始增加。

---

① 参见雷钰、苏瑞林《中东国家通史·埃及卷》，商务印书馆，2003，第 205 ~ 209 页。
② 中国社会科学院西亚非洲研究所编《北非五国经济》，时事出版社，1987，第 13 页。

中东黄皮书

二 独立后的埃及工业发展

（一）1922~1952年英国控制下的独立时期

1922年英国被迫宣布终止保护制度，承认埃及独立，但是埃及实际上仍然在英国控制之下。在维护民族独立的过程中，埃及的民族资本获得了一些发展。1920年埃及成立了埃及银行，该行全部资本属于埃及人，该行的一项主要任务就是对工业企业进行投资和贷款。该行成立时资本为17.4万埃镑，到1927年发展到100万埃镑，银行储备金超过50万埃镑。它支持建立了近30个工业公司，如轧花、纺织、钢铁、采矿和运输等，几乎控制了所有的民族工业。1930年，埃及实行关税保护政策，通过提高粮食进口税，扩大农业种植面积。通过对进口商品的限制，保护和促进了民族工业的发展。该政策的实施不仅保护和促进了原有工业企业的发展，还催生了一些新的企业，如水泥厂、化肥厂等。独立后的埃及民族资本企业发展迅速，从1921年的8万埃镑增至1940年的1500万埃镑。①

随着第二次世界大战的爆发，军需供应增长，为埃及的工业较快发展创造了条件。1918~1948年，埃及民族工业企业由20021家增加至133600家。②1949年工业银行成立，资本为150万埃镑，政府占有51%的股份，为埃及民族工业的发展提供投资和贷款。但当时埃及的民族资本相比外国资本仍然十分弱小。第二次世界大战后，美国在埃及获得石油勘探和开采权，"通用汽车公司""福特汽车公司"先后在埃及开设大型装配厂和修理厂，"可口可乐公司"也进入埃及。到1952年，自由军官组织推翻法鲁克王朝，在埃及取得真正独立的时候，埃及的纺织、水泥、造纸、石油化工产品、金属加工、维修和建造等工业已经有了一批基础稳固的企业。工业产值占国民生产总值的13.1%。③

---

① 中国社会科学院西亚非洲研究所编《北非五国经济》，时事出版社，1987，第14~15页。
② 哈全安：《纳赛尔主义与埃及的现代化》，《世界历史》2002年第2期，第54~55页。
③ 张俊彦主编《中东国家经济发展战略研究》，北京大学出版社，1987，第47~48页。

但这一时期埃及资本家与外国资本联系密切，具有买办性质，埃及的经济命脉掌握在外国资本和买办资本手中。

（二）纳赛尔、萨达特和穆巴拉克时期的埃及工业发展战略

20 世纪 50～60 年代，受当时历史条件和国际环境的限制，埃及采取了内向型的发展战略。对外国资本实行"国有化"政策，接管了英、法在埃及资产。建立了一个统一管辖政府所有企业的机构——"经济组织"，初步形成了国家实行垄断经济的局面。1957～1960 年埃及实施第一个工业化计划，政府规定一切外国银行、保险公司、商行都必须在五年内埃及化。这些银行和保险公司被国有化后也被纳入"经济组织"的管辖之下。纳赛尔时期的工业发展战略是：努力发展进口替代工业，争取工业品自给自足以节约外汇；努力发展出口工业以获取外汇；优先发展重工业等。政府投资的 72% 投向制造业，其中石油占 15%，其他矿业占 9%。1960～1965 年埃及实施第一个五年计划，实行进口替代工业化战略。这一时期国家提高关税税率，对民族工业实行保护政策。1969 年，埃及平均关税税率为 57.3%，埃及民族工业得到很大发展，尤其是纺织和食品加工工业。纺织品出口值在出口商品总值中所占比重由 1952/1953 年度的 3.3% 上升为 1975 年的 20%。

1966～1973 年埃及的经济发展陷于停滞，被称为"七个瘦年"，但基本上延续了纳赛尔时期的工业政策。工业投资比重进一步增加，制造业、采矿业和电力为优先发展部门，有的年份甚至占年度投资比例的 45%。① 纳赛尔时期埃及工业年均增长 5.4%。1960～1970 年，埃及增加了许多工业企业，出现了一批机械、电子、冶金和化工等填补国内空白或者较为薄弱的工业。工业在国内生产总值中的构成比例不断上升。这一时期建立进口替代工业，存在的问题：一是强调对民族工业的保护和扶植，对产业结构的调整没有到位，产品质量不高。以棉纺织业为例，棉纺织品是埃及制造业的主要出口产品，但是纺织业技术和设备落后，即便使用优质的长绒棉也无法生产出高端商品，因此出口创汇效率不高。二是一些特大型工业投资项目如钢铁厂，耗资过大、工期过长，且建成后的收益不理想。三是投资过于分散，建新企业越多，进

---

① 张俊彦主编《中东国家经济发展战略研究》，北京大学出版社，1987，第 50～52 页。

口原料和零部件的需求越大，不仅没有实现节约外汇的目标，还造成了部分产能的浪费。

萨达特担任总统以后，为了摆脱经济困难，调整了国家发展战略，实行"开放政策"，引进资金和技术。工业现代化是发展计划的重点。工业和制造业的年均增长率分别从 1960～1970 年的 5.4% 和 4.8% 提高到 1970～1980 年的 7.6% 和 8.7%。这一时期，通过与外国石油公司合作，石油工业年均增长 20.4%。石油取代棉花占据出口商品首位，占出口总额的 60%～70%。受"开放政策"的影响，侨汇、运河收入和旅游收入增加，与石油工业一起，形成了埃及四大经济支柱产业。1970～1982 年，制造业年均增长 9.3%，制造业出口额自 1970 年的 2.07 亿美元增至 1981 年的 4.08 亿美元，占出口总额的 12.6%，1982 年制造业在国内生产中所占的比重为 27%。①

然而，埃及在推动工业发展的同时，工业部门出现了严重的管理不善问题。20 世纪 80 年代，埃及 1/5 国企处于亏损状态，1975～1988 年累计负债 247.8 亿埃镑。1981 年穆巴拉克总统上任，在继续实行"开放政策"的基础上，将改革重点放在增加生产、减少进口、增加就业等方面，在加强国营经济的同时，注重发挥私营经济和外资的作用。80 年代下半期，埃及经济危机越发严重，政府无力偿还到期外债。到 1991 年 6 月，埃及直属中央的 399 家大型国企仍占工业产值的 55% 和国内生产总值的 40.6%。国际货币基金组织以埃及改革未实现预定目标为由，拒付约定贷款，要求政府实施包括私有化在内的全面改革。在这种压力下，1991 年埃及与国际货币基金组织达成经济改革和结构调整协议，并于当年通过第 203 号国有企业法，为推进私有化进程提供了法律依据。

20 世纪 90 年代以来，埃及将私有化作为经济改革的核心，极力提高私营经济在国民经济中的作用。为了改变工业落后的状况，埃及政府制订了 1997～2017 年工业"现代化计划"和 2000～2010 年工业 10 年发展规划，目标是使工业实现年均 11%～12% 的增长率，制造业产值由 2000 年的 600 亿埃镑增至 2010 年的 2000 亿埃镑，产品出口增长 3 倍，每年创造 54 万个就业岗位。② 然

① 张俊彦主编《中东国家经济发展战略研究》，北京大学出版社，1987，第 61～63 页。
② 杨灏城、许林根编著《列国志·埃及》，社会科学文献出版社，2006，第 249～252 页。

而，埃及制订的这些现代化计划和工业 10 年发展规划的目标，都远远没有实现。

三 工业创造就业的潜力远未发挥出来

埃及尽管在发展工业方面做出了长期的努力，但是其工业化所取得的成就还远远不能满足快速增长的就业需求。2011 年的大规模群众运动，就是青年失业问题的一次集中爆发。青年失业问题是这场群众运动爆发的最直接原因。

导致失业率高的因素可以按照阶梯排列如下。

第一，人口增长较快，就业压力升高。埃及人口增长速度虽然近年略有下降，年人口增长率从 1981 年的 2.26% 下降为 2011 年的 1.96%。但人口总数增长过快，从 1981 年的 4600 万增加到 2013 年的 8600 万。约有 96% 的人口密居在尼罗河谷和三角洲地区，其中三角洲的达曼胡尔和曼苏拉市的人口密度为每平方公里 1200～1500 人；首都开罗市的人口密度高达每平方公里 2 万人；尼罗河谷的人口密度约为每平方公里 600 人以上；红海省的人口密度则每平方公里不足 1 人。人口增长高峰期出生的居民，到新世纪都达到了劳动就业年龄，就业压力急剧上升，这种情况在人口聚居的城市更加明显。2008 年世界金融危机爆发后，许多原来在海湾国家打工的埃及侨民，因当地经济状况恶化而失业返乡，使国内原本严重的就业形势雪上加霜。失业问题最集中的城市和地区，成为矛盾集中爆发的场所。

第二，文理科高等教育入学比例失调与就业需求脱节。根据联合国统计数据，2009 年埃及 15～29 岁青年占总人口数的 23.5%，总体失业率达 60.1%。中等教育水平青年失业率达 61.81%，大学教育水平失业率为 26.8%。2007/2008 学年，埃及大学生中 64% 学的是商业、法律和艺术等文科专业，理工科专业学生仅占 17.6%，后者的就业机会较多，甚至供不应求，毫无就业压力；前者的毕业生明显过剩，找工作相当困难。应该说高等教育与就业需求指导脱节也是导致埃及大批受过高等教育的学生找不到工作，失业率居高不下的重要原因。

第三，工业吸收就业的能力还比较薄弱。根据美国中央情报局网站资料，2014 年埃及劳动力总数估计为 2826 万人。其中服务业占国内生产总值的

46.5%，吸纳了约 47% 的劳动力；工业以纺织、食品加工等轻工业为主，占国内生产总值的 38.9%，仅吸纳了 24% 的劳动力；农业占国内生产总值的 14.6%，吸纳约 29% 的劳动力。① 由此可见，工业这个本应最有就业吸收能力的产业，在埃及对于解决就业问题所做的贡献最小，其吸收就业的潜力远远没有发挥出来。

2014 年 6 月塞西总统执政后，充分认识到解决就业问题对于国家发展和长治久安的至关重要的意义，为解决就业问题采取了一系列措施，如召开经济发展大会，吸引投资人力发展基础建设，建立新的工业区、新首都，开发第二条苏伊士运河等。但是这些措施大都是基础设施项目，在短期内可以解决一部分就业问题，也可以通过基础设施项目投入带动经济增长，但不是解决就业问题的长效机制。2015 年 3 月，埃及中央公众动员和统计局主席阿布·贝克尔称，2011 年革命前失业率为 9%，现在已高达 31%，失业人口总数多达 350 万，而其中的 72% 此前是有工作的。可见目前的措施还远远不足以解决就业问题。埃及要想长久解决积重难返的就业问题，关键还要看它在基础设施建设的基础之上，下一步能否做好工业化的大文章，特别是在发展劳动密集型制造业方面能否有大的作为，把工业解决就业的巨大潜力充分释放出来。把劳动密集型工业制造业的发展与人口红利的优势和连接欧亚非的区位优势充分发挥出来，把埃及建设成未来的世界工厂，埃及的就业问题才有望获得比较长久的缓解，也才能为国家的长治久安奠定比较稳固的经济基础。

四　埃及工业化与中埃合作

埃及发展工业化，特别是发展劳动密集型制造业，不仅具备有利的条件，而且面临着一个历史性的机遇。这个机遇就是中国的劳动密集型制造业技术和新能源等适用技术的对外转移。中埃开展产能合作符合埃及工业化和解决就业问题的战略需要，也符合中国产业升级调整的战略需要，具有互利双赢和共同发展的坚实基础，可以为中埃战略伙伴关系注入新的发展动力。

---

① Egypt, the World Fact Book, https://www.cia.gov/library/publications/resources/the-world-factbook/geos/eg.html.

（一）埃及有发展工业的有利条件，两大比较优势明显

一个是劳动力资源优势。2015 年埃及人口总量已经超过 9000 万，拥有大量廉价的且受过一定程度教育的劳动力资源。2015 年 3 月，埃及中央公众动员和统计局主席阿布·贝克尔指出，在埃及当前的 350 万失业人口中，33% 的人有大学文凭，45% 的人受过中等学校教育。另一个是市场优势。埃及本身人口规模较大，经济建设方兴未艾，国内市场有较大潜力。更加值得重视的是，埃及的地理位置优越，地处中东地区的中心，亚、非、欧三洲的交界地带，对世界市场具有很强的辐射力。埃及与欧盟、东南非共同市场（COMESA）和阿拉伯国家签署了自由贸易协定，与以色列和美国签署了合格工业园区（QIZ）协议，在埃及生产的工业制成品可以免税进入阿拉伯国家、非洲国家、欧盟和美国的市场。这一点对于外国直接投资者来说，具有很大的吸引力。

（二）埃及政局趋稳，投资环境有所改善

2014 年 6 月埃及大选结束，新一届政府上台后埃及政局逐渐向平稳过渡。2014 年 6 月塞西就任总统以来，埃及的总体政治和经济形势都出现了明显好转，国家各方面都在逐渐步入正轨。反政府示威活动近乎销声匿迹，国内虽仍存在一些极端组织，但这些组织人数和规模都非常有限，影响力不大。国际货币基金组织（IMF）于 2015 年 2 月发布报告称，埃及经济开始呈现恢复性增长。IMF 预计埃及 2015 财年经济增长率将达到 3.8%，而上一财年经济增长率仅为 2.2%。2014 年 12 月 15 日，惠誉评级机构将埃及主权信誉评级由"B-"上调至"B"，持"稳定"展望。埃及政府于 2015 年 3 月公布了包括改善财政、推动经济增长、吸引外国投资、改革福利制度等多方面措施的"四年发展和投资规划"。政府即将出台多项举措来改善投资环境，包括简化行政审批流程。过去外国投资者在埃及投资要获得 42 个政府机构的批准，未来所有这些审批将被埃及投资总署统一管辖。埃及总统塞西表示，将于近期成立"最高投资委员会"，由总统直接领导。埃及国际合作部长纳智拉·阿和瓦尼称，埃及正在修改《投资法》，准备推出"一站式"投资服务，简化行政审批手续。

（三）埃及与中国长期友好，高度重视与中国合作

埃及是阿拉伯国家中最早与中国建立外交关系的国家。长期以来，不管政治风云如何变幻，中国与埃及始终友好合作。埃及总统塞西执政以来延续了中埃友好合作传统，明确表示中国提出的"一带一路"构想是中埃合作的"契机"，埃及愿意积极参与。2014 年 12 月塞西总统访华，并与中国建立了全面战略伙伴关系。埃及政府还专门设立了一个"中国事务组"，由总理易卜拉欣·马格赖卜牵头。埃及还把中国看作是除了海湾国家以外最有可能的主要投资者。2015 年 3 月的埃及经济发展大会原定于 2 月召开，因适逢中国春节而推迟到 3 月召开，足见埃及对于与中国的合作寄予厚望。

（四）中国有埃及需要的适用技术，双方产能合作空间广阔

中国由于人口红利的逐渐减弱，劳动力成本不断上升使得劳动密集型产业的成本高企，企业利润空间不断缩小。中国的新能源产业迅速发展，也积累了很多的剩余产能。在中国产业升级的战略调整过程中，这些产业都要部分依靠对外转移，寻找发展的新空间。而这些产业恰恰就是埃及工业化发展最需要的产业。中国的劳动密集型制造业，可以对埃及解决就业问题做出重大贡献。而新能源产业也是埃及工业化的重点之一。埃及能源严重短缺，政府计划未来五年将在该领域投入 445 亿美元，并计划 2020 年将传统能源的发电比例从 90% 缩减到 60%，将太阳能和风能的发电比例从当前的 1% 提高到 20%，并逐步开展核电项目。目前，凡是投资于埃及光伏项目的企业将获得 25 年的土地使用权，风电项目为 20 年。除此之外，埃及的基础设施建设也有很大的发展空间。事实上，2005~2013 年，中国对埃及的投资总额为 84 亿美元，其中超过半数都集中在能源领域。埃及的铁路、公路等基础设施十分薄弱，政府将投资 47.6 亿美元建设全长 3400 公里的国家公路网，投资 200 亿美元建造多条铁路线路等。基础设施建设不仅是中国企业的强项，也可以带动钢铁、水泥等产业的过剩产能对外转移。

（五）中埃合作发展顺利，企业勿忘防范风险

中埃双边贸易合作近年来依然保持良好发展势头，2013 年双边贸易额首

次突破100亿美元，中国成为埃及第一大贸易伙伴，中国对埃投资也连年增长。2014年中埃双边贸易总额有望达到110亿美元。据埃及投资总局统计，截至2014年6月，在埃及参与投资的中国公司及项目总数达到了1192个，投资领域集中在工业、建筑业、金融业、信息技术产业和服务业。中石油、国家电网、埃及泰达公司、埃及发展服务公司、中埃钻井公司、华晨汽车公司、中国港湾、巨石集团等都投入了大量的资金。巨石集团（世界上规模最大的玻璃纤维生产商）于2012年初入驻中埃苏伊士经贸合作区。公司一期项目总投资2.23亿美元，设计年产能8万吨玻璃纤维，是目前中国在埃投资金额最大、技术装备最先进的工业项目。公司目前生产的产品95%销往欧洲、土耳其和中东市场，实现销售收入近3亿埃镑，出口创汇超4000万美元，向埃及缴纳的税金超1亿埃镑。该公司的成功运作，是中埃合作共赢的典型实例。

2008年9月启动建设中埃苏伊士经贸合作区，是中国"走出去"战略的重点项目，中国商务部确认的国家级境外经贸合作区，由天津泰达投资控股有限公司下属的埃及泰达投资公司主导运营。经贸合作区完全建成后可为埃及创造约4万个就业机会，并为埃及的产业升级、出口创汇、税收等发挥更大作用。苏伊士运河经贸合作区正处于埃及"苏伊士运河走廊"开发计划的起始端，埃及的优势资源将优先配备于此。中埃苏伊士运河经贸合作区的区位优势越发明显。目前，大部分在埃及投资的中国企业都集中在这个合作区，已形成聚集效益，有助于企业降低风险，节省运营成本。

在与埃及开展经贸合作的同时，企业也应注意防范风险。投资埃及需密切关注政府部门相关政策的发布和落实，埃及政府部门政策的发布往往不易预见，政府部门对于政策的执行力也有限度。政府相关部门之间的协调能力和办事效率低下。埃及的劳动力成本虽然相对低廉，但劳动法对工人加班有严格限制。埃及劳动法规定外资企业用工，外籍员工与本地员工的比例为1:10。除了高新技术企业，外籍员工获得劳工长期签证难度很大。特殊豁免需要获得劳动部长审批。埃及汇率不稳定，出口企业应采取措施防范外汇结汇风险。自从2011年1月埃及发生政局动荡和社会动乱以来，埃镑已经累计贬值超过10%。而为了维持币值的稳定，埃及政府动用了大量外汇储备，使外汇储备大幅减少。2012年12月埃及政府出台新的外汇政策，通过拍卖美元控制市场美元供

应量。然而这一政策很快引起埃及货币汇率危机，短短几个星期，埃镑对美元汇率下跌6%。为了避免客户支付美元困难而延缓收款，建议出口埃及企业要求客户付全款或者以信用证结算。①

五　结语

近几年埃及政局不稳导致经济衰退，很多投资者撤离埃及，埃及的外国直接投资明显下降。据联合国统计，2013年埃及吸引外资55.5亿美元，而2010年外资投资达到83亿美元。经过4年的动荡，埃及民众普遍渴望安宁的生活，包括青年人在内的埃及民众普遍失去了对"革命"的热情，他们比以往任何时候都珍惜这来之不易的国家稳定和经济大发展的机遇。政治稳定后的埃及会迎来宝贵的经济发展机遇期。为进一步吸引外国投资，埃及新政府还需修改和完善相关法律法规，提高政府经济治理能力，尽快落实涉及投资的改革措施，并希望这些改革措施能为中国和埃及的经贸合作创造更好的投资环境，双方都能够抓住战略合作机遇期，以工业化和产业合作为重点，谋求共赢新局面。

---

① 《埃及货币汇率出现危机》，2013年3月6日，http://www.foblc.com/producthtml/shownews1228.html。

沙特阿拉伯王位继承及前景[*]

唐志超

摘　要： 继承问题是长期困扰沙特阿拉伯王室并影响国家稳定的重要
敏感问题。随着时间的推移，"兄终弟及"传统继承模式正
面临日益严峻的挑战。阿卜杜拉病逝后，萨勒曼王储顺利接
班继位。截至目前，王位过渡基本顺利，萨勒曼地位日渐稳
固。预计萨勒曼国王将在适度调整基础之上，大体延续前任
的路线，但将面临诸多挑战，其中王位继承、油价下跌、日
益严峻的地区安全局势这三大挑战最为突出。

关键词： 沙特阿拉伯　王位继承　前景　挑战

2015 年 1 月 23 日，沙特阿拉伯国王阿卜杜拉·本·阿卜杜勒－阿齐兹去
世，随即其弟王储萨勒曼·本·阿卜杜勒－阿齐兹亲王继位。萨勒曼国王上台
后，采取了一系列重大措施以加强执政地位，并在确保稳定的前提下力图在促
进经济发展、维护国家安全等方面有所作为。

一　王位实现平稳交接

阿卜杜拉国王离世，王位平稳交接。阿卜杜拉国王出生于 1924 年 8 月 1
日，2005 年 8 月以 81 岁高龄继位，执政时间长达十年之久。阿卜杜拉身患多
种疾病已久。尤其是自 2010 年以来，身体每况愈下。2010～2012 年他先后在

＊ 唐志超，中国社会科学院西亚非洲研究所中东研究室主任、研究员，主要从事中东政治、外交与
安全问题研究。

171

纽约、利雅得接受了四次背部手术。2010 年 11 月，阿卜杜拉赴美治疗，之后一直在摩洛哥休养。2011 年 2 月"阿拉伯之春"爆发，阿卜杜拉国王被迫结束修养回国处理政务。2012 年 8 月，阿卜杜拉国王再次赴美做手术。此后，其健康每况愈下，参与重大活动频率越来越低。一些重大活动都由他同父异母的弟弟王储萨勒曼代表出席。2014 年 4 月，就有消息传出阿卜杜拉可能活不过 6 个月。2014 年 12 月 31 日，阿卜杜拉因呼吸困难从首都利雅得郊外的庄园送入市内的阿卜杜勒 – 阿齐兹国王医疗城进行检查。2015 年 1 月 2 日，阿卜杜拉被医疗小组诊断出患肺炎，很快病情恶化，只能借助呼吸机呼吸。其间，多次传出病逝消息。1 月 23 日，沙特王室正式宣布，阿卜杜拉国王于当日去世，王储萨勒曼即位继位，成为沙特新国王。

阿卜杜拉国王选择继承人一波三折。萨勒曼亲王是阿卜杜拉国王任命的第三位王储。第一位王储是苏尔坦亲王，2005 年 8 月 1 日被任命为王储，但于 2011 年 10 月 22 日病逝。第二位王储为纳伊夫亲王，但出任王储不到一年时间也病逝了。随后，萨勒曼亲王接任王储。萨勒曼最终上位也是众望所归。长期以来，萨勒曼一直是沙特王室和沙特政界中的重量级人物，深孚众望。萨勒曼生于 1935 年 12 月 31 日，是著名的"苏德里七兄弟"成员。1954 年，年仅 19 岁的萨勒曼被任命为利雅得省副省长。1963 年升任利雅得省长，之后一直担任利雅得省长，时间长达 48 年。长期担任首都的最高长官，显示了萨勒曼的地位，同时他在任期间成功地将利雅得由原来破旧的中等城市改造为现代化的国际大都市，也显示了他的才干，并为他积累了丰富的从政经验和大量人脉关系。此外，萨勒曼还长期担任沙特王室的家族委员会主席。能够长期担任这一职务，既表明了他在王室中的重要地位以及处理复杂内部关系的能力，也为他出任王储和国王打下了基础。2011 年 10 月王储苏尔坦亲王去世后，萨勒曼于 2011 年 11 月 5 日被任命为第二副首相兼国防大臣后，成为第二顺序王位继承人。2012 年 6 月 18 日，王储纳伊夫又病逝，阿卜杜拉国王很快任命萨勒曼为王储、第一副首相兼国防大臣，使之升为第一顺序王位继承人。同年 8 月 27 日，沙特王室宣布，在阿卜杜拉国王不在国内时将由王储萨勒曼负责料理国家事务。9 月，萨勒曼王储又被任命为军事委员会副主席，接班地位更加明确。

萨勒曼国王上台后多方采取措施，以巩固其执政地位。

（一）依既定顺序任命穆克林·本·阿卜杜勒－阿齐兹·沙特亲王为王储兼第一副首相，减少震荡，稳定人心

穆克林亲王是阿齐兹国王现在世的最小儿子，1945年9月出生，曾长期在空军任职。1980年3月，哈立德国王任命其出任哈伊勒省省长，1999年11月转任麦地那省省长。"9·11"事件和伊拉克战争爆发后，沙特反恐形势骤然严峻。2005年10月，阿卜杜拉国王任命穆克林亲王为沙特阿拉伯情报总局（GIP）局长，担负反恐重任。穆克林亲王不负众望，领导情报局挫败了一系列恐怖袭击事件，逮捕了大量恐怖嫌疑犯，迫使"阿拉伯半岛'基地'组织"将重心转移到也门。2012年7月，穆克林亲王转任国王顾问。2013年2月1日，阿卜杜拉国王任命穆克林亲王为第二副首相。为确保穆克林亲王成为未来接班人，阿卜杜拉国王专门召开负责遴选国王和王储的"忠诚委员会"会议，并就穆克林亲王出任副王储举行投票，最后穆克林亲王获得了75%的赞成票。2014年3月27日，阿卜杜拉国王不顾反对声音，任命穆克林亲王为副王储，正式确立了穆克林为萨勒曼王储之后的第二顺序王位继承人，并强调"选举结果任何人不得以任何方式或形式进行修改或改变"，即使萨勒曼继位后也无权更改。这一任命具有双重意义，一是穆克林接班将终结"兄终弟及"的接班模式，第二代王子退出接班队伍，实现第二代到第三代的历史性转换；二是在一定程度上确保了沙特王室短期内无须担忧继承问题导致政治危机的出现。2015年1月23日，萨勒曼继位当日就宣布任命穆克林亲王为王储兼第一副首相。

（二）任命亲信，大幅重组内阁，改组重要议事机构

上任不到1个月，萨勒曼国王就颁布了30条国王令，进行人事和机构改组。1月23日，任命亲侄子、第三代亲王中的佼佼者穆罕默德·纳伊夫亲王为副王储、第二副首相兼内政大臣。任命自己的小儿子穆罕默德亲王为国防部长、宫廷主管及国王特别顾问，随后，解除了多名重要人物的职务，如原宫廷主管、宫廷卫队司令哈立德·图瓦里，国家安全委员会秘书长班达尔·苏尔坦亲王，情报总局局长哈立德亲王，利雅得省省长图尔基亲王（阿卜杜拉国王之子），麦加省省长米沙尔亲王（阿卜杜拉国王之子）。国王令还涉及其他一

系列大臣和副大臣级的人事变动。公务员事务部、文化和新闻部、卫生部、社会事务部、司法部和伊斯兰事务部6个部的大臣，以及民航局等多个国家行业管理局局长和宗教部门的高官被更换。石油大臣、外交大臣和财政大臣的职务及阿卜杜拉长子米特阿布的国民卫队大臣职务被保留。4月11日，萨勒曼国王以在应对也门冲突中执行不力为由解除了卫生部长的职务。此外，他还对一些重要机构进行了大幅裁减。2015年1月29日，萨勒曼下令将阿卜杜拉国王时期设立的12个委员会全部废除，并重组为两个：一个是政治和安全事务委员会（CPSA），由副王储纳伊夫亲王担任主席，成员包括外交大臣、国民卫队大臣、国防大臣、伊斯兰事务大臣、文化与信息大臣、情报总局局长等9人。另一个为经济和发展委员会（CEDA），由其儿子穆罕默德亲王领导，成员包括司法大臣、石油和矿业大臣、财政大臣、住房大臣、朝觐大臣、经济和计划大臣、劳工大臣、水电大臣、住房大臣、商业与工业大臣、交通大臣、通信与信息技术大臣、社会事务大臣、市政与农村事务大臣、卫生大臣、公务员大臣、文化与信息大臣、教育大臣、农业大臣等。此外，还下令将教育部与高等教育部合并为教育部。

（三）发放福利，以赢得人心

萨勒曼就任不久就下令向所有沙特公职人员发放两个月基本工资；向境内外所有沙特学生发放两个月津贴；向退休人员发放两个月养老金；向慈善机构拨付20亿沙特里亚尔；拨付200亿沙特里亚尔用于发展电力水利事业等。4月，萨勒曼国王又下令向军警人员额外提供1个月的薪水。

二 阿卜杜拉国王的遗产

在正式继位前，阿卜杜拉就一直是沙特政坛的风云人物。1924年出生的阿卜杜拉是阿齐兹国王的第十个儿子。1963年被任命为国民卫队司令。1975年3月，费萨尔国王遇刺身亡，继任的哈立德国王任命阿卜杜拉为第二副首相，使之成为第二顺序王位继承人。1982年6月13日，哈立德国王去世，法赫德国王继位，同日阿卜杜拉被任命为王储兼第一副首相，并继续担任国民卫队司令。1995年法赫德国王发生严重中风，长期以来不是在国内就是在国外养病，阿卜杜拉王储实际上扮演摄政角色。在担任王储期间，阿卜杜拉妥善应对诸如巴勒斯坦第二次大起义、"9·11"事件、阿富汗和伊拉克两场战争、美国推行大中东计划、经济全球化等一系列全球及地区重大事件，在"9·11"事件爆发后主动向美表示支持反恐、果断中断与阿富汗塔利班政权的关系，支持美发动伊拉克战争、推翻萨达姆政权，提出"阿拉伯和平倡议"，以打破巴以僵局①，倡导对外开放，迎接全球化挑战，主导申请加入世贸组织（WTO）等，为此赢得了广泛的赞誉。

2005 年 8 月 2 日，法赫德国王去世，阿卜杜拉正式继位。十年执政，对阿卜杜拉国王来说，机遇与挑战并存。长达 10 年的摄政地位、继位后遭遇的十年高油价，为其顺利执政提供了非常好的基础和环境。但他也遭遇了国内恐怖暴力事件猖獗、"阿拉伯之春"、美沙关系恶化、伊朗的崛起这四大挑战。总体而言，阿卜杜拉国王获得了国内外的高度评价，被誉为务实、谨慎、开明的改革者，他在维护稳定与发展、保守与改革开放等方面脆弱平衡的同时，在政治、经济、社会和外交领域大胆进行了诸多重大改革。其间，沙特经济保持较快发展，国家综合实力不断提高，对外影响力显著提高，并跻身 G20 之列。其本人还被提名《福布斯》杂志 2012 年度全球最有影响力的人物，列第七位，是阿拉伯世界唯一进入前十名的领导人。

政治上，谨慎推动改革，既表示应该与时俱进，顺应时代变化与民众呼声，强调必须推进改革，扩大民主和自由，又强调改革必须遵循传统，符合沙特国情，要循序渐进，稳步进行，反对外部强加改革，竭力在改革与稳定、权力的收与放之间维持平衡，即正确处理好改革、发展与稳定的关系，走有沙特

---

① 也称"阿卜杜拉计划"。2000 年夏，克林顿总统主持的戴维营和谈失败，巴以爆发新一轮大规模流血冲突，中东和平进程岌岌可危。在此背景下，沙特王储阿卜杜拉 2002 年 3 月在贝鲁特召开的第 14 次阿盟峰会上提出了新的和平倡议，倡议要求以色列遵守联合国有关决议，全面撤出 1967 年以来占领的所有阿拉伯领土，接受建立以东耶路撒冷为首都的、拥有主权的、独立的巴勒斯坦国，并根据联合国第 194 号决议公正解决巴勒斯坦难民问题。在此基础上，阿拉伯国家将同以色列签署和平协议，并在实现全面和平的前提下逐步与以色列建立正常关系。阿盟峰会一致通过了以阿卜杜拉建议为基础的"阿拉伯和平倡议"，并将其确定为与以色列谈判解决阿以争端的基本原则。该倡议反映了阿拉伯国家对和平的诚意和推动和平的最新努力，也得到了包括联合国以及美国、欧盟、中国、俄罗斯在内的国际社会的普遍支持，但遭到以色列政府的拒绝，致使该倡议一直未能实施。阿卜杜拉国王上台后，多次推动阿盟重申该倡议。

特点的改革道路。在任内，阿卜杜拉出台了一系列重大改革措施：（1）继续推动市政选举。2003 年沙特在改革压力下宣布将进行该国有史以来的第一次市政议会选举，以"扩大人民参与、加强政治与行政改革"。① 2005 年阿卜杜拉上台后举行了首届市政委员会选举，并将市政委员会由 179 个增至 285 个。"阿拉伯之春"爆发后，沙特国内要求改革的呼声高涨，为此阿卜杜拉国王宣布于 2011 年 9 月举行市政委员会选举。共有 120 万名男性选民登记参加投票，从 5324 名候选人中选出 1056 名市政委员。（2）修改王位继承规则。法赫德国王时期，强调王储应由国王提名并任命，权力属于国王。2006 年 10 月，阿卜杜拉国王宣布建立忠诚委员会，实现王位继承的法制化与正规化，确保王位继承不出现危机。根据新的制度，国王提名王储，然后交由忠诚委员会投票决定候选人。（3）改革司法制度，建立司法体系。2007 年，阿卜杜拉国王颁布《司法制度及执行办法》和《申诉制度及执行办法》，建立新的司法体系。为此，沙特成立了最高法院以及商业、劳动、行政等专业法庭，并成立申诉法庭独立运作，直接向国王负责。（4）给予妇女选举权与被选举权，提高妇女参政地位。2011 年 9 月，阿卜杜拉国王宣布在咨询伊斯兰教学者和法规后，决定将允许女性参加 2015 年市政选举，并表示将任命女性代表进入协商会议。② 2013 年 1 月 11 日，阿卜杜拉国王任命 30 名妇女进入协商会议，并修改协商会议法，规定女性比例不得低于 20%。这一数字高于阿拉伯国家 18.1% 的平均水平。

　　经济上，阿卜杜拉国王非常重视经济发展，亲自担任最高经济委员会③主席一职，制定经济发展战略，推动经济改革，在基础设施、石油业、工业、金融业、经济多元化、私有化、吸引外资等方面取得重要进展。阿卜杜拉执政的十年是"经济大跃进的十年"，使沙特进入 20 世纪 70 年代以来的新的黄金增长周期。根据国际货币基金组织 2013 年的研究报告，2005~2011 年，沙特 GDP 以及非石油产业 GDP 的年均增长率分别达到 6.4% 和 8.4%，高于原先预

---

① 这是沙特阿拉伯唯一一个通过选举产生的政府机构。全国共有 285 个市政委员会，共有代表 1636 名，其中一半由选举产生，另一半由政府任命。每四年选举一次。市政委员会主要负责制定本市预算和监督市政工程项目的执行。

② 协商会议于 1993 年 12 月成立，相当于议会，共有代表 150 人。协商会议的代表不是由选举产生，而是由国王直接任命。

③ 该机构根据 1999 年 8 月 30 日的国王令成立。2009 年阿卜杜拉国王开始担任主席，王储出任副主席。

计的 3.9% 和 5.3%。2005 年 12 月 11 日，沙特正式加入世界贸易组织（WTO）。根据世界银行和国际金融公司发布的报告，在全球 181 个国家中，2007 年沙特的商业自由度排名第 23 位，2009 年为第 13 位，2013 年为第 22 位，是最受欢迎的阿拉伯国家之一。根据达沃斯世界经济论坛公布的数据，2009～2010 年沙特全球竞争力指数（GCI）在 133 个国家和地区中排名第 28 位，2012～2013 年排名第 18 位，2014 年排名第 24 位，同样位居前列。根据联合国贸易会议出版的 2012 年世界投资报告，沙特吸引外国直接投资（FDI）在全球排名第 12 位。阿卜杜拉在位时，沙特外企投资年增长率超过 10%。2014 年沙特媒体曾对阿卜杜拉国王执政时期取得的经济成绩用数字进行了总结，充分显示了阿卜杜拉取得的成就：名义 GDP 实现翻番，从 2005 年的 1.23 万亿里亚尔（1 美元 = 3.75 里亚尔，下同）增长至 2013 年的 2.8 万亿里亚尔，增长率为 127.1%，为 G20 中最高。实际 GDP 从 2005 年的 8040 亿里亚尔增长至 2013 年的 1.27 万亿里亚尔，增长率为 58.3%。人均国民收入从 2005 年的 5.3 万里亚尔增长至 2013 年的 9.3 万里亚尔，增长率为 76.5%。中央政府公共债务从 2005 年的 4600 亿里亚尔降至 2013 年的 750 亿里亚尔，公共债务/GDP 比值由 37.3% 降至 2.7%，成为世界上公共债务占国内生产总值比重最小的国家之一。九年间，财政盈余达 2.1 万亿里亚尔。高油价带来的巨额"石油美元"以及庞大的主权财富基金使沙特在国际金融体系和国际金融改革中占有重要分量。沙特在国际货币基金组织董事会中拥有独立成员资格，在 185 个成员国中投票权居第 8 位，占总票数的 2.8%。特别提款权（SDR）居第 7 位。外汇储备由 2005 年的 5810 亿里亚尔增长至 2013 年的 2.72 万亿里亚尔，增幅为 367.6%，仅次于中国、日本。① 阿卜杜拉国王在重视石油业的同时，十分注重减轻对石油的依赖，大力推动经济多元化政策，石油行业上下游并举，积极发展高附加值的石化产业，同时大力引进国外先进技术设备，大力发展钢铁、炼铝、水泥、海水淡化、电力工业、农业和服务业等非石油产业。2000 年以来，作为经济增长最主要推动力的非石油产业年均增长 6.3%，远远高于

---

① 吉达经商室：《阿卜杜拉国王执政九年来沙特经济成就汇编》，商务部网站，http://www.mofcom.gov.cn/article/i/jyjl/k/201405/20140500575733.shtml，2014 年 5 月 7 日。

20 世纪 90 年代 2.7% 的水平。同期，石油部门增长平缓，只有 2.3% 的水平。① 经济城和工业城是沙特经济结构调整、实现多元化和工业化的主要手段。阿卜杜拉国王投资 5000 亿美元兴建 6 个经济城，如吉达附近的阿卜杜拉国王经济城、吉赞经济城、北部哈伊勒的穆萨德亲王经济城、麦地那附近的知识经济城等，其中阿卜杜拉国王经济城规模最大，占地 173 平方公里，包括工业区、海港、住宅区、教育区、海上度假区、中央商务区（CBD），预计投资 860 亿美元。截至 2013 年已开工建设 4 个经济城。工业城与经济城形成优势互补，快速发展。截至目前，沙特共有 18 座已建成的工业城，未来 5 年计划增加到 30 座。阿卜杜拉国王的目标是在 2020 年将沙特变成世界工业强国，尤其是在四大领域：石油化工、铝业、钢铁产业和化肥业，为此大力兴建世界级的大型钢铁厂、炼油厂、石化厂等。2005～2014 年沙特的工厂数由 4058 个增至 5862 个。② 阿卜杜拉国王也高度重视私营经济的发展，并大力推动私有化进程，取得重要进展。沙特最高经济委员会确定私有化的行业领域，并制订具体实施计划。这些部门包括电信、民航、海水淡化、高速公路管理、铁路、体育俱乐部、卫生设施、饭店、市政设施、教育设施、公园与娱乐设施等。目前私营部门对 GDP 增长的贡献已超过石油业。

在社会方面，阿卜杜拉国王注意倾听民意，适度放松管制，扩大社会自由度，高度重视卫生、教育事业，并不断提高社会保障水平。首先，阿卜杜拉国王经常微服私访，注意听取民众意见，体察民情，限制王室铺张浪费，在一些社会热点问题上能倾听各方意见。比如，2007 年，阿卜杜拉国王赦免了一起轮奸案的女性受害人。2008 年，由一名 24 岁的"80 后"沙特女孩写作的小说《利雅得女孩》在沙特被禁将近 3 年后，迫于年轻一代的压力，阿卜杜拉国王下令允许在国内出版。2009 年，阿卜杜拉国王赦免了对一名播放"色情"节目的女记者处以 60 下鞭刑的处罚。2011 年，沙特一名女子因违反"禁止女性开车"的禁令被当地法庭判处 10 下鞭刑，引发人权组织抗议。阿卜杜拉国王下令赦免这名女子的鞭刑处罚。针对宗教警察在苛刻执法方面引起的国内外不满，2012 年 1 月阿

---

① "Saudi Arabia: Selected Issues," *IMF Country Report*, No. 13/230, July 2013, p. 36.
② 吉达经商室：《阿卜杜拉国王执政九年来沙特经济成就汇编》，商务部网站，http://www.mofcom.gov.cn/article/i/jyjl/k/201405/20140500575733.shtml，2014 年 5 月 7 日。

卜杜拉国王解除了"改善道德与预防邪恶委员会"的领导人谢赫阿卜杜勒阿齐兹·胡迈因（Sheikh Abdulaziz al - Humain）的职务。据悉，此举主要目的是平息民众对该机构的不满。阿卜杜拉国王非常重视教育事业，上台伊始即表示，教育改革是其施政优先要务。加大教育投入，将预算的25%用于教育支出，为学生提供免费教育，积极推动教育改革，成立高等教育部，大量兴建大中小学，积极发展职业技术教育，使教育得到快速发展。2005年，阿卜杜拉国王开始实施"阿卜杜拉国王奖学金项目"，近十年来共资助了13万沙特学生出国留学，遍及20多个国家。其中，赴美留学生高达22000人，超过"9·11"之前的水平。2007年，沙特启动阿卜杜拉国王公共教育发展计划，六年内投资90亿里亚尔增强科技教育，以平衡其宗教教育。阿卜杜拉国王还积极开拓国际化教育，与世界级的科研教育机构合作办学。2008年，他投巨资创办了阿卜杜拉国王科技大学（KAUST），从全球范围聘请教授和学校高官，短短几年内使该校跻身世界一流大学行列，号称全球最奢华的大学，并在沙特开先河，允许男女同校学习。截至目前，全国学校由2.45万所增至2.77万所，包括2.6万所小学，30多所大学，公立大学由8所增至24所，大学生数量从2009年的86万提高到2014年的170万。全国登记入学学生近500万，占沙特人口的1/4。识字率提高到96%。另外，在社会保障方面投入巨大。社会保障投入从2005年的30亿里亚尔增长至2013年的130亿里亚尔，增幅达331.9%，社会保障计划惠及人群由38.7万人增长至78.1万人，增幅为102.1%。全国医院由374所增至435所；医疗中心和诊所由2960个增至4427个。[1]此外，阿卜杜拉国王高度重视妇女地位的提高，允许更多女性走上工作岗位，大力发展妇女教育。正是在他的推动下，沙特有了第一位女性部长。2009年2月，阿卜杜拉国王下令任命诺亚·法耶兹为教育部副部长，这是沙特历史上第一个女性部长。法耶兹自己称，她的任命是所有沙特女人的骄傲。[2]2011年5月，阿卜杜拉国王亲自出席努拉·本·阿卜杜勒-拉赫曼公主大学（PNU）成立仪式。该大学是世界最大的女子大学之一，拥有15个学院。目前沙特女学生占学生总数的近一半，其中大学和学院中的女生占

---

① 吉达经商室：《阿卜杜拉国王执政九年来沙特经济成就汇编》，商务部网站，http://www.mofcom.gov.cn/article/i/jyjl/k/201405/20140500575733.shtml，2014年5月7日。

② "New woman minister cracks Saudi glass ceiling," *AFP*, 15 February 2009.

58%。2012 年 7 月，阿卜杜拉国王宣布将允许女子运动员首次参加奥运会。2013 年 8 月，沙特内阁首次通过《反家庭暴力法》，家暴者最高可判刑入狱 1 年和最高罚款 5 万里亚尔。

安全上，恩威并施，软硬并举，维护国家安全与稳定。首先，多管齐下，严厉打击恐怖主义。2002 年以来，沙特面临日益严峻的恐怖主义威胁。针对这一情况，阿卜杜拉国王采取严厉打击行动，使恐怖活动大幅减少。同时，他强调改革教育、宗教及司法体系，改善民生，倡导宗教宽容和不同宗教间对话，并在去极端化、教化恐怖分子方面做了大量尝试，并取得一定成绩。阿卜杜拉国王非常重视加强宗教机构和慈善机构的管理，审定宗教读物。2010 年 8 月，阿卜杜拉国王下令，只有隶属于高级乌勒玛委员会（the Senior Council of Ulema）的宗教学者在获得官方批准后才可以颁布教令（fatwa），并要求大穆夫提确定资格人选。① 2012 年 11 月，阿卜杜拉国王重组高级乌勒玛委员会，任命谢赫法赫德·本·沙特·马吉德（Sheikh Dr. Fahd bin Saad Al – Majed）为秘书长，大穆夫提谢赫阿卜杜勒阿齐兹·本·阿卜杜拉·阿谢赫（Grand Mufti Sheikh Abdulaziz bin Abdullah Al Aasheikh）为主席。其次，妥善应对"阿拉伯之春"。"阿拉伯之春"爆发后，阿卜杜拉国王迅速做出反应，在坚决镇压抗议、阻止抗议蔓延扩大的同时，多方采取措施平息不满。除了针对性地采取政治、经济和社会改革举措外，他大发福利，拨款 370 亿美元，用于失业、教育、住房等补贴，提高军警和公务员工资，减免债务，为大学生发放特别津贴，以安抚人心。他还宣布投资 4000 亿美元，以改善国家的教育、卫生、基础设施。在阿卜杜拉国王的努力下，沙特发生的小规模抗议活动被镇压下去，虽然大多数阿拉伯国家陷入动荡不宁，但沙特基本保持了稳定局面。

外交上，阿卜杜拉国王在继承沙特传统外交基础上，强调继续巩固沙特在海湾、阿拉伯与伊斯兰世界的地位，维持与美国的战略盟友关系，同时强调独立自主的外交。与之前相比，阿卜杜拉时期的外交具有更多的主动性、独立性、开放性，大大提升了沙特在地区和国际舞台上的影响力。这突出表现在以下几个方面。(1) 巩固与美国的战略盟友关系，但开始强调自主性，摆脱对美在安全上的绝对依赖，加强自身安全建设，并敢于在一系列地区重大问题上向美说不，如

---

① Christopher Boucek，"Saudi Fatwa Restrictions，" Carnegie Endowment，23 October 2010.

在穆巴拉克下台、叙利亚内战、巴以问题、伊朗核问题上公开质疑美国的政策。（2）大力实施大国多元化外交。积极加强与包括中国、日本、印度在内的亚洲国家关系，在海湾与中东国家中率先实行"向东看"政策（Look East Policy）。（3）强调在地区动荡中发挥更加积极有为的领导作用。随着埃及、叙利亚、利比亚等传统地区政治大国日益衰微，沙特开始取代埃及主导阿盟，领导海湾合作委员会在巴以问题、阿拉伯之春、伊朗核问题、利比亚战争、叙利亚内战、也门危机、埃及变局等地区性危机中发挥领导作用。甚至进行军事干预，如支持对利比亚动武，与阿联酋一道出兵巴林镇压抗议者，资助叙利亚反对派并鼓动美出兵推翻巴沙尔政权，支持埃及军人推翻穆尔西政府，并给予巨额经济援助。（4）与伊朗在地区展开激烈博弈，对抗以伊朗为首的什叶派轴心。阿卜杜拉国王对伊朗态度激进，反对伊朗发展核计划，指责伊朗在地区搞扩张，主张对伊采取强硬政策，在与美国高官会谈时呼吁加强对伊制裁，甚至不惜动武，以"斩断蛇头"，① 并在巴林、黎巴嫩、叙利亚、伊拉克、巴勒斯坦、也门等地全力阻击伊朗扩张。（5）大力宣扬伊斯兰教的和平、宽容性质，与恐怖主义无关，为伊斯兰教和穆斯林正名，并积极倡导不同宗教间对话。2007 年 11 月，阿卜杜拉国王成为首次访问梵蒂冈并与教皇会谈的沙特国王。2008 年，阿卜杜拉国王倡议在麦加、马德里等地举办世界宗教对话大会。2008 年 11 月，阿卜杜拉国王还在联大倡议发起"为推动和平促进宗教间和文化间的对话、了解与合作"的高级别会议，70 多位政府首脑和高级官员出席会议。2011 年 2 月，经阿卜杜拉国王倡议，沙特先在利雅得建立国际反恐中心，同年 11 月出资 1000 万美元帮助联合国创办新的国际反恐中心。2012 年 11 月，经阿卜杜拉国王倡导及支持，"促进各宗教和各文化对话的阿卜杜拉·本阿·阿卜杜拉奇兹国王国际中心"在维也纳正式成立。沙特外交大臣费萨尔亲王担任首任秘书长。

三　萨勒曼国王的任务与挑战

与阿卜杜拉国王就位时相比，萨勒曼国王继位时机明显稍逊，尤其是外部环境恶化，即高油价时代结束及地区安全环境急剧恶化。可谓旧挑战未除，新挑

---

① "Saudi King Urged US to Attack Iran," *Agence France – Presse*, 28 November 2010 .

战又袭来。萨勒曼在即位当日发表的全国电视讲话中强调，"我们将保持目前国家由阿卜杜拉国王所确立的前进方向"，呼吁穆斯林和阿拉伯国家保持团结稳定，并发誓要服务于国家并保护国家免受伤害。3月10日，萨勒曼国王就内政外交政策发表重要讲话，强调致力于发展多元化的经济和捍卫全球伊斯兰事业。针对油价下跌，萨勒曼强调沙特经济仍将保持稳定，未来会加强发展工业和服务业，鼓励和支持中小企业发展。他强调，沙特将在全球范围内捍卫伊斯兰事业，"沙特外交政策永远忠实于……爱与和平的宗教教义"。他强调，沙特需要将国家安全摆在优先地位，"安全是每个人的责任，不允许任何人危害我们的安全与稳定"。萨勒曼谴责各种形式的恐怖主义，宣称沙特致力于打击极端主义和各种形式的恐怖主义，并与兄弟国家和友好国家开展合作，以抵御恐怖主义威胁，寻求消除其根源的方法。他督促沙特人团结起来，强调沙特政府将继续努力，推动全国各地区的平衡与统一发展，"自沙特建国以来，政府一直持续努力推动发展与现代化，保护所有公民的权利，不分宗教原则和社会价值观"。截至目前，萨勒曼上台已四个月。要在这么短的时间里对其政策走向做出准确判断无疑不可能，但也可以从其过去的经历、作为及四个月来的一系列言行大致发现一些端倪。

有分析称，萨勒曼在政治上比阿卜杜拉国王要保守，对政治改革持传统的观点。据维基解密披露，2007年时任利雅得省省长的萨勒曼与美国大使会谈时，在谈及改革问题时指出，"改革的步伐和幅度取决于社会和文化因素……出于社会的而非宗教的原因，沙特政府不能强行改革，否则会产生负面后果……做出改变必须注意敏感性和时间点的选择"。他强调，"民主不能强加给沙特，因为沙特是一个多民族和多地区组成的一个国家，每个部落和地区都有政党"。① 但是，从过去的经验来看，萨勒曼也并非特别保守。比如，他竭尽全力将利雅得打造为现代化的大都市，与媒体建立良好的关系，甚至还于2013年2月创建了自己的"推特"账号。② 实际上，他更多是一个中间主义者，长期以来他在家族事务中作为仲裁人居于中间调停。③ 萨勒曼在第二代亲

---

① Michael Gfoeller，"Ambassador's Farewell Call on Riyadh Provincial Governor Prince Sulayman，" WikiLeaks cable：07RIYADH651, 1 April 2007.

② "Saudi Crown Prince Salman Launches Twitter Account," *Al Arabiya*, 26 February, 2013.

③ Kevin Sullivan, "Before He Was King, Salman Was the Family Disciplinarian Who Put Princes Behind Bars," *Washington Post*, 23 January 2015.

王中被认为最像其父亲阿齐兹国王，也被视为沙特政界"强人"之一。长期以来，沙特一贯的特点是稳健有余，活力不足。但萨勒曼国王上任短短四个月时间，就采取了一系列重要决定，如罢黜王储，改立新王位继承人；废除阿卜杜拉国王在位时期成立的诸多机构；进行大幅度内阁调整；大胆清除前任的亲信与重臣，并大力提拔自己人担任要职；领导并联合十国对也门发动军事干预；决定于2015年6月开放资本市场等。这些显示了他的魄力、决断，也表现出区别于前任的大胆求变的作风与做法。这也预示着沙特的内外政策未来可能发生某些重要变化。沙特著名作家称，萨勒曼国王的内外政策，尤其是对外政策将更加大胆、强硬，在一些地区重大问题上不再顾忌美国的政策与感受，并称之为"萨勒曼主义"。① 萨勒曼国王上台当日虽然强调连续性，但实际上似乎完全放弃了前任的做法，"改变了一切"。② 为此，对此"连续性"要辩证地理解，不能简单理解为他完全继承阿卜杜拉国王的具体内外政策。

从目前来看，萨勒曼国王未来的任务并不轻松。具体而言，主要有以下几大挑战。

第一，更改既定的王位继承顺序，使王位继承危机再现。依照相关继承法，沙特阿拉伯王国的国王必须由其缔造者阿卜杜勒阿齐兹·拉赫曼·费萨尔·阿勒沙特国王子孙中的优秀者出任。自1953年阿齐兹国王去世后，王位继承问题一直是影响沙特政治稳定的重要政治难题。自阿齐兹国王去世后，沙特国王的继承形成了两个惯例：一是王位一直在阿齐兹的儿子辈中传递。③ 二是长期以来，形成了"兄终弟及"的继承模式，即哥哥去世后由弟弟继承王位，而非其他国家通常采用的"子承父业"模式。④ 但是，随着时代的推移，

---

① Jamal Khashoggi, "The Salman Doctrine," *al - Hayat*, March 28, 2015.

② Richard Thompson, "Salman Reshuffle Changes Everything," *MEED*, 29 April 2015.

③ 迄今为止，沙特立国以来共经历了7位国王：阿齐兹国王（1932～1953年）、沙特国王（1953～1964年）、费萨尔国王（1964～1975年）、哈立德国王（1975～1982年）、法赫德国王（1982～2005年）、阿卜杜拉国王（2005～2015年）、萨勒曼国王（2015年1月至今）。除了阿齐兹外，其余6位国王都是其儿子。据悉，阿齐兹国王结婚22次，生育100多个孩子，其中有45个儿子。

④ 阿齐兹国王去世后，其长子沙特继位，沙特又立弟弟费萨尔为王储。之后，王位一直在兄弟之间传递。

这一模式的弊端日益显现。除了兄弟王位争夺激烈①外，尚在世的阿齐兹国王的儿子们也都日渐老迈，继承问题日益突出。年迈而多病的国王、王储已成为沙特的常态。阿卜杜拉国王继位时已80岁，他任命的两位年迈王储均在其任内病逝。萨勒曼国王继位时也已年届79岁，且多种疾病缠身，王储穆克林亲王也已70岁，副王储纳伊夫亲王55岁。虽然从法赫德到阿卜杜拉，再到萨勒曼，王位继承实现平稳过渡，但继承问题依然是影响沙特稳定的潜在重大隐患。有消息称，阿卜杜拉国王弥留之际，曾密谋废除萨勒曼王储，但未能成功。从此意义上讲，萨勒曼时代沙特王室代际更替的形势将更加严峻。萨勒曼上台后，采取两个重大决定：一是任命第三代亲王纳伊夫为副王储；二是任命同为第三代亲王的穆罕默德亲王担任国防部长、宫廷主管、经济与发展委员会主席、国王特别顾问等要职，外界猜测萨勒曼有意培养儿子接班。2015年4月28日深夜，萨勒曼国王突然下令废除穆克林亲王的王储兼第一副首相职位，②任命纳伊夫亲王为王储兼第一副首相，其子穆罕默德亲王为副王储兼第二副首相。两人都保留了内政大臣和国防大臣的职务。此举标志着沙特传统的"兄终弟及"的模式终结，第三代王子接班程序正式启动。同时，萨勒曼国王还进行了第二次内阁大调整，罢免了包括外交大臣费萨尔亲王③、沙特阿美石油公司首席执行官在内的一大批内阁成员，首次任命非王室成员、驻美大使祖贝尔为新的外交大臣。年轻能干的纳伊夫亲王早就被视为第三代亲王中最强有力的王位继承人之一。④纳伊夫与美国关系紧密，被美国外交官视为沙特内阁中最亲美的官员，⑤可以说是美国最看好的王位接班人。纳伊夫出任王储，也意

---

① 历史上，第二任国王沙特被迫逊位，第三任国王费萨尔遭侄子暗杀。

② 穆克林亲王的母亲为也门人。其被罢免王储职位，官方宣布消息是自愿辞职，但可能跟当前萨勒曼国王发动的也门战争、苏德里家族势力强大等因素有关。

③ 沙特·费萨尔是沙特国王费萨尔之子，1975年10月13日出任外交大臣，直至2015年4月29日被萨勒曼国王罢免，长达40年，是世界上担任外长职务时间最长的领导人。其被罢免原因，一说是身体欠佳，患有帕金森综合征和背部疼痛，继2012年手术后2015年1月25日又在美国进行了一次脊柱外科手术，之后在公共场所一直拄拐行走；二说是费萨尔亲王与前任阿卜杜拉国王关系亲密，是阿卜杜拉国王的亲信，不为萨勒曼国王所容。

④ "Time, Surely, for a Much Younger One," *The Economist*, 29 October 2011.

⑤ "Obama Meets Pro – U. S. young Turk in Aging Saudi Cabinet," *World Tribune* (Washington), 15 January 2013, http://www.worldtribune.com/2013/01/15/obama – meets – pro – u – s – young – turk – in – aging – saudi – cabinet/, 2015 – 4 – 29.

味着苏德里家族的地位再次上升。如果不出意外，纳伊夫未来十年内将成为第一位由第三代王子出任的沙特国王。但是，目前一切还是未定之数。悬而未决的问题是，萨勒曼国王推翻阿卜杜拉国王生前的继承安排，给王位继承带来了新的不确定因素，此举是否会在王室引起反弹，引发宫廷争斗并爆发危机?[1] 据悉，多位亲王反对萨勒曼的这一调整。王位是否能够由第二代平稳地交接到第三代手里，萨勒曼是否会再次改变既定的王位继承顺序，推自己的儿子穆罕默德亲王接班? 这些都是悬念。新的代际更替模式以及两少一老的权力组合（萨勒曼—纳伊夫—穆罕默德）必然会反映到沙特的内外政策上来。有消息称，当前沙特对也门的战争就是由两个年轻人（纳伊夫和穆罕默德）主导的。

第二，低油价带来的冲击。2014年底以来，国家油价大幅下滑。目前沙特坚持低油价战略，坚持不减产，以确保沙特及海湾国家在国际石油市场中的地位。短期内，沙特凭借庞大的石油美元储备，可以应付低油价的冲击。但是，从中长期来看，低油价给沙特带来的冲击仍有多重负面影响。一是低油价下，如何继续保证经济快速增长，经济多元化努力可能受阻。2015年2月，沙特外汇储备下降200亿美元，创近15年来最大单月降幅。仅2月和3月，沙特政府就花掉了360亿美元外汇，占外汇储备的5%。4月14日，萨勒曼下令所有固定资本投资超过3亿里亚尔的项目都必须经过最高委员会批准。这意味着政府已决定削减开支。在收入和开支减少的情况下，如何保证就业、推进基础设施建设是个挑战。二是政府财政收入减少，经济困难，就业压力增大，可能带来社会不稳定。三是政治改革的压力可能会增大。依照托马斯·费里德曼的著名"石油政治第一定律"（First Law of Petropolitics），油价走高，产油国政治改革压力减少；油价走低，产油国政改压力增大。[2]

第三，恐怖主义和国内安全问题。虽然近年来沙特国内面临的反恐压力显著减小，但是随着内外环境的变化，这种压力未来可能会增大。尤其是大批参与叙利亚内战的沙特"圣战者"的回归以及也门局势的发展，使这种危险进一步增大。据悉，前往叙利亚参加"圣战"的沙特籍极端分子多达2000多人。[3] 继

---

① Simon Henderson, "Riyadh Reshuffle," The Washington Institute for Near East Policy, April 29, 2015.

② Thomas L. Friedman, "The First Law of Petropolitics," *Foreign Policy*, May/Jun. 2006, p. 28.

③ "Islamic State Sets Sights on Saudi Arabia," *BBC News*, 14 November 2014.

叙利亚和伊拉克之后,沙特很可能成为该组织扩张和打击的重点目标。2014年11月,"伊斯兰国"宣布要将"哈里发帝国"拓展到海湾和北非,其领导人巴格达迪在公布的录音中呼吁沙特人起来反抗王室。也门局势恶化,沙特将胡塞列为恐怖组织并对也门动武,将恶化沙特反恐形势。沙特与也门边境长达1800公里,除了"基地"组织成员时常利用两国崎岖地形向沙特渗入或走私武器外,胡塞武装在边境地区也对沙特构成很大压力。胡塞武装领导人已发誓将采用一切手段对沙特进行回击。此外,陷入动荡的也门可能成为新的利比亚和伊拉克,其影响不可避免将外溢到周边国家,尤其是沙特。2014年,恐怖分子在沙特全国各地连续制造了多起袭击事件,5月和11月沙特东部和首都利雅得分别遭遇恐怖袭击。7月4~5日,在沙特和也门交界地区,沙特安全部队与恐怖分子交火,导致10人死亡,其中5人为恐怖分子。同年5月,内政部宣布破获了一个由62人组成的特大恐怖犯罪集团。8月,内政部宣布逮捕8名涉嫌招募沙特青年到境外参加所谓的"圣战"的犯罪嫌疑人。9月,沙特又宣布逮捕了88名策划在沙特境内外开展恐怖袭击的"基地"组织嫌犯。11月,内政部宣布已将制造2014年11月利雅得恐怖袭击案的恐怖团伙一网打尽,抓获其全部77名成员,其中包括73名沙特人和4名外国人。2015年1月,"伊斯兰国"组织在沙特北部与伊拉克交界处发动袭击,造成3名沙特军人死亡。2015年4月28日,沙特内政部证实近期逮捕了93名极端组织"伊斯兰国"成员,其中包括一个由65人组成的行动小组,这些恐怖分子正在策划对沙特境内的居民区、监狱、安全部队和美国驻沙特使馆发动多起袭击。近几个月来,沙特各地已有15名平民和军人死于恐怖袭击。

第四,地区局势处于激烈动荡、风雨飘摇之中,沙特能否独善其身,并作为掌舵人平稳驾驭海湾和阿拉伯国家渡过危机,仍然是个悬念。目前,中东正处于历史性震荡之中,地区格局与地缘政治关系正面临大分化、大重组,地区动荡与冲突不断,新热点频发,恐怖主义威胁扩散且不断增大,以沙特为首的逊尼派与以伊朗为首的什叶派之间的地区性教派冲突加剧。沙特凭借雄厚的经济实力和具有战略眼光的政治方略,在地区形势动荡期间保持了社会稳定,但地区形势动荡的后遗症和邻国内战外溢效应的影响,构成了沙特面临的严峻外部挑战。其中,也门危机、伊朗核问题、沙特与伊朗之间的地区性对抗、伊拉克—叙利亚乱局及美国在中东实行战略收缩政策等挑战尤为严峻。也门危机则是最集中的体现，萨勒曼国王决定军事干预也门局势，不啻为大胆冒险之举，美国军方批评是"坏主意"，① 有学者担心主导战争的"不成熟的毛头小伙"② 穆罕默德亲王可能使也门成为"沙特的越南"。③

从目前来看，无论是内部接班，还是也门战争、沙特与伊朗的对抗，还很难预料未来前景。

---

① Mark Perry, "US generals: Saudi Intervention in Yemen 'a Bad Idea'," *al jazeera* (*English*), April 17, 2015.

② Simon Henderson, "Saudi Arabia's 'Inexperienced Youngster'," *POLICYWATCH* 2412, The Washington Institute for Near East Policy, April 21, 2015.

③ Thomas C. Mountain, "Yemen: Saudi Arabia's Vietnam," April 2, 2015, http://www.mareeg.com/yemen-saudi-arabias-vietnam/, 检索日期：2015 年 4 月 29 日。

Ⓨ.12

土耳其新总统领导人的执政理念

章 波*

摘　要：　埃尔多安是土耳其共和国最有影响力的政治家之一。他曾长期担任土耳其正发党主席和政府总理。在埃尔多安和正发党领导下，土耳其经历了从自由的保守主义向威权主义的政治转型。土耳其正发党政府获得了对军队的掌控权。正发党多次推动议会修改宪法。库尔德问题的和解进程有较大进展。正发党政府镇压塔克西姆广场的抗议示威和葛兰运动。2014年3月正发党赢得地方选举，8月埃尔多安赢得总统选举。埃尔多安总统强调要建设新土耳其，修改宪法，增加总统的实权。

关键词：　埃尔多安　正义与发展党　新土耳其模式　新土耳其

　　土耳其领导人埃尔多安有较高的政治权威，长期对土耳其政治产生重大的影响。2001年8月，埃尔多安参与创建正义与发展党（以下简称"正发党"）。2001年8月14日至2014年8月27日，埃尔多安任正发党主席。2002年11月至今，正发党是土耳其执政党。2003年3月14日至2014年8月28日，埃尔多安连续担任三届土耳其政府总理。埃尔多安是土耳其迄今通过民主选举上台的执政时间最长的总理。① 2014年8月28日，埃尔多安出任土耳其总统。本文从新土耳其模式、正发党政府的有关政策、2014年土耳其的地方选举和总统大选、埃

---

* 章波，中国社会科学院西亚非洲研究所创新工程项目"中国与西亚非洲国家关系的国际舆情研究"执行研究员。
① 参见 http://en.wikipedia.org/wiki/Recep_Tayyip_Erdoğan。

尔多安的新土耳其构想等方面评述埃尔多安的执政实践与理念。

埃尔多安是土耳其政治史上最有争议的领导人之一。一些人认为埃尔多安是一个能够在斗争中发展壮大，有进取心的、强有力的政治人物。他以轻蔑的态度对待批评者和竞争对手；一些人认为埃尔多安是"克里斯玛"（Charismatic）式的有超凡魅力的英雄和务实的领导人。他能够鼓舞众多忠诚的追随者；有人认为他在等待适宜的时机以实现他隐藏起来的既定目标；一些人认为埃尔多安只是美国实施中东战略的一个马前卒；还有人赞扬埃尔多安独立的行为风格和平衡的外交政策。①

一 正义与发展党的新土耳其模式

正发党经历了从自由的保守主义向威权主义的政治转型。在正发党执政前五年（2002～2007年），正发党与虔诚的穆斯林资产阶级（Devout Bourgeoisie）有比较一致的利益。该党推行了自由保守主义的政治路线，以建立民主和自由市场，维护各政治派别相对平衡的关系。正发党的政策体现了自由主义和保守主义的结合。在这五年中，正发党的自由主义倾向强于保守主义倾向。正发党的政策对中产阶级有很大的吸引力，正发党也获得了非穆斯林选民的巨大支持。自由主义和伊斯兰主义联盟，努力建立针对世俗主义权力阵营和凯末尔主义意识形态的文化霸权。在这一阶段，埃尔多安的正发党强调文化多元主义、世俗主义、宗教宽容，强调社会并不一定优越于个人，强调个人的权利。正发党要把右翼的土耳其—伊斯兰主义意识形态转变为温和伊斯兰与自由主义的综合体。② 正发党将保守的民主作为政党的主导意识形态，认同多元主义与宽容的世界观和哲学观。正发党将保守的民主认同作为一种赢得合法性的工具。这种务实而开放的政治定位使正发党除了获得穆斯林等传统阶层的支持之外，还反映了新兴的较为虔诚的中产阶级的期望，整合了大批中间社会力量。正发党的社会基础既包括社会底层人民，也包括商业中产阶级、大资产阶级，因而具有广泛的代

① Aylin Ş. Görener & Meltem Ş. Ucal, "The Personality and Leadership Style of Recep Tayyip Erdoğan: Implications for Turkish Foreign Policy," *Turkish Studies*, Vol. 12, No. 3, September 2011, p. 358.

② Dogancan Özsel, Armagan Öztürk & Hilal Onur Ince, "A Decade of Erdoğan's JDP: Ruptures and Continuities," *Critique: Journal of Socialist Theory*, 2013, Vol. 41, No. 4, p. 560.

表性和号召力。正发党在土耳其政坛具有无可匹敌的执政优势。[①]

2007年正发党在议会选举中获得46.6%的选票，第二次赢得议会选举。正发党二号领导人居尔当选土耳其总统。正发党一党执政的局面得以延续。正发党对政治竞争对手的绝对优势地位更加明显。正发党从一个自由保守的政党转型为威权主义的政党。尽管受到军方和世俗力量的激烈反对，正发党的多数主义（Majoritarianism）代替了多元主义，威权主义思维代替了自由主义思想，文官监政（Civic Tutelage System）取代了军人监政。土耳其经济政策和政治话语中的威权主义倾向增强。[②]

（一）新土耳其模式的内涵和特征

土耳其共和国的政治历史可以分为两个大的阶段，即凯末尔时代的土耳其模式时期与埃尔多安和正发党时代的新土耳其模式时期。凯末尔时代的土耳其模式是世俗权威政治的产物，其基本内涵是以现代化为目标的激进世俗主义、民族主义和西方化。在新土耳其模式时期，土耳其奉行消极世俗主义、民主化、市场经济和对外自主性，强调尊重宗教传统价值观。[③] 新土耳其模式的内涵大致是：在一个伊斯兰国家，由温和的保守主义政党长期执政，经济上走新自由主义的发展道路，积极融入全球化，重视民生；政治上坚持民主化；社会文化方面则在世俗主义原则的基础上打擦边球，尽量满足保守选民的宗教需求；外交上坚持相对独立自主的立场。[④]

如果2002年之前凯末尔主义占据国家意识形态主导地位的时期可以被称为旧土耳其时期，那么2002年以来正发党统治时期则可以被称为新土耳其时期。凯末尔在奥斯曼帝国的废墟上建立了土耳其民族国家，进行了彻底的政治、社会、文化和世俗化改革。凯末尔主义的政治精英、军队和司法机构成为土耳其共和国世俗原则的捍卫者。他们主导了土耳其的国家机器。旧土耳其时

---

① 李艳枝：《土耳其正义与发展党三连胜原因探析》，《国际资料信息》2011年第10期，第2页。

② Dogancan Özsel, Armagan Öztürk & Hilal Onur Ince, "A Decade of Erdoğan's JDP: Ruptures and Continuities," Critique: Journal of Socialist Theory, 2013, Vol. 41, No. 4, p. 561.

③ 王林聪：《"土耳其模式"的新变化及其影响》，《西亚非洲》2012年第2期，第82页。

④ 昝涛：《"土耳其模式"之困》，http://history.sina.com.cn/his/zl/2013 - 07 - 30/094450901.shtml。

代的特点是威权主义和频繁的军事政变、极端的世俗主义、宗教与世俗的对抗和对立。

（二）正发党统治时期土耳其军政关系的变化

起源于伊斯兰主义政党繁荣党的正发党于 2002 年在议会选举中获胜并组阁，开启了新的土耳其模式。新土耳其模式在军政关系方面的新变化是：发展民主政治，限制军人权力。正发党是借助民主选举高票胜选上台执政的，又通过选举继续执掌政权，军人在政治生活中逐渐被边缘化。土耳其正发党政府加强了对军队的控制。正发党政府的社会经济成就突出，在多次选举中赢得民众的支持，改变了军方凌驾于政府和社会之上的旧土耳其的政治治理格局。2011年土耳其三军司令集体辞职，标志着正发党政府已经牢牢控制了军队。

在 2002 年正发党上台之前，土耳其军方采取铁腕措施捍卫凯末尔主义政权的政教分离、西方化和世俗化的共和国体制。土耳其军队通过三次政变和一次"软政变"，形成了"文官执政、军人监国"这一独特的政治治理模式。2002 年正发党上台后，逐渐颠覆了在旧土耳其时期军方至高无上的强势地位。正发党努力使凯末尔主义者边缘化，逐渐改变土耳其军人监管文官政府的局面。正发党时期，凯末尔主义传统对政治的影响力弱化。在欧盟的压力和支持下，2002~2006年正发党推行了多次改革。正发党把曾经多次发动政变和干预政治的军方置于自己的掌控之下。侵犯人权的现象少了。特别是自从 2011 年正发党连续三次竞选获得胜利后，正发党政府通过一系列的法庭审判，关押了数百名高级军官。这些军官被指控为要发动军事政变。2011 年 7 月，总参谋长和其他高级官员被强制辞职。亲近正发党的军官接管了他们的工作。未来军事政变的威胁被清除，正发党加强了统治基础，获得了对国家机器完全的支配地位。

（三）正发党政府的修宪活动

2002 年正发党上台后，提出了多个宪法修正案，对土耳其 1982 年宪法做了多次修改。2007 年 10 月，土耳其全民公决通过宪法修正案。这项宪法修正案将议会选举总统制改为全民直选总统制；总统任期由 7 年降至 5 年，可以连任一届。2010 年的修宪规模较大。2010 年 9 月土耳其以全民公投的方式通过了正发党递交的宪法修正案。这次修宪的主要目标是使宪法符合欧盟标准，其内容主要

涉及政变领导人和军人犯罪、经济与社会权利、个人权利与自由的保护等。① 根据土耳其1982年宪法，土耳其国家政治体制为多党制半总统制。2012年11月土耳其正发党向议会宪法协调委员会提出建议，主张实行总统制。2015年2月，针对总统制会催生威权主义的观点，土耳其总理达武特奥卢说，"在总统制和议会制下都能实行民主。总统制和议会制都可以被描述为民主体系，威权倾向亦可能来自议会制"。埃尔多安总统号召人们支持正发党，使其获得议会的多数席位。②

二 正发党政府对库尔德人、抗议示威者和葛兰运动分子的政策

（一）正发党政府积极推动国内库尔德问题的和解进程

埃尔多安是第一位承认土耳其曾经粗暴处理库尔德问题的土耳其领导人，承认政府在处理库尔德问题上犯了一系列错误，同时也承诺政府将对库尔德人采取更包容的措施。2012年11月，土耳其政府重启了与库尔德工人党领导人奥贾兰的和平谈判。美国和欧盟表达了对和谈的支持。③ 正发党上台以来，土耳其政府处理库尔德问题的政策发生了很大的变化，库尔德人的处境和地位得到一定程度的改善。土耳其政府日益重视库尔德问题的解决，2013年春，土耳其政府与奥贾兰终于达成历史性和平协议。④ 土耳其民众可以讨论一些敏感问题，例如历史上奥斯曼帝国对亚美尼亚人的屠杀问题、库尔德问题。正发党政府实行了民主化的倡议，赋予库尔德人文化等方面的权利。

（二）正发党政府镇压塔克西姆广场的抗议示威和葛兰（Gülen）运动

美国学者海克梅特·科卡马纳（Hikmet Kocamaner）认为，土耳其正发党关

---

① 朱传忠：《土耳其正发党修宪政治研究》，《阿拉伯世界研究》2015年第2期，第113页。
② 朱传忠：《土耳其正发党修宪政治研究》，《阿拉伯世界研究》2015年第2期，第118页。
③ 李秉忠：《"伊姆拉勒进程"和土耳其库尔德问题前景》，郭长刚、刘义主编《土耳其发展报告（2014）》，社会科学文献出版社，2014，第109页。
④ 唐志超：《中东库尔德民族问题透视》，社会科学文献出版社，2013，第116页。

于民主的理念最多可以被认为是不自由的民主，因为它基于多数主义的原则，忽视了监督和制衡的作用。2002～2011年正发党三次连续赢得议会大选。它的领导人认为其政党代表了人民的意志。根据这个逻辑，政府做任何事情都是允许的，因为它表达了大部分人的意愿。然而，这样的多数主义以忽视个人的权利和自由以及立法、行政和司法三权分立为代价。① 正发党逐渐走上了带有明显的保守主义、多数主义（Majoritarianism）和威权主义特征的道路。正发党的这个转型标志着它和独立的、无党派的民主人士和宗教保守力量之间长期联盟的结束。②

把埃尔多安和正发党推上台的不仅有伊斯兰主义者，也有保守的穆斯林、中右派人士、民族主义者、自由的左翼人士。他们支持正发党是因为正发党许诺改变威权主义的、家长主义的政治作风和传统。2011年正发党第三次连续组阁后，土耳其国内多次出现大规模的示威抗议浪潮。原来一部分支持正发党的人开始表达对正发党的不满，认为正发党没有兑现它之前许诺的多元主义和自由民主政治。国家又退回到之前凯末尔主义先辈们的威权政治和家长主义的国家治理模式。③ 2013年5月底，从伊斯坦布尔塔克西姆广场开始的一场环保运动，随后演变成席卷土耳其一些主要城市的反政府抗议活动，警民冲突不断，多人受伤和被捕。抗议者斥责埃尔多安是个"独裁者"，要他下台。2013年夏，土耳其全国范围内爆发了抗议示威。来自广泛政治背景的新一代土耳其人（自由主义者、极端民族主义者、世俗主义者、伊斯兰主义者、共产主义者、无政府主义者、女性主义者）等对现状不满，要求改变。他们对于正发党没有兑现承诺表示不满。他们指责正发党没有带来更新的、更民主的土耳其，正发党领导层把民主等同于多数派主义。来自不同背景的土耳其人大规模地走上街，抗议正发党延续了凯末尔时代的威权主义政治传统。④ 正发党政府倾向于把反对者的抗议示威活动描

① Hikmet Kocamaner, "How New is Erdoğan's New Turkey?" *Middle East Brief*, No. 91, Crown Center for Middle East Studies, Brandeis University, April 2015, p. 3.
② Ergun Özbudun, "AKP at the Crossroads: Erdoğan's Majoritarian Drift," *South European Society and Politics*, 2014, Vol. 19, No. 2, p. 158.
③ Hikmet Kocamaner, "How New is Erdoğan's New Turkey?" *Middle East Brief*, No. 91, Crown Center for Middle East Studies, Brandeis University, April 2015, p. 6.
④ Hikmet Kocamaner, "How New is Erdoğan's New Turkey?" *Middle East Brief*, No. 91, Crown Center for Middle East Studies, Brandeis University, April 2015, p. 6.

述为针对国家的阴谋或者企图发动针对埃尔多安的政变。

在正发党的统治下政治权力日益集中。正发党政府努力控制国家机构、警察和司法机构。根据世界经济论坛关于司法独立的国际排名，2007～2014年，土耳其在148个国家的排名中从第56位降到第85位。正发党政府加强管控警察、检察官和法官，以减少葛兰运动分子在司法体制内的影响力。自20世纪90年代，葛兰运动已经开始渗透到历史上曾是世俗主义精英的坚强阵地的司法机构。正发党上台后，它和来自葛兰运动的法官和检察官合作，对土耳其军队干预政治的情况进行了镇压。但是由于葛兰运动和正发党之间的裂痕，2013年12月底，葛兰运动分子发起了针对正发党的多名部长级官员和埃尔多安家庭的腐败案调查。土耳其政府加强了对司法机构的强势干预，以清除曾经的铁杆盟友葛兰运动的威胁。在限制葛兰运动在司法机构中的影响力的借口下，一些在2013年参与反腐败调查的法官和检察官被降职或被重新安排其他岗位。土耳其正发党政府对司法机构的干预受到欧盟的批评。

埃尔多安和正发党领导下的新土耳其与凯末尔时代的旧土耳其有重大的差异，也有共同的特征。西方舆论倾向于谴责正发党领导人具有伊斯兰主义身份，谴责他们偏离了土耳其共和国凯末尔主义精英们的世俗主义遗产。正发党已经改变了原来凯末尔时代的军队和司法机构主导国家政治的局面。同时，正发党的新土耳其继承了旧土耳其凯末尔主义的威权主义政治传统。土耳其由凯末尔时代的威权主义政治转向埃尔多安和正发党领导下的威权主义政治。埃尔多安的新土耳其不是伊斯兰专制政治，但也不是伊斯兰民主的灯塔。新土耳其延续了旧土耳其凯末尔时代中央集权主义的、家长式作风的威权主义遗产。在土耳其共和国早期和正发党执政时期，克里斯玛式的具有超凡魅力的领袖都曾被当作民族的英雄受到尊敬。在1923年土耳其共和国建立后，凯末尔被看作领导土耳其从外国占领下解放出来的民族英雄。现在，埃尔多安则被膜拜为让土耳其摆脱彻底的世俗主义的政体束缚的伟人。

三 2014年3月土耳其正义发展党
渡过危机，赢得地方选举

2013年12月17日土耳其检方展开大规模反贪腐调查以来，土耳其各政党博弈态势加剧，国内局势再次面临动荡。2014 年 3 月 30 日的地方选举可以被认为是对执政党——正发党的一个准公投（Quasi - Referendum），8 月 28 日的总统选举是土耳其人第一次直接选举总统。

2014 年 2 月一份疑似土耳其总理埃尔多安与其子比拉尔电话交谈的录音被曝光，由于其中涉及贪腐内容，随即在土耳其国内引发轩然大波。2 月 25 日晚，土耳其爆发全国抗议游行，要求政府下台。事件发生后，埃尔多安办公室发表声明表示，录音完全失实，是不道德剪辑的产物，并称"那些策划针对土耳其总理的肮脏阴谋的人会受到法律惩罚"。25 日，埃尔多安本人在土耳其议会演讲时否认电话录音的真实性，并称这是一场"卑鄙的袭击"。埃尔多安指责身居美国的跨国宗教运动葛兰运动创始人葛兰策划了这一事件。葛兰在土耳其司法系统中有很大的影响力，他力图削弱埃尔多安的执政地位。25 日，土耳其反对党共和人民党领导人科勒奇达奥卢（Kemal Kılıçdaroğlu）和民族行动党主席巴赫切利（Devlet Bahçeli）对媒体表示，目前政府已经失去公信力，埃尔多安应该立即辞职。① 埃尔多安及其家人深陷"窃听风波"，对正发党的选举形势造成不利影响。受此事件波及，25 日晚，土耳其伊斯坦布尔、安卡拉、伊兹密尔、安塔利亚等 11 个城市爆发了游行示威活动，数千名抗议者走上街头要求政府下台，并与警察发生激烈冲突。政坛的不断动荡给土耳其经济带来了消极影响。土耳其朝野对峙加剧，已演变成巨大的社会政治危机。埃尔多安强硬不妥协的行事风格进一步激化了矛盾。② 事件对于埃尔多安领导的正发党来说是不利的。

2013 年 6 月，土耳其爆发大规模游行示威，正在街头买面包的少年贝尔金·埃尔万被警方的催泪弹击中头部，陷入昏迷。2014 年 3 月 11 日，埃尔万去世。从 3 月 12 日起，土耳其 53 个省近 200 万人走上街头，悼念埃尔万。游行民众与军警发生严重冲突。埃尔万的葬礼升级成声势浩大的反政府示威，波及至少 30 座城市。但埃尔多安则表示不会对示威者做出让步。13 日，他在马拉提亚市召开的支持者集会上说，"在大选之前 18 天内走上街头并挑起抗议活动并非民主"。他称那些带头闹事的人"是无政府主义者、恐怖分

---

① 王云松、王晓越：《"窃听风波"搅乱土耳其政局》，《人民日报》2014 年 2 月 27 日。

② 王云松、王晓越：《"窃听风波"搅乱土耳其政局》，《人民日报》2014 年 2 月 27 日。

子和破坏者"。3月30日土耳其将举行地方选举,面临贪腐丑闻、窃听丑闻和干预司法独立等指责的埃尔多安政府在关键时刻受到大规模的抗议冲击。①

　　2014年3月31日,土耳其正发党主席、总理埃尔多安在首都安卡拉正发党总部宣布,该党赢得地方选举。正发党的得票率为43.22%,主要反对党共和人民党的得票率为25.96%。在安卡拉和第一大城市伊斯坦布尔,正发党市长候选人分别以44.68%和47.86%的得票率遥遥领先,共和人民党则有望拿下土耳其第三大城市伊兹密尔和第四大城市安塔利亚的市长职位。②土耳其国际战略研究组织塞尔丘克教授说:"虽然此次正发党赢得了地方选举,但与2011年议会选举时近50%的支持率相比,还是有不小差距,说明正发党的腐败丑闻对其产生了很大负面影响。"③正发党的支持者包括中右选民、伊斯兰主义者、民族主义者和自由左派人士等广泛的派别。他们构成了土耳其最大的选民集团。在国内巨大的抗议浪潮之下的正发党仍然赢得了土耳其地方选举的胜利,这说明西方一些政府和媒体对埃尔多安及正发党的过度批评是片面的、不完全可信的。埃尔多安和正发党仍然有较高的支持率。

四　埃尔多安当选土耳其总统,
强调建设"新土耳其"

　　2014年7月11日在伊斯坦布尔的一次竞选集会上,埃尔多安宣布了土耳其2023年的目标,他说在2023年建国100年之际,土耳其将会在国际舞台上发挥更大的作用,土耳其将会是社会更多元化、经济更发达的国家。新土耳其将会建立在良好的社会福利、繁荣的经济、先进的民主之上。土耳其的主要目标是,推进民主、确保政治和社会的正常化,推进社会福利,把土耳其发展成为有世界影响力的国家。埃尔多安长期致力于增强土耳其的全球影响力。埃尔多安强调一个更加包容的土耳其将使库尔德人和阿拉维派更加

---

①　刘水明、王云松:《土耳其地方选举前骚乱频发》,《人民日报》2014年3月15日。
②　刘水明、王云松:《土总理宣布执政党赢得地方选举》,《人民日报》2014年4月1日。
③　刘水明、王云松:《土总理宣布执政党赢得地方选举》,《人民日报》2014年4月1日。

具有被包容的感觉。① 7 月 11 日埃尔多安演讲时说，一个新宪法将是我们前进道路上的首要目标之一。一个新宪法意味着一个新未来。埃尔多安还对支持者说，土耳其的发展目标之一是到 2023 年成为世界十大经济体之一。他说，旧土耳其已经过去，所有土耳其人都将从他的新土耳其蓝图中获益，不管他们是否投票支持他。②

西方一些媒体认为埃尔多安的新土耳其将更加偏离凯末尔主义的世俗主义遗产。一些人担忧土耳其向总统制的转型将会给埃尔多安总统高于军方和司法机构的更大的权力，权力制衡和约束机制的弱化将会侵蚀土耳其的民主。③ 尽管正发党领导人宣称新土耳其和凯末尔时代的旧土耳其有很大的不同，但是在加强中央集权和领袖的权力等方面，正发党仍然受到凯末尔主义遗产的巨大影响。

2014 年 8 月 11 日土耳其最高选举委员会宣布，时任土耳其总理、执政党正发党主席的埃尔多安在 10 日举行的首次总统直选中获胜，将成为土耳其第十二任总统。土耳其最高选举委员会表示，埃尔多安的得票率为 51.79%。共和人民党和民族行动党联合提名的候选人伊赫桑奥卢得票率为 38.44%，人民民主党候选人德米尔塔什得票率为 9.76%。埃尔多安曾多次表示，一旦他当选总统，将强化总统权力，他领导的正发党也表示准备通过修宪扩大总统职权。④ 正发党赢得 2014 年 3 月地方选举、埃尔多安赢得 2014 年 8 月总统直接选举表明，在经历了 2013 年塔克西姆广场示威事件、针对正发党部分官员的腐败案调查事件、2014 年的窃听风波之后，正发党和埃尔多安仍然有较高的支持率，埃尔多安在土耳其政坛仍有较大的影响力。

从土耳其 2014 年 3 月的地方选举到 8 月的总统选举，均显示出埃尔多安及其领导下的正发党一党独大的强势地位。埃尔多安在 8 月 10 日胜选当晚的

---

① "Erdoğan to Announce Vision for 'New Turkey'," 11 July 2014, http://www.themalaysianinsider.com/world/article/erdogan-to-announce-vision-for-new-turkey.

② Stuart Williams, Dilay Gundogan, "Erdoğan Vows to Rewrite Constitution for 'New Turkey'," 11 July 2014, http://news.yahoo.com/erdogan-announce-vision-turkey-101513853.html.

③ Lauren Williams, "A 'New Turkey' Under President Erdoğan?" 11 Aug. 2014, http://www.aljazeera.com/news/middleeast/2014/08/turkey-erdogan-president-new-election-201481161359774647.html.

④ 刘睿：《埃尔多安当选土耳其新一届总统》，《人民日报》2014 年 8 月 12 日。

讲话中呼吁全民共同为实现"土耳其梦"而努力。埃尔多安的目标就是领导土耳其实现"世界强国"的梦想。所谓的"土耳其梦",就是在共和国建立百年之际的 2023 年,土耳其将达到世界发达国家的发展水平。在 8 月 28 日的总统就职演说中,埃尔多安进一步强调要建立一个新土耳其。①

2014 年 8 月 28 日埃尔多安在大国民议会宣誓就职,正式出任土耳其共和国第十二任总统。埃尔多安在就职典礼上宣誓说:"我确保国家的生存和独立,国家和民族不可分割的整体性和民族的绝对主权。我将遵守宪法、法律、民主、世俗共和国的原则。"②

建设新土耳其是埃尔多安的梦想。"我们一起创造新土耳其"是 2014 年 8 月埃尔多安竞选总统时的口号之一。埃尔多安总统说,新土耳其的优先目标包括争取加入欧盟。埃尔多安还要应对经济增速放缓、土耳其的中东邻国日益动荡的局势。埃尔多安声称他成功当选总统标志着土耳其将走向一个新的时代。他说,他竞选总统的成功不仅仅是投票支持他的人的胜利,也是所有土耳其人的胜利,他将是土耳其全国 7700 万人的总统。他说:"今天,民族的意志再次获得胜利、民主再次获得胜利。那些没有投票支持我的人和那些投票支持我的人一样获得了胜利,那些不喜欢我的人和那些喜欢我的人一样获得了胜利。把我们之间的差异和分歧当作财富,强调我们的共同价值观,化解社会矛盾,创造一个新的未来。"③ 埃尔多安努力化解土耳其国内的政治矛盾,争取全国民众的支持。在安抚土耳其民众的同时,埃尔多安也发誓要打击那些企图危害政府的人。

埃尔多安宣布他当选总统标志着新土耳其的胜利。在过去几年,埃尔多安和正发党其他的政治家在公众集会和演讲中使用"新土耳其"的口号,用新土耳其来描述正发党执政给土耳其带来的变化。在 2014 年 8 月的总统大选中,埃尔多安提出了正发党政府的 2023 年愿景。在其他的一些场合,正发党领导人提出了他们的计划,例如想要一直执政到 2053 年奥斯曼帝国占领伊斯坦布尔 600 周年的时候,甚至有正发党领导人提出要执政到 2071 年突厥人占领安

① 王林聪:《土耳其大选与埃尔多安的"新时代"》,《当代世界》2014 年第 10 期,第 55 页。
② 郑金发、李铭:《埃尔多安宣誓就任土耳其总统》,新华社安卡拉 2014 年 8 月 28 日电。
③ "President Recep Tayyip Erdoğan Hails New Era for Turkey", http://www.bbc.com/news/world-europe-28735915, 11 August 2014.

那托利亚 1000 周年纪念的时刻。批评人士担心，这些宏大的理想反映了正发党希望加强对权力的控制，建立实际的一党制。① 土耳其现行宪法规定总统不应是一个政党的成员，总统应该对所有的政党保持中立。然而，埃尔多安代表正发党为 2015 年 6 月的土耳其大选争取支持。他希望正发党能够在 2015 年 6 月 7 日的大选中获胜，并获得足够的多数以修改宪法。埃尔多安不满足于当前的议会民主制度，不满足于担任象征意义的总统。埃尔多安想成为有更大实权的总统。他想通过宪法修订把土耳其由议会民主制改变为总统制。②

但是，埃尔多安总统在建设新土耳其和加强总统权力的道路上面临众多挑战。前几年势头颇猛的土耳其经济，近两年开始明显放缓，通货膨胀卷土重来。土耳其的经济增长率已经滑落至 3% 左右。2014 年 2 月，标准普尔将土耳其评级展望从"稳定"降至"负向"，称土耳其经济有"硬着陆"的风险。标准普尔还认为，土耳其的政治环境难以预测。土耳其国内的库尔德人分离主义，以及反对派对埃尔多安"专制"趋势的不满，都是值得埃尔多安花费脑筋的地方。③ 正发党执政十多年以来，土耳其人均收入已经翻番。2010 年土耳其已经成为一个中产阶级占社会多数的社会。中产阶级提出了环境保护、城市空间规划、集会和新闻自由等方面的要求和呼声。④ "伊斯兰国"问题和叙利亚问题等外部挑战也在考验着埃尔多安总统的外交和安全政策。

2015 年 5 月 15 日，土耳其最大的反对党共和人民党领导人科勒奇达奥卢说，埃尔多安没有机会把国家转变为总统制。他指责埃尔多安三次出任总理后又出任总统，而且还在永远不满足地争取更大的权力。⑤ 5 月 14 日，

---

① Hikmet Kocamaner, "How New is Erdoğan's New Turkey?" *Middle East Brief*, No. 91, Crown Center for Middle East Studies, Brandeis University, April 2015, p. 3.

② Hikmet Kocamaner, "How New is Erdoğan's New Turkey?" *Middle East Brief*, No. 91, Crown Center for Middle East Studies, Brandeis University, April 2015, p. 5.

③ 施遥、陈婧：《从一个"埃尔多安时代"到另一个"埃尔多安时代"》，《中国青年报》2014 年 8 月 30 日。

④ Soner Çağaptay, "Libertarian Turkey," March/03/2014, http：//www. hurriyetdailynews. com/libertarian－turkey. aspx? pageID＝449&nID＝63107&NewsCatID＝424.

⑤ Murat Yetkin, "CHP Leader: Erdoğan Has No Chance for the Presidential System," May/16/2015, http：//www. hurriyetdailynews. com/chp－leader－erdogan－has－no－chance－for－the－presidential－system. aspx? pageID＝449&nID＝82481&NewsCatID＝409.

土耳其反对党民族行动党（MHP）领导人巴赫切利说："民族行动党不会支持总统制，我们不可能支持埃尔多安，我们想要新的宪法，新的议会民主制。"①

土耳其副总理兼政府发言人布仑特·阿林克（Bülent Arınç）说，大多数支持正发党的土耳其人不愿听对正发党的批评意见。大多数反对正发党的土耳其人却熟视无睹正发党的统治给土耳其带来的进步与发展。看不到正发党的丰功伟绩与无视正发党某些政策的失误同样都是错误的。过去受排斥的宗教保守派不再被有特权的世俗精英视为二等公民；经济活动和巨额资本不再是少数人手中的专利，它们也被赋予中产阶级和企业家；在经历民主化改革与一些政治禁忌的解除后，土耳其新一代的年轻人已经开始体会到一些自由民主的权利。他们比他们的父辈能获得更多的民主。正发党公开地直接和曾被称为恐怖组织的库尔德工人党开展和谈；在正发党的统治时期，军方被纳入文官政府的管理之下；非穆斯林少数民族获得了更多的权利。② 在正发党的统治之下，土耳其经历了前所未有的经济增长。土耳其成为 20 国集团成员。埃尔多安用十年的时间把土耳其发展为世界第 17 大经济体。埃尔多安把土耳其发展成为充满活力的政治和经济中心，他赋予中产阶级更大的力量。他开启了解决库尔德问题的和谈进程，采取了一些历史性的步骤来承认少数民族的权利，他成功地改变了军人监政的体制。由于他日益增长的威权主义色彩，他之前的成功被逐渐忘记。③

总之，在承认埃尔多安确实有威权主义倾向的同时，我们更应该给埃尔多安在促进土耳其政治民主化、开启与库尔德工人党的和谈、改变军人干预政治的历史、推行新土耳其模式、发展经济等方面的某些成功的执政理念点赞。

① Murat Yetkin, "MHP 'Will Not Back' Erdoğan's Presidential System," May/15/2015, http://www.hurriyetdailynews.com/mhp-will-not-back-erdogans-presidential-system.aspx?pageID=449&nID=82427&NewsCatID=409.

② Barcin Yinanc, "Unintended Consequences of AKP's 13-year Rule," May/14/2015, http://www.hurriyetdailynews.com/unintended-consequences-of-akps-13-year-rule.aspx?pageID=449&nID=82375&NewsCatID=4.

③ Mark Lowen, "Erdoğan's 'New Turkey' Drifts Towards Isolation," 20 November 2014, http://www.bbc.com/news/world-europe-30111043.

Y.13
阿富汗总统大选及其政策走向

王 凤*

摘　要：　在美国从阿富汗抽身之际，2014年阿富汗举行了第三届总统
选举。由于存在严重舞弊行为，大选引发了严重的政治危
机，幸而在美国干预下得以缓解，并产生了由加尼领导的新
一届政府。新政府理顺了与美国和北约的关系，改善了与巴
基斯坦的双边关系，也争取到其他周边国家的经济援助。但
是，由于缺乏政治互信，新政府内部的权力斗争还将继续，
可能对阿富汗稳定产生不利影响。

关键词：　阿富汗　总统选举　美国撤军　塔利班

2011年以来，美国和北约逐步从阿富汗撤军，它们在阿富汗和平稳定中的
主导作用开始下降，而阿富汗政府的作用渐趋增强。2014年阿富汗举行自塔利
班政权被推翻后的第三次总统大选。这次大选意味着阿富汗政治权力的交接和过
渡，将影响该国政策的走向，是阿富汗和平稳定进程中一个不可忽视的重要环节。

一　艰难选举产生新总统

2014年总统大选进展得并不顺利，其间出现的大规模舞弊案，引发了严
重的政治危机。尽管如此，在美国和国际社会的斡旋下，参加大选的主要竞选
对手就权力分配达成了初步妥协，最终产生了新一任总统。

---

*　王凤，中国社会科学院西亚非洲研究所副研究员，主要从事中东政治、国际关系以及伊斯兰
教研究。

（一）大选进程

2014年4月5日，阿富汗正式举行总统选举。与2009年总统选举相比，这次选举的投票率非常高，接近60%，投票人数超过700多万。结果，在全部8位候选人当中，前外长阿卜杜拉·阿卜杜拉遥遥领先，获得接近45%的选票；前财长阿什拉夫·加尼紧随其后，支持率接近32%；第三名是前外长扎勒马伊·拉苏尔，刚刚超过10%；其他候选人均低于10%。由于无人获得50%以上的选票，根据阿富汗宪法，前两名候选人阿卜杜拉和加尼进入第二轮竞选。

6月14日，第二轮选举正式举行。但是，投票后不久，阿富汗选举主办和监督机构——独立选举委员会就接到了超过2000多份的舞弊投诉案。17日，阿卜杜拉公开指责时任总统卡尔扎伊以及独立选举委员会暗中帮助加尼竞选，表示将抵制计票结果。与此同时，阿卜杜拉的支持者开始进行游行示威，并中断了与独立选举委员会的合作，大选陷入危机当中。

在联合国的调解下，23日，独立选举委员会秘书长阿马尔·希勒被迫辞职，独立选举委员会还开始对涉及舞弊的2000多个投票点的选票重新计票。7月7日，第二轮选举的最初统计结果公布。与此前相比，加尼反超阿卜杜拉，排名第一，获得56.44%的选票；阿卜杜拉的得票率仅为43.56%。阿卜杜拉支持者拒绝接受这种结果，有些人甚至主张另外组建平行政府，包括不惜使用武力达到这一目标，选举危机因此再度升级。

在形势逼迫下，美国派出国务卿克里进行斡旋，并于7月12日促使加尼和阿卜杜拉达成了妥协性协议。协议原则上规定，对全部有效的700多万张选票重新计票，以保障选举的公正与合法。协议还规定，不论将来谁最后获胜，都应与对手合作组建联合政府。协议原则上还同意，未来将对阿富汗政治体制进行调整，以免总统权力过于集中，把其他派别拒之门外。未来阿富汗总统可能仅成为国家元首，另外将新设一名行政长官，具体负责中央政府事务。行政长官可能演变成为未来的政府总理。

在达成这份初步协议后，大选危机得以缓解。在比预定时间延迟数月之后，9月29日，加尼最终胜出，正式就任新一届总统。

（二）主要竞争对手

阿富汗是一个传统国家，族群意识和传统文化根深蒂固，总统大选也主要在族群基础上进行，这次总统选举也体现了这种特点。最后出任总统的阿什拉夫·加尼以及他的主要竞争对手阿卜杜拉·阿卜杜拉，分别代表了不同的政治集团和族群利益。

阿什拉夫·加尼主要代表的是普什图族的政治利益。普什图族是阿富汗第一大民族，主要分布在东部和东南部地区，人数占全国人口的近一半。数百年来，阿富汗的历任国王或者总统都来自该民族，加尼来自普什图族有影响的艾哈迈德扎伊家族。此外，在第二轮选举中加尼本人还得到了同样来自普什图族的现任总统卡尔扎伊及其政治集团的支持。在加尼的竞选搭档中，还有来自乌孜别克族的政治军事强人杜斯塔姆以及来自哈扎拉族的政治人物。乌孜别克族是阿富汗的第三大民族，主要分布在北部地区。杜斯塔姆所领导的伊斯兰民族运动，是阿富汗当前主要的政治军事集团之一，是反对塔利班北方联盟的主要组成部分。哈扎拉族则是阿富汗的主要少数民族之一，主要分布在中部地区。这两名政治人物的加盟，为加尼在北部和中部地区获得较高的支持率创造了条件。

反观阿卜杜拉·阿卜杜拉，他主要代表的是以北方塔吉克族为主导的阿富汗伊斯兰促进会这个政治军事组织，该组织也是阿富汗当下北方联盟的重要组成部分，塔吉克族是阿富汗的第二大民族。由阿富汗伊斯兰促进会等组成的北方联盟，在20世纪90年代曾是反对塔利班的主要政治军事力量，也是得到国际社会认可的阿富汗政府，阿卜杜拉曾任北方联盟的外交部长。塔利班政权被推翻后，北方联盟曾在阿富汗政府中发挥主导作用，阿卜杜拉一直担任政府外交部长，直到2005年被解职。不过，除依托北方联盟外，阿卜杜拉创建和领导的"阿富汗民族联盟"也是他竞选的政治支撑。该联盟的前身是"变革与希望联盟"，曾在2011年议会选举中获得90多个席位，一举成为议会第一大反对党，2011年该联盟改为现名称。此外，阿卜杜拉的竞选搭档中有分别来自普什图族和哈扎拉族的两位政治人物，这为他在南部和中部获得选票也提供了一定条件。

（三）选举危机何以能够缓解

加尼和阿卜杜拉竞选团队之所以能够相互妥协，确实是被迫而为之。两者

是利益共同体，虽然不能一荣俱荣，但确实可能一损俱损，无论把哪一方完全排除在权力之外，阿富汗都可能面临政治分裂的危险。倘若如此，塔利班反政府势力很可能进一步做大，横扫整个阿富汗。因为无论是加尼还是阿卜杜拉，都不可能单独与塔利班抗衡。

美国之所以强力斡旋，是因为它一直希望顺利撤出阿富汗，留下一个和平稳定的阿富汗。阿富汗选举危机的出现倘若引发新的政治动荡，必将干扰美国及其西方盟友的撤军安排。此外，美国国务卿克里在斡旋当中也一再强调，如果加尼或者阿卜杜拉不能组成联合政府，美国和西方将不再每年向阿富汗提供巨额的军事援助和经济援助。如果是这样，阿富汗政权和军队的生存就会难以保障。加尼和阿卜杜拉当然明白，克里所说并非是威胁之词。

二 新政府的组建与面临的挑战

加尼就任总统后开始组建新一届政府。由于大选危机的负面影响，权力分割成为一场艰难的角逐，新政府迟迟未能顺利组阁。与此同时，加尼政府面临着全方位的压力，特别是来自反政府势力——塔利班的直接军事威胁。

（一）新政府组建迟迟未果

加尼就任新总统后，新一届政府未能顺利组成。截至 2015 年 1 月底，政府部长人选未能悉数敲定。

在大选当中，虽然加尼与阿卜杜拉就权力分享达成了上述原则性协议，但是未能清晰界定权力分割的细节，包括行政长官的具体权力和职责，从而给新政府的组建平添了不少困难和障碍。在加尼就任总统之时，他领导的政府基本是一个空架子。除加尼和阿卜杜拉的职位外，新政府当中只有第一副总统、第二副总统、能源与水资源部长、财政部长、外交部长、央行行长六个职位确定了人选。其中，加尼的竞选搭档杜斯塔姆担任第一副总统。其余部长人选均未确定。

2015 年 1 月 12 日，即加尼就任总统 3 个半月后，才公布了一份包含 25 名部长及国家安全局局长、央行行长在内的内阁成员人选名单。1 月 28 日，议会下院对名单中的 17 名部长人选和国家安全局局长人选进行投票，其中内政部长、财政部长、外交部长等9名人选获得通过,另外9人因得票未过半数未获通过。这其中,加尼阵营有4人被否决,其中包括最重要的国防部长人选,而行政长官阿卜杜拉阵营则有5人被否决。此外,另有9名内阁成员人选因涉及双重国籍、履历造假等问题接受调查,议会下院当天未对这9人进行投票。

4月中旬,也就是阿富汗举行总统大选一年后,加尼新政府的名单才最后公布,并得到了议会的批准。

(二)危机与挑战

鉴于2014年底之前美国和西方盟友撤出主要作战部队,加尼领导的新一届政府面临着一系列危机和挑战,其中包括阿富汗政府将主导国内各项重建工作。就政治重建而言,主要是打击腐败、提高政府的执政力和公信力,实现政治上的自立。自塔利班政权被推翻以后,美国和西方积极推动阿富汗政治重建,确实也取得了一些成效。比如颁布了2004年宪法,建立了类似美国总统制的民主政体。但是政治重建也出现了一些大问题,最重要的是政府腐败成风,执政力低下。2009年总统大选、2010年议会选举及本次总统选举出现的危机,均反映了政治腐败的严重性。就经济重建而言,阿富汗新政府需要在美国和国际社会的帮助下全力推动经济发展。过去十多年,美国和国际社会向阿富汗提供了大量经济援助,并且推动了阿富汗的经济复苏和社会发展。不过,现如今阿富汗经济仍不能自给自足,财政入不敷出,国防开支也严重依赖外援,粮食也不能自给。就军队重建而言,加尼新政府需要接替美国和西方提高本国国防军的战斗力,确保能够独立保卫政权和国家的发展。过去,美国和西方在阿富汗军事重建上也取得了一些成效。比如,帮助阿富汗培训了大约35万军警,美国和西方每年还向阿富汗提供大量的军事援助。但是,现有军警战斗力低下,忠诚度不高,也一直靠美国和西方的军事援助来供养。

除此之外,加尼新政府面临的最重大的安全挑战,莫过于要主导打击塔利班这个重任。以后,美国和西方可能继续向阿富汗军队提供各种支持,但是这些支持都将是辅助性的,阿富汗军队要面对面地在战场上与塔利班作战。其实,近一两年来,在与塔利班的地面作战中,美国与西方的军队开始退居次要地位,阿富汗军队已经承担起了主要职责。

而2003年伊拉克战争以后,塔利班已经借机在阿富汗东山再起。与当前

美国和西方培训的阿富汗政府军相比，塔利班是一个意识形态明确、组织体系严密、财力雄厚、具有顽强战斗力的政治军事力量。塔利班基本政治目标，是将外国军队赶出阿富汗，推翻美国和西方扶植的阿富汗政府，建立一个以伊斯兰主义为指导的国家。美国开始撤军后，塔利班视之为战略上的胜利。塔利班频繁袭击驻阿外国军队和阿富汗政府军。迄今为止，已经在阿富汗东南部和南部占领了一些乡镇，甚至建立了政府。

2014 年，塔利班的武装袭击更加频繁。除在南部和东南部外，还扩大到了北部一些曾经相对安定的省份。比如在昆都士省，塔利班控制了该省两个行政区，在这两个行政区管理行政事务、司法事务和学校，甚至允许国际援助组织在当地开展工作。与此同时，伴随美国和西方空中打击力度的减弱，塔利班也改变了一些作战方式，更愿意大规模集结，与阿富汗政府军直接对抗。此外，在阿富汗总统选举中，塔利班也进行武装袭击和干扰，试图打断选举进程，声称"要杀死每一位投票人"。塔利班不反对和谈，不过和谈可能只是策略上的选择。过去一两年，塔利班曾经与美国通过第三方进行接触，但是没有取得任何进展。

2014 年阿富汗安全形势进一步恶化，阿富汗平民和军队的伤亡率都创新高。据联合国阿富汗援助团报告称，2014 年是阿富汗平民伤亡最致命的一年，平民伤亡人数比 2013 年增加了 19%，是 2009 年以来伤亡最多的一年。当年 1~11 月，平民伤亡总数为 9617 人，其中死亡 3188 人、受伤 6429 人；与 2013 年相比，儿童伤亡人数上升了 33%，妇女伤亡人数上升了 12%。[1] 另据《阿富汗每日瞭望报》报道，2014 年驻阿国际安全援助部队死亡 75 人，是过去 10 年来死亡人数最少的一年。但是，当年阿富汗军队和警察死亡人数大增，从 2013 年的 2767 人增加到 2014 年的 5000 人左右。[2]

可以说，在美国和西方撤出主要作战部队之后，如何应对塔利班这样的劲敌，是摆在加尼新政府桌面上的第一要务，因为它关乎政权的安危和国家的稳定。

三 与美国签署《双边安全协定》

为应对上述严峻挑战，特别是塔利班对政权的威胁，加尼在竞选总统当中

---

[1] http：//af. mofcom. gov. cn/article/tbbd/201412/20141200841530. shtml. 2014 - 01 - 31.

[2] http：//af. mofcom. gov. cn/article/tbbd/201501/20150100856030. shtml. 2015 - 01 - 31.

提出了解决这些问题的思路和想法。他认为，阿富汗安全与国际、地区和国内三个层面相关。首要的是国际层面，就是与美国及其西方盟友的关系问题。地区层面主要指与巴基斯坦的关系。他认为，巴基斯坦政府同意与阿富汗合作，通过政治手段来解决阿富汗塔利班问题，只不过巴基斯坦的情报部门和军事机构并未达成这种共识。就阿富汗国内层面而言，急需解决的问题就是解决政治腐败的问题。因此，加尼主张首先与美国、西方进行合作，帮助阿富汗走向持久和平与稳定。其次，是要与巴基斯坦改善关系，相互保证不支持在本国境内针对对方的反政府活动。此外，还要与中国、俄罗斯、印度及其他周边国家进行合作，争取使它们在阿富汗和平稳定上发挥更大作用，同时继续向阿富汗重建提供经济援助和军事援助。再次，加尼也强调政治改革、反对腐败，建立一个高效和负责任的政府。但是，他并不把这个问题放在解决安全问题的首位。

在这种安全思想的指导下，2014年9月30日，也就是在就任总统后的第二天，加尼就与美国签署了《双边安全协定》。当年11月23日，阿富汗议会下院正式批准了这份协议，在此前后美国总统奥巴马也签署了这一协议，授权驻阿美军在2014年后可以打击塔利班以及其他一切威胁驻阿美军自身安全的政治军事力量。加尼认为，《双边安全协定》的签署，将确保美国在阿富汗继续保持一定规模的军事存在，这无异于加强阿富汗自身的安全力量。同时，签署该协定还能确保美国未来十年内向阿富汗提供数百亿美元的军事援助。

就美国而言，与阿富汗签署《双边安全协定》主要是为了满足美国的地区战略和全球战略的需要，以便在必要时可以在阿富汗自由采取军事行动，向周边或全球投射军事力量。阿富汗位于中亚南部，沟通中亚与南亚，连接东亚与西亚，战略地位非常重要。在阿富汗保留军事存在，还可以有效制衡类似俄罗斯、中国、伊朗这样的战略对手。2014年3月乌克兰危机以来，美国更加确信在阿富汗保留军事力量符合自身的战略需要。当然，与阿富汗签署《双边安全协定》，客观上也有利于继续推进阿富汗的和平与稳定。美国在阿富汗苦心经营了13年，也不愿意轻易抛下阿富汗，使它重新成为恐怖主义滋生的土壤。2012年5月美国与阿富汗签署《战略伙伴关系协议》，2012年7月美国将阿富汗定为"重要的非北约盟国"，也表明了这种想法。

从内容上看，《双边安全协定》为美国在阿富汗继续保持军事存在提供了法律依据。这份协议规定，2014 年底之前美国将从阿富汗撤出大部分作战部队，即从当时大约 20000 人减至 9800 人，同时还将继续保留数座军事基地。2015 年底前驻军人数再减半，到 2016 年底前全部撤离。

与美国签署《双边安全协定》的当日，阿富汗还与北约领导下的驻阿国际安全援助部队签署了类似安全协议。阿富汗同意德国、意大利以及土耳其等北约国家在 2014 年以后继续在阿驻军，人数约为 3000 人。①此外，英国将帮助训练阿富汗警察。② 另根据《阿富汗每日瞭望报》报道，2014 年底之后土耳其驻阿军队人数将从 700 人增加到 1100 人，训练并装备阿富汗军队。

阿富汗与美国和北约签署的上述协议还规定，今后驻阿美军和北约部队不再承担直接打击塔利班的作战任务，其任务将转为资助、培训阿富汗现有的 35 万国民军，帮助阿富汗国民军与塔利班等反政府势力作战。据美国国家安全顾问以及其他高官的解读，未来驻阿美军和北约部队的主要任务实际上有两项：一是继续打击阿富汗的基地组织残余；二是辅助阿富汗国民军作战。为此，美国和西方盟军将继续向阿富汗国民军提供数十亿美元的直接军事援助，还可能在必要时向阿富汗国民军提供如直升机、轰炸机等空中支持。

此后根据《双边安全协定》，美国和北约开始了进一步撤军。但由于涉及安全问题，撤军进程并未公开。在实际撤军中，美国和北约也比较务实和谨慎。2015 年 3 月 24 日，也就是在加尼总统和行政长官阿卜杜拉上任后首次访问美国期间，美国总统奥巴马宣布放缓撤军步伐。他说，美国将维持现有 9800 人的驻军规模至 2015 年底；2015 年晚些时候再决定第二年的撤军进度。③这实际上透露出两点实质内容：一是到 2014 年底，美国和北约已经按原计划撤走了大约 12000 名驻军，驻军规模因此已经缩减至 13000 名左右，其中，美国保留有 9800 人左右。二是根据阿美双方需要，美国调整并放缓了 2015 年度

---

① http：//af. mofcom. gov. cn/article/jmxw/201501/20150100874815. shtml，2015 - 01 - 30.

② http：//www. chinanews. com/gj/2014/09 - 30/6647823. shtml，2015 - 02 - 06.

③ 新华社华盛顿 2015 年 3 月 24 日电。

以及以后的撤军节奏。阿美双方认为，阿富汗安全形势仍比较脆弱，尤其是塔利班有可能在 2015 年发动春夏攻势。加尼总统还认为，美国放缓撤军步伐，还将有利于阿富汗安全部队进一步改革，能够使后者得到更好的领导、武器装备和训练支持。

加尼访问美国期间，美国还宣布将继续向阿富汗提供军事援助和经济援助。3 月 23 日，美国国防部长卡特宣布，将继续向阿富汗军队提供资金援助至 2017 年底，并因此将向国会寻求支持。当天，美国国务院也宣布将启动一项新的美阿政府间合作计划，将利用总额最多达 8 亿美元的对阿援助资金，进一步对阿富汗政府实施改革和发展援助。

四　继续争取周边国家的政治与经济支持

如前所述，与周边国家改善关系，或者在更大程度上进行政治经济合作，也是加尼新政府政策的主要层面，其中一个目的是争取更多的经济援助。为此，加尼就任新总统后不久，就相继访问了中国和巴基斯坦等国。

加尼新政府的期望，也与周边国家在阿富汗问题上具有利益契合点。周边国家在阿富汗有不同的利益考量。比如，中国注重维护自己西北部地区的安定，巴基斯坦是为了在与印度的地缘角逐中占据优势，印度是为了借助阿富汗这个通道获取中亚地区的能源和资源，中亚国家则是为了将自己的油气资源出口到外部世界，等等。这些国家具有的共同利益需求，那就是推动阿富汗的和平、稳定与发展，防止阿富汗境内伊斯兰极端势力的蔓延。特别是在阿富汗政府更替以及美国撤军之际，周边国家更是担心阿富汗未来政治安全局势会出现更多的不确定性。

在这种背景下，通过一系列的外交活动，加尼新政府得到了周边国家更多的经济支持。2014 年 10 月 28～31 日，加尼访问中国。在此期间，中国宣布 2014 年将向阿方提供 5 亿元人民币的无偿援助；未来三年，中国将向阿富汗提供总额为 15 亿元人民币的无偿援助；中国还将支持阿富汗加强能力建设，未来五年将为阿富汗培训 3000 名各专业领域人员；中国还将继续支持阿富汗留学生来华学习，未来五年将通过各种渠道向阿富汗提供 500 个中国政府奖学金名额；此外，中方还将鼓励中资企业赴阿富汗参与经济建设，并将在基础设

施建设、农业、水电站建设以及能源开发等领域同阿富汗进一步开展合作；不仅如此，中国还将继续为阿富汗的安全重建提供帮助，将帮助阿富汗培训和装备国家安全部队。① 过去十余年，中国向阿富汗提供的经济援助数额相对较少。2002~2009 年，中国向阿富汗提供的经济援助大约为 2 亿美元。此外，中国主要帮助阿富汗重建了喀布尔共和国医院、帕尔旺水利工程、公路和电信等基础设施。

访问中国期间，加尼还于 10 月 31 日出席了在北京主办的阿富汗问题伊斯坦布尔进程第四次外长会。本次会议以"深化地区合作，促进阿富汗及地区持久安全与繁荣"为主题，是中国首次承办涉阿富汗大型国际会议。这次会议通过了《阿富汗问题伊斯坦布尔进程北京宣言》，为促进阿富汗和平、发展与繁荣进行了有效的政治协商和沟通，并为地区国家及国际社会在阿富汗问题上建立相互信任、协调立场发挥了积极作用。阿富汗问题伊斯坦布尔进程于 2011 年启动，由土耳其和阿富汗共同发起，现已有阿富汗、土耳其、中国、俄罗斯等 14 个成员，欧、美、日等地区和国家以及一些国际和地区组织也是进程的重要参与方。

加尼当选阿富汗新总统后，于当年 11 月 15 日对巴基斯坦进行了国事访问，两国签署了一系列合作协议。其中，两国表示，将在 2017 年实现双边贸易翻一番，达到 50 亿美元。在其他合作项目中，能源项目是重中之重。两国计划共同实施一项中南亚输变电项目，以及总投资额为 76 亿美元，贯通土库曼斯坦、阿富汗、巴基斯坦和印度的天然气管道项目。②

除上述外交努力外，加尼新政府还在 2014 年 12 月初与中亚一些国家正式签署了酝酿数年的经贸和能源合作协议。这份协议名为《中南亚地区能源和贸易项目协定》，是由塔吉克斯坦、吉尔吉斯斯坦、阿富汗和巴基斯坦四国在土耳其的伊斯坦布尔签署的。根据这份协议，在世界银行和伊斯兰发展银行的资助下，塔吉克斯坦和吉尔吉斯斯坦每年夏季将联合向阿富汗和巴基斯坦提供电力，分别为 1000 兆瓦和 300 兆瓦。③ 这四个国家之间还将建设穿越阿富汗的

① http://news. xinhuanet. com/world/2014 – 10/28/c_ 1113016324. htm. 2015 – 01 – 30.

② http://world. people. com. cn/n/2014/1116/c157278 – 26033859. html. 2015 – 02 – 01.

③ *Country Report*：*Afghanistan*，4th Quarter 2014，p. 18.

输电线路以及变电站等配套设施，阿富汗为此还可获取一定数额的过境费。该项目计划于2018年完工。

五　推动与塔利班和谈

加尼当选总统后，随即在周边地区开展密集的外交活动，希望周边国家推动巴基斯坦敦促阿富汗塔利班与阿富汗新政府进行和谈，以维护阿富汗的和平与稳定。加尼在竞选当中也一再强调，愿意通过和谈方式与塔利班实现政治和解。加尼的这种政治考虑与美国的想法是合拍的，后者一直希望通过阿富汗—巴基斯坦—美国三方合作来保证体面撤军，同时希望撤军后留下一个和平稳定的阿富汗。阿美双方还共同认为，在政治解决阿富汗安全问题上，巴基斯坦是一个非常重要的环节，因为阿富汗塔利班在巴基斯坦西北部地区得到了巴方的庇护，特别是得到了巴方情报部门和军队的支持。此外，阿美双方还一致认为，为推动巴基斯坦帮助解决阿富汗塔利班问题，在外交上需要得到沙特阿拉伯、中国等周边国家的支持。许多周边国家与巴基斯坦保持密切的关系，每年向后者提供大量的经济援助，因此能够向巴方施加主要的影响力。

如前所述，在2014年11月访问巴基斯坦之前，加尼总统就访问了中国等周边国家。在访华期间，加尼总统与中国领导人进行了会晤，希望中国在阿富汗政治和解中发挥更大的作用。对此，中国高层已经表示，愿意在这方面提供力所能及的帮助。2015年2月中旬，中国外长王毅访问巴基斯坦。除推动中巴关系进一步发展外，王毅外长再次重申，中国政府愿意帮助阿方政府与塔利班进行和谈。①

除此之外，加尼新政府还与巴基斯坦高层进行了一系列互访。2014年11月，在访问巴基斯坦期间，加尼总统除与巴基斯坦领导人会晤以外，还与巴基斯坦军方进行了会谈。巴基斯坦总理谢里夫承诺，愿意推动阿富汗塔利班与阿富汗政府进行和谈。2015年1月10日，巴基斯坦派出一个高级代表团访问阿富汗，其中包括巴基斯坦西北部普什图族的政治代表。11日，巴基斯坦情报

---

① *Country Report*：*Afghanistan*，1st Quarter 2015，p. 18.

局局长访问阿富汗,并与加尼进行了会晤。巴基斯坦方面也希望通过高层互访,改善此前与阿富汗的紧张关系,在相互信任的基础上推动阿富汗方面打击其境内的巴基斯坦塔利班势力。巴基斯坦塔利班也在阿富汗境内寻找到了庇护所,并据此前往阿富汗西北部进行各种袭击活动,导致巴基斯坦局势不稳。

就是在阿富汗与周边国家这种良性互动中,阿富汗政治和解出现了新的气象。2015年2月初,阿富汗塔利班一位匿名官员向巴基斯坦媒体透露,塔利班领导层已经同意与阿富汗政府进行初步谈判。这名官员还说,塔利班为此在近期访问了巴基斯坦以及其他周边国家,目的是为这次谈判做准备。[①]塔利班方面的和谈意愿得到了阿富汗政府方面的确定。2015年2月23日,阿富汗行政长官阿卜杜拉宣布,阿富汗政府不久就会与塔利班开始接触和谈判。[②]

六　前景评估

加尼新政府初建不久,目前就对他的政策及其影响做出评价为时尚早。尽管如此,这里也不妨就此做出一些基本判断,未来来自以下两个方面的因素将相互博弈,增加阿富汗未来局势的不确定性。

一方面,在美国从阿富汗抽身、阿富汗自身对局势的影响力逐步上升之际,阿富汗新政府在产生和建立过程中遇到严重的障碍,这可能对阿富汗和平与发展带来负面影响。一则新政府主要政治势力之间缺乏政治互信,权力斗争还将继续,并有可能在宪法修订以及2015年议会选举等重大问题上表现出来,从而影响政治和社会的稳定。二则先天不足的加尼新政府声望不高,无法与卡尔扎伊政府初创时期相比,该届政府的公信力和执政力也会受到严重影响。加尼、阿卜杜拉等人在总统选举当中提出的政治改革目标,如打击腐败,建立公正、廉洁、有效率的良好政府等,也可能难以实现。

另一方面,不可否认,加尼新政府在改善和修补对外关系方面确实发挥了

---

① *Country Report*：*Afghanistan*，1st Quarter 2015，p. 19.

② *Country Report*：*Afghanistan*，1st Quarter 2015，p. 19.

积极作用，将在一定程度上有利于阿富汗的和平与发展。一是与美国和北约签署安全协定，理顺了与美国和西方休戚与共的关系，在促成美国顺利实施后撤军战略的同时，也确保了阿富汗能够继续得到美国和西方的安全保障以及非常必要的经济援助和军事援助。二是积极发展与巴基斯坦等周边国家的关系，促使与塔利班政治和解出现了新的希望，这至少有利于在一定程度上分化和瓦解塔利班。

Ү.14

突尼斯政治过渡的完成和启示

戴晓琦*

摘　要：　2014年，阿拉伯国家的剧变继续发展，唯有突尼斯平稳转型。对所有突尼斯人来说，2014年在国家的重建中具有里程碑意义：突尼斯经历了确立新宪法、选举议会、选举总统三大阶段，顺利结束了过渡期，确立了新的政治体系。本文分析了突尼斯率先走出动荡旋涡的原因，梳理了突尼斯三大政治进程，分析了由此带来的巨大政治转变的意义和启示，最后探讨了新政权的施政纲领以及机遇和挑战。文章认为，尽管突尼斯新政府迎来可喜的形势，但安全、经济与社会领域的问题仍然不少。新政府只有解决好这些问题，才有望使突尼斯恢复经济竞争力，实现社会安定。

关键词：　突尼斯　政治过渡　世俗主义

2014年，阿拉伯国家的局势动荡还在继续发展，但也呈现出乱中有治的特点，曾经点燃阿拉伯政局动荡第一把火的突尼斯，实现了全国和解，通过了新宪法，选举了新议会与新政权，结束了2011年以来的政治过渡，基本完成了突尼斯共和国的政治重建。在阿拉伯国家狼烟四起、政治形势持续恶化、暴力泛滥的今天，突尼斯政坛强调共识，弱化分歧，坚持和平方式，唾弃暴力手段，可谓一枝独秀。突尼斯的政治过渡走过了怎样的进程，如何获得这样令人羡慕的成果，及其包含的意义和启示，都是非常值得研究的问题。

　＊　戴晓琦，阿拉伯语言文学博士，北京第二外国语学院阿拉伯语系副教授、阿拉伯研究中心社会经济室主任。

一 复兴运动党治理无方，世俗政治力量重新崛起

2011 年突尼斯的本·阿里政权被推翻并逃离突尼斯以后，具有伊斯兰宗教背景的复兴运动党通过选举赢得了制宪议会多数席位，与保卫共和大会党、争取工作与自由民主论坛共同组建了"三驾马车"联合政府，实际权力掌握在复兴运动党手中，突尼斯开始了政治过渡期。但随着国内和周边地区形势的发展，具有宗教背景的联合政府并没有表现出国家治理的能力，突尼斯国内国际形势变得越来越不利于执政联盟，反对复兴运动党的世俗阵营迅速壮大，在突尼斯的政治舞台占据了上风。

（一）执政党治理无方导致民众不满

前总统本·阿里出逃与前执政党宪政民主联盟被解散，为其他政治力量的发展开辟了广阔的空间，长期被镇压的政治伊斯兰势力率先崛起，复兴运动党通过选举成为主要的执政党。然而，在伊斯兰复兴运动党执政以后，突尼斯政治气候的变化使极端的伊斯兰主义势力开始在突尼斯迅速蔓延，他们捣毁苏菲圣墓与剧院，占领清真寺，惩罚所有敢于违反伊斯兰教法的人。为了建立伊斯兰理想国，他们公开对抗各种世俗组织与行为。突尼斯复兴运动党支持的"保护革命联盟"在各地肆意妄为，全国总工会越来越不满复兴运动党的统治，新闻媒体普遍批评复兴运动党。2013 年 2 月 6 日，"伊斯兰教法支持者"刺杀了左翼领导人舒克瑞·本尔德，突尼斯的国内治安状况迅速恶化。

与此同时，执政党对于突尼斯经济社会状况的日益恶化却束手无策。2013 年上半年，受政治持续动荡的影响，突尼斯各经济领域的表现普遍黯淡。旅游业难以恢复游客的信心，国内外投资下降，外汇储备下滑，外债攀升至 25 亿欧元，[1] 贸易赤字上升至 8.8%，[2] 燃料价格上升 7%（2013 年）。经济问题导

---

[1] 《央行行长沙德利警告外汇储备率过低》，突尼斯数字网，2013 年 6 月 27 日。

[2] International monetary fund, "Statement by the IMF mission at the end of a visit to Tunisia," 2013/12/2, http：//www.imf.org/external/np/sec/pr/2013/pr13482.htm.

致以中产阶级为主的突尼斯民众的生活质量下降，贫困率增至 24.7%。同时，本·阿里时期造成的东北沿岸省份与西南内陆省份之间的巨大差异没有改观，西南内陆省份民众的不满情绪并未得到缓解，而这种不满正是 2010 年底引发突尼斯局势动荡的源头。国内安全局势的恶化导致了民众对执政党的不满。

此外，埃及军方罢黜穆兄会政权，中止了政治伊斯兰势力崛起的势头，使同宗同根的复兴运动党兔死狐悲；利比亚的伊斯兰激进势力杀害美国驻利比亚大使，也使美国政府改变了对政治伊斯兰的立场。地区局势的这些变化，也在一定程度上损害了政治伊斯兰在突尼斯执政的国际环境。

因此，截至 2013 年，复兴运动党政权在突尼斯早已是风光不再。

（二）世俗政治力量乘机重新崛起

经过两年的重新整合，世俗政党的凝聚力不断增强并形成了以呼声党为首的世俗联盟。他们利用民众久乱求治的心理，宣扬局势动乱之前突尼斯模式的种种好处，在民众中的支持率不断上升，逐渐与复兴运动党形成了势均力敌的局面。世俗联盟利用各种机会，全面挑战伊斯兰主义。在整整两年时间中，世俗主义者一直利用宪法文本的制定反对伊斯兰主义。他们在国家性质、统治制度、公共自由、个人自由、妇女权利等领域坚持布尔吉巴主义。例如，在国家性质上，伊斯兰主义声称"伊斯兰法是宪法的主要源泉"；而世俗主义则坚持，必须维持 1959 年宪法的表述，"突尼斯是独立主权国家，伊斯兰教是其宗教，阿拉伯语是其语言，共和制是其制度"。同时，他们利用执政当局延长过渡时期发难，要求作为突尼斯过渡时期的最高权力制宪会议（议会）在一年内制定新宪法、选举新议会与新总统，完成过渡时期，不得延期。但一年的过渡期结束后，新宪法并未制定，新议会与新总统更未纳入议程。因此，在 2012 年 10 月 23 日过渡期结束的当日，呼声党、共和党与工党共同宣布，三驾马车与制宪会议已经丧失合法性，他们故意拖延政治进程，试图永远把持政权，打压在野党派，因此必须终止其运作。随后，呼声党、共和党与工党联合强大的工会组织，不断发起大规模的工人罢工，向伊斯兰主义施压，街头抗议成为突尼斯政治力量最有力的表达形式。以呼声党为首的世俗政治力量影响日益壮大。

二 反对派领袖被杀引发动荡，全国对话
确定过渡路线图

（一）反对派领袖被杀引发全国动荡

2013 年 7 月 3 日埃及总统穆尔西被军方罢黜，突尼斯反对党抓住这一天赐良机，走上街造势，试图刺激突尼斯军方用同样的方式结束复兴运动党的统治。世俗派的造势浪潮引起宗教极端主义势力的恐慌，他们于 7 月 26 日密谋刺杀了世俗派代表人物、人民潮流领袖穆罕默德·布拉米。

布拉米被刺事件使朝野双方更加水火不容。被刺事件次日，世俗反对党组建全国拯救阵线，呼声党、人民阵线等众多党派与民间团体纷纷加入。他们发表声明，认为布拉米虽非执政党所杀，但复兴运动党未能保护公民人身安全，因此必须下台，应立即解散立宪委员会与政府，结束过渡时期，制定新宪法，推选包容性政府，同时提出了政治、经济、社会、安全等领域的一揽子解决方案。随后，反对党成员或退出全国制宪会议，或拒绝出席议会会议，使制宪会议瘫痪数个星期。反对派纷纷走上街头，在各级政府门前组织静坐游行，三次"下台"大游行浩浩荡荡，游行队伍规模最大时达数万人。朝野双方矛盾激化，制宪会议与政府全面瘫痪，突尼斯的政治运转几乎停止。

（二）全国总工会主导全国对话

突尼斯全国总工会具有辉煌的斗争历史，它与军队在国家独立与经济建设中都发挥了关键性的作用，是国家的基本政治与社会力量。阿拉伯剧变以来，全国总工会和军方在政治上一直保持克制与中立。

面对深陷危机的政局，突尼斯全国总工会与工商业工会、人权协会以及律师工会共同联手，在 18 个主要党派之间积极斡旋与调停，被称为四方对话。2013 年 12 月，四方组织与 9 个主要党派达成了四方协议，由马赫迪·朱马组建最后一届过渡政府。随后，四方组织公布了行动路线图：一周内完成制宪会议工作、成立各项选举的独立最高委员会，两周内出台选举法、确定选举日

程，四周内由专家委员会通过新宪法，组建独立的新政府，其他问题在四方对话框架下继续协商解决。

经过两个半月的艰苦谈判，突尼斯的各派政治力量终于达成谅解，结束了旷日持久的政治对抗僵局，走出了政治危机的困境。

三　朱马政府全力反恐，为政治进程提供安全保障

作为最后一届过渡政府和技术专家型政府，马赫迪·朱马内阁于2014年1月19日宣誓就职，2015年2月6日移交权力。按照四方对话的路线图，该内阁一年内的主要任务是打击恐怖主义，保障国家安全，保障一系列大选的顺利进行，推进经济改革，弥合社会差异。但由于复杂的国内外形势，朱马政府实际上主要是维护社会秩序，保障一系列大选的顺利进行。

朱马政府的组建原因是上届政府打击恐怖主义不力，因此新政府的首要工作就是全力打击恐怖主义。突尼斯发生政治局势动荡以来，政府对局势的掌控能力明显下降，周边阿拉伯地区形势恶化，突尼斯逐渐成为恐怖主义的重灾区。各种恐怖组织纷纷出现，大批青年投奔叙利亚战场使突尼斯成为"伊斯兰国"的兵源之一。以"伊斯兰教法支持者"为首的恐怖组织四处活动，制造各种暴恐事件。

朱马政府制定了主动打击政策，严厉镇压极端势力。政府声明，"突尼斯没有恐怖分子的藏身之地"，同时通过加强情报系统，向美国购买武器，提升打击恐怖主义的能力。朱马政府发动了一系列反恐行动，取得了明显的成效。2月4日在首都突尼斯以北的阿利亚纳省与恐怖分子展开了20小时的激战，击毙包括卡迈勒·嘎德嘎迪在内的7名恐怖分子，而卡迈勒正是刺杀左翼领导人穆罕默德·布拉米的头号嫌疑犯。安全部门已阻止了数千名青年前往叙利亚参战；2014年3~4月，安全部门铲除了莫纳斯迪尔、司法克斯等多个城市的非法武装组织。面对重拳打击，恐怖组织纷纷转入地下，但同时约有400名恐怖分子从叙利亚前线回国助阵。恐怖组织与安全部队之间的斗争形成拉锯之势。同年7月16日，恐怖分子在大本营沙阿碧山区袭击国民卫队，击毙14名国民卫队成员。朱马政府随即成立总理亲自领导的反恐危机小组，协调各方打击力量，同时加强与阿尔及利亚的反恐合作，共同加强边界地带的管理。同年

10 月，安全部队在首都与武装团伙发生枪战，击毙 6 名暴恐分子，其中 5 名是女圣战者。经过 2014 年一年的努力，安全部队共捣毁 100 多个恐怖窝点，恐怖分子从 2013 年的 8238 名下降到 2014 年的 1573 名，关闭被极端组织控制的清真寺 27 座，重新审查了 257 座清真寺。① 反恐行动震慑了各地的极端势力，基本稳定了社会秩序。

为了保障政治进程，朱马政府还采取了一系列其他措施。例如，与全国总工会达成谅解，平息了大量罢工与抗议活动；调整行政官员，对 21 位省长、120 位县长、40 位国企高管进行重新任命；加强对清真寺的管理，清除极端势力对清真寺的控制，保证清真寺在政治生活中的中立立场。

四 各项选举顺利进行，政治力量对比出现新格局

按照 2011 年过渡政治的进程安排，突尼斯需经过新宪法的制定、新议会与新总统的选举，然后由总统任命总理组阁，从而结束过渡时期。根据四方对话制定的政治进程路线图，突尼斯制宪会议在四周内完成新宪法制定，在一年内完成全国议会选举、总统大选以及地方议会选举。突尼斯政治进程进入了快车道。

（一）各项选举顺利进行

1. 制定新宪法与选举法

从 2014 年 1 月 4 日开始，制宪会议逐条审议宪法条款；25 日，制宪会议通过了新宪法；27 日，在世界各国观察员的见证下，总统与总理批准了新宪法。阿拉伯剧变三年后，突尼斯新宪法终于诞生。

1 月 8 日与 9 日，制宪会议分别产生了最高选举委员会委员与最高选举委员会主任。按照宪法规定，最高选举委员会和随后组阁的朱马政府共同负责筹备全国议会选举与总统大选等各个选举。

5 月 1 日，制宪会议以 132 票赞成、11 票反对的压倒性多数批准了选举

---

① 突尼斯内政部数据，引自突尼斯最新要闻在线：http://akherkhabaronline.com/ar，2015 年 5 月 17 日。

法，为随后的选举提供了法律与制度保障。根据选举法，6月23日至7月22日，突尼斯对海内外选民进行登记。

2.选举新议会

根据选举法，突尼斯在10月26日进行议会选举，120个党派的1327名候选人参加217个议席的角逐。议会选举表明了各个政治党派的力量对比，其中呼声党获票最高，复兴运动党退居第二。

新议会于12月2日召开第一次会议，选举出以穆罕默德·纳赛尔为议长的领导层。

3.选举新总统

总统人选的推举时间为9月12~26日。11月20~22日，27名候选人参加总统角逐。在12月8日结束的首轮总统角逐中，贝吉·卡伊德·埃塞卜西得票率为39%，时任临时总统蒙塞夫·马尔祖基得票率为33%。在第二轮角逐中，贝吉·卡伊德·埃塞卜西以55%的选票战胜了蒙塞夫·马尔祖基，当选为政局动荡以来的首届正式总统。

经过2014年一年的一系列政治议程，突尼斯完成了新宪法制定、全国议会选举与总统大选，基本完成了新政权体系的建设，结束了三年多的政治过渡。

（二）政治力量对比出现新格局

2014年10月议会选举和总统选举的结果表明，突尼斯政坛发生了根本变化，政治主导权从复兴运动党转到呼声党手中，也就是从伊斯兰主义政党转到了世俗主义政党手中。多由本·阿里旧部组成的呼声党成了突尼斯第一大政党。突尼斯选后的政治力量对比情况如下。

呼声党（86席）：由三朝元老贝吉·卡伊德·埃塞卜西组建于2012年。该党坚决反对伊斯兰主义，凭借埃塞卜西的巨大影响与个人魅力，在社会动荡中赢得了民众的巨大支持，也受到自由主义、世俗主义及本·阿里政权支持者的大力追捧。

复兴运动党（69席）：突尼斯政治伊斯兰的代表。该党在2011年临时议会选举中遥遥领先，在217个议席中获89个，随后与保卫共和大会党、争取工作与自由民主论坛组成三驾马车联合执政并主导过渡时期。由于独自把持政府以及恐怖袭击频发引发突尼斯政治危机，复兴运动党在大选前被迫让权。

人民阵线（15 席）：由 11 个世俗政党组建于 2013 年，是一个具有社会主义倾向的反伊斯兰主义联盟。人民阵线以共产主义工党为核心，包括国民民主党、阿拉伯民主先锋党、突尼斯复兴党等。

全国自由联盟（16 席）：由亿万富翁赛里木·利耶黑组建于 2011 年 5 月，宗旨为建立现代自由的社会主义社会，因掌控非洲俱乐部足球队而声名显赫。

突尼斯前景党（8 席）：组建于 2011 年 5 月，是一个由实业家、大学教授等社会精英组成的具有自由主义与社会主义倾向的政党。

与三年前的 2011 年过渡议会选举结果相比，执政的三驾马车都在大选中明显下滑。复兴运动党、保卫共和大会党、争取工作与自由民主论坛在 2011 年曾经位列第一、第二、第四，但 2014 年大选中议席分别从 89 席、30 席、21 席降至 69 席、4 席、0 席，降幅都超过 20 席，三驾马车丧失了 67 席，可谓全军覆没。

五　埃西德政府包容均衡，面临机遇和挑战

2015 年 2 月 6 日，突尼斯新总统埃塞卜西任命哈比卜·埃西德组建新政府，这是突尼斯政局动荡后的第七届政府，也是结束过渡时期后的第一届政府。新政府获得了议会到会 204 人中 166 人的支持，是政治局势动荡后支持率最高的一届政府。政府的构成体现出较好的政治包容性和社会代表性。

埃西德政府包括 42 名成员，其中有 28 位部长、16 位国务秘书。参与共同组阁的有所有 5 个大党，即呼声党（8 位部长）、复兴运动党（1 位部长）、全国自由联盟（3 位部长）、突尼斯前景党（3 位部长）与人民阵线（无部长，但有外交国务秘书）。这是突尼斯政局动荡后政党覆盖面最全的一届政府。

各党派与独立人士之间比例相当。23 位无党派人士被邀请入阁，占内阁总人数的 55%。除外交部长为呼声党党员塔伊布·拜库什，其中三大核心部长即司法部长、内政部长与国防部长均为独立人士。

各行政区域的代表人数比较均衡。每个省份有 2 名成员（除塔塔维纳与扎格宛外），北部、中部与南部省份分别有 14、14、13 位成员。这种代表比例打消了南方与内陆省份群体被新政权边缘化的担忧。

青年力量与妇女的特殊地位凸显。新政府的年轻化特点明显，44% 的成员年龄低于 50 岁，8 名妇女成员体现政权对妇女的重视。

2 月 4 日，埃西德政府发表了 5 年任期的施政纲领，① 把工作重点集中在安全、经济与社会三个领域。针对安全问题，纲领强调维护国家的和平稳定，反对恐怖势力，打击犯罪行为，强调必须制定反恐法，通过立法保障国民卫队与军队的权益，加强武装力量，提高军队打击恐怖主义与各种罪犯的能力。针对经济问题，纲领承诺保障公民的购买力，打击市场垄断与投机倒把，理顺市场，控制价格，反对走私与黑市交易。针对社会问题，纲领强调把非正规的劳动部门纳入法治体系，解决非正规部门劳动者遇到的问题，将救济家庭的生活补贴从每个家庭每月 100 第纳尔提高至 150 第纳尔。

埃西德政府要完成五年任期的主要任务，既有机遇，也有挑战。

埃西德政府是完成政权重建后的第一届政府，拥有往届政权所没有的良好局面。首先，政权体系已经奠定，安全形势明显好转，党派谅解与互信加强，朝野间民主气氛浓厚，这与其他一些经历政局动荡的阿拉伯国家政治力量之间的仇视甚至仇杀局面形成了鲜明对比。其次，突尼斯经济的基本面没有在政局动荡中遭到严重破坏，经济基础完整，主要支柱旅游业与矿业可以迅速恢复，目前国际油气价格下降有助于降低政府开支。最后，突尼斯是欧盟与美国树立的发展中国家的"样板"，也是阿拉伯国家走出动荡的旗帜，因此西方、海合会国家与埃及都在大力支持突尼斯，帮助其恢复社会稳定与经济发展。

然而，埃西德政府的执政也存在不少隐患与挑战。

首先是政权内部的问题。当年开国总统布尔吉巴在 84 岁的时候因健康原因被本·阿里罢黜，而新总统埃塞卜西已经 89 岁（1926 年生），未来五年能否顺利执政令人关注；埃塞卜西出任总统后退出呼声党，引起呼声党党内权力争夺，给这个新生的执政党增加了许多不确定性。内阁成员组成过于复杂，包容了 5 个主要政党，其中呼声党与复兴运动党两大政党严重对立，在许多基本问题上立场相反，如何在政府内部达成共识是本届政府的突出问题。

其次是安全问题。据突尼斯内政部统计，经过 2013 年和 2014 年连续打击，突尼斯暴恐分子明显减少，2015 年 1 月恐怖分子下降至 367 人。② 在朱马

---

① 突尼斯早晨要闻网，http//www.assabahnews.ts，2015 年 2 月 5 日。
② 突尼斯内政部数据，引自突尼斯最新要闻在线，http://akherkhabaronline.com/ar，2015 年 5 月 17 日。

政府的坚决打击下，恐怖主义与极端主义势头明显回落。但埃西德主政后不久，恐怖势力又卷土重来。2015年3月，新的恐怖组织奥格白·本纳非阿营袭击巴尔杜博物馆，造成23名国内外游客死亡，其中大部分为外国游客，安全问题再次成为政府面对的主要问题。同时，突尼斯东北沿海与西南内地差异较大，地区形势持续动荡，给宗教极端势力提供了广阔的活动空间，也使得恐怖问题根深蒂固，很难短期内根除。

再次是经济问题。与2013年相比，2014年突尼斯贸易赤字从114亿第纳尔增至136亿第纳尔，外债占GDP的比例从51.6%增至52.9%；通膨率虽从2013年6.6%降至5.5%，但仍高于预期。① 这些数据表明，突尼斯经济发展仍然乏力，推行经济结构改革和加快经济发展的任务迫在眉睫。

最后是社会问题。由于长期的政策偏向与自然资源差异，突尼斯沿海与内地出现了巨大的贫富差距。西南部与内地的经济明显落后于东北沿海，地区间的经济落差很容易引发群体矛盾，突尼斯政局动荡的火焰就是从贫穷的西迪（布宰德）点燃的，该地区经济至今并没有得到发展，民众的心理不平衡依然如故。同时，由于产业体系薄弱、产业结构不利于吸纳就业，突尼斯的失业问题并无明显好转，失业率虽从17.2%降至2014年的15.2%，但大学毕业生的失业率仍高达31.4%。②

总之，新政府的施政纲领比较准确地把握了突尼斯的重大问题。在未来的几年里，新政府将面临不少挑战，尤其是在安全、经济与社会领域。但是，由于突尼斯的政治过渡已经结束，政治压力明显下降，新政府将有更多精力打击恐怖主义，有更多机遇推进经济改革。突尼斯有望在埃西德政府任期内恢复经济竞争力，实现社会安定。

六　政治过渡教益良多，诸多问题引人深思

在2014年两大选举中，呼声党战胜复兴运动党成为突尼斯第一大党，突尼斯政坛出现了翻盘。本次选举是政治局势动荡后的第二次选举，选举后的政

---

① 突尼斯政府规划，http://goo.ge/TVji。
② 国际货币基金组织数据，转引自http://www.annaharnews.net/2014/12/09。

坛架构将维持五年之久，它将深刻影响未来的突尼斯政治走势，对于阿拉伯国家的发展也具有一定借鉴意义，因此可谓意义深远。

（一）世俗主义仍是政治发展的主流

突尼斯是阿拉伯世界世俗化最彻底的国家，经过半个多世纪推行布尔吉巴主义，世俗主义已经成为突尼斯社会的主流思想。2011年剧变颠覆了世俗政治体系，解散了宪政民主联盟，使原有世俗政党体系分崩离析，世俗党派丧失了过渡时期的政治主导权。但三年后随着剧变热情的退却以及经济社会安全问题的持续恶化，民众丧失了对伊斯兰主义蓝图的信心，世俗主义重新得到民众认同。这主要表现在以下四个方面：第一，经过三年裂变与整合，世俗政党在与伊斯兰主义的较量中逐渐成熟，从小到大，由弱变强，它们利用复兴运动党的错误与国际形势，宣扬布尔吉巴主义，宣传突尼斯经济成就与国家权威，重拾民众对突尼斯发展模式的信心，其实力逐渐与组织完善的复兴运动党接近。第二，突尼斯现代媒体基本由世俗力量控制，媒体竭力批评伊斯兰主义道路，传播现代世俗思想，将突尼斯与世界紧密相连，使突尼斯过渡进程始终在现代化与全球化的轨道中运行。第三，国际与地区环境越来越对世俗主义有利，随着埃及穆兄会被军方罢黜以及"伊斯兰国"日益显露出残暴形象，全球反对宗教极端主义的舆论越来越坚定，世俗主义乘机卷土重来，赢得了民众的压倒性支持。第四，以埃塞卜西为首的一批德高望重的世俗政治家在剧变中崛起，他们始终参与共和国政治，代表着布尔吉巴主义与突尼斯模式的成就，大大鼓舞了素有威权意识的民众，成为其走出政治困境的引路人。

（二）伊斯兰主义政党可以融入政治发展进程

复兴运动党丧失了突尼斯政治主导权，成为最大输家。但是复兴运动党并没有退出政坛，而是以合法政党的身份主动参与了呼声党主导的联合政府，从而融入了由世俗主义政党主导的突尼斯政治发展进程。复兴运动党的和平让权和主动参与世俗政党主导的政治发展进程具有重大意义。复兴运动党在遭到世俗阵营的联合抵制后，能够接受第三方力量的调解方案，放弃对政权的控制，体现了国家利益高于政党利益的现代民主理念，保持了自己的生存权和合法政党地位，与宗教极端主义划清界限，改善了政治伊斯兰的国内国际形象。复兴运动党的和平让权也开创了阿拉伯执政党主动让权的先例，对于阿拉伯国家的政治发展具有一定的借鉴意义。

（三）所谓"阿拉伯之春"运动难以解决现实问题

四年的政治局势动荡使国家安全、经济与社会问题不断恶化，严重损害了突尼斯的社会主体——中产阶级的实际利益，以及突尼斯广大民众的利益，使他们把对剧变的热情重新转移到对社会安宁与经济福祉的关注上来。复兴运动党的理想话语权逐渐失去光辉。以原执政的宪政民主联盟成员为主的呼声党倡导突尼斯模式，为失落的民众重新找回信心，战胜了剧变成果的保护者复兴运动党，成为政权的主导者。所谓"阿拉伯之春"运动爆发以来，突尼斯和埃及的政治变化轨迹都说明，这种政局动荡的爆发，以及伊斯兰主义政党在国家政治生活中一手遮天，都不是解决阿拉伯国家所面临的经济发展现实问题的出路。

（四）阿拉伯国家并非民主的"例外"

长期以来，西方国家广泛认同阿拉伯世界难以实现民主，但突尼斯的政治发展否定了这一论断。经过了 2013 年的四方对话与复兴运动党的和平交权，经过 2014 年的宪法制定、议会选举与总统选举，突尼斯以民主协商的方式，成功实现了权力转换。其间，和平、协商与合作成为各方政治力量互动的基本原则，国家利益高于政党利益的理念被全民和各个政治党派所认可。首先，制造暴力事端被宣布为恐怖主义，并受到复兴运动党主导的阿里·阿瑞德政府、四方组织主导的朱马政府以及呼声党主导的哈比卜·埃西德政府始终如一的谴责和打击。其次，在朝野对峙时，复兴运动党主动让权化解朝野矛盾。再次，在组建政府时，四方组织和呼声党先后提出的第一次总理人选均未通过议会认可，但政治精英们协商解决分歧，第二次人选方案都获得了通过，分别组建了马赫迪·朱马政府与哈比卜·埃西德政府，推进了政治进程。最后，尤其需要指出的是，四年来的两个主要政党都放弃了各自的意识形态偏见，采纳了教俗联合执政，使政权尽可能广泛地代表各种政治力量，体现出了理性、包容与合作的民主理念。

市场走向

Market Trends

Y.15

2014年西亚国家的外国直接投资

徐 强*

摘　要：　至2014年流入西亚国家的FDI金额连续第6年下降，2014
年部分西亚国家并购投资流入额在上年大幅下降后有强劲增
长。2013年中国对西亚地区投资存量和流量规模均高速增
长。中国企业在西亚各国投资行业涵盖到能源、制造、建
筑、电信等诸多行业。整体上，国际社会对未来西亚地区直
接投资环境持负面看法，少数国家投资环境会有所改善。然
而，预计未来中国对西亚地区投资的发展前景依然看好。应
通过巩固能源开发投资、发掘制造业生产销售投资机会、加
强对外承包工程和直接投资互动、对投资风险和经营困难做
充分准备，促使中国对西亚投资继续迈上新台阶。

关键词：　FDI流入额　中国投资　投资环境　前景预计

---

* 徐强，商务部国际贸易经济合作研究院副研究员，主要研究领域为中日以及中东的贸易投资
关系。

一 2013年和2014年西亚地区外商直接投资流入额继续下跌

（一）至2014年流入西亚国家的 FDI 金额连续6年下降

如图1所示，至 2014 年，流向西亚地区的外商直接投资总额连续第 6 年下降。相比 2008 年曾高至 1078.2 亿美元的流入额，2013、2014 年分别降至 596.7、572.8 亿美元（2014 年数据为初步推算数），已接近减半。FDI 流入额持续下降的主要原因是安全形势继续恶化，这不仅导致诸如伊拉克、叙利亚和也门等国家直接受到影响，也导致邻国和整个地区受到间接影响。在产油大国聚集的海湾合作委员会（GCC）地区，尽管大部分国家都避开了地缘政治动荡的直接影响，且经济增长前景也相对乐观，但是由于全球油气资源供需形势变化，油价下跌，FDI 流入不见起色。观察各国国内经济数据可以看到，2008 年之后，这一地区政府公共投资有显著增长，但包括外商投资在内的私人投资规模则总体持续下降。

图1 2008～2014 年西亚地区 FDI 流入额发展态势

注：因本文西亚包括国家范围和 UNCTAD 有所不同（多出以色列、塞浦路斯和伊朗），本文 2014 年西亚投资额为根据数据库 2013 年投资额和 *Global Investment Trends Monitor* No. 18 中关于西亚地区投资额增长 -4% 推算。

资料来源：联合国贸发会议（UNCTAD）数据库和 UNCTAD，*Global Investment Trends Monitor* No. 18（2009 年 1 月 29 日）。

（二）2013年大部分西亚国家FDI流入额下降

如表1所示，2013年，西亚国家中以色列、阿联酋、伊拉克、约旦、阿曼、巴林6国FDI流入额增长，其他10国均发生FDI流入额下降。2013年土耳其仍维持区域流入最大国地位，年FDI流入额降幅为2.7%，该国2014年流入额为122亿美元，相比2013年继续下降，主要原因是流向金融部门的投资额显著下降，而流向不动产购置部门的投资额则显著上升。2013年，阿联酋FDI流入额有所增长，主要原因是经济复苏，近两年阿联酋的石油和非石油部门的投资都有所增加，迪拜获得2020年世博会主办权，也在一定程度上促进了投资。尽管伊拉克政治局势仍相对不稳定，2013年该国FDI流入额增长20%，该国FDI增长一定程度上由于经济增长带动，另外一定程度上是原来大幅下降后的补偿。至于科威特2013年流入额降幅高达40.8%，主要原因是2012年单笔大额交易导致2012年FDI流入额曾达创纪录高水平。尽管也受到地区局势动荡和经济增速影响，但约旦流入额增长20.1%，达18亿美元，主要原因在于该国特定的地缘位置和外国投资者注入资金形式的多样化。联合国贸发会议（UNCTAD）认为，主要由于政治和安全局势动荡，世界石油资源供需变化导致油价走低，预计未来西亚国家FDI流入前景仍然相对黯淡。

表1　2012年和2013年西亚各国FDI流入额和2013年规模增速

国家	规模（亿美元）		增速（%）	国家	规模（亿美元）		增速（%）
	2012	2013			2012	2013	
土 耳 其	132.2	128.7	-2.7	约　　旦	15.0	18.0	20.1
以 色 列	94.8	118.0	24.5	阿　　曼	10.4	16.3	56.3
阿 联 酋	96.0	104.9	9.2	巴　　林	8.9	9.9	11.0
沙特阿拉伯	121.8	93.0	-23.7	塞浦路斯	12.6	5.3	-57.6
伊　　朗	46.6	30.5	-34.6	巴勒斯坦	2.4	1.8	-27.5
伊 拉 克	23.8	28.5	20.0	叙 利 亚	0.0	0.0	—
黎 巴 嫩	36.7	28.3	-22.9	也　　门	-5.3	-1.3	-74.8
科 威 特	39.3	23.3	-40.8	卡 塔 尔	3.3	-8.4	-357.1

资料来源：联合国贸发会议（UNCTAD）数据库。

（三）2014年部分国家并购投资额在2012年大幅下降后有强劲增长

如表2所示，2013年，西亚地区主要FDI流入大国，除以色列、塞浦路斯之外，并购投资额都出现大幅下降，其中土耳其从2012年的26.9亿美元降至2013年的8.67亿美元，阿联酋降至2.86亿美元，沙特阿拉伯降至2.91亿美元，伊拉克降至3.24亿美元，科威特降至4.14亿美元，其他国家均降至0或负投资。对照表1各国FDI流入额，可以想见，2013年上述国家并购投资占外资流入额比率非常低。

表2 2012年和2013年主要西亚国家并购投资流入额

单位：亿美元

国家	2012	2013	国家	2012	2013
土 耳 其	26.9	8.67	科 威 特	22.3	4.14
以 色 列	10.26	33.39	约 旦	0.22	-0.05
阿 联 酋	3.66	2.86	阿 曼	-7.74	0
沙特阿拉伯	14.29	2.91	巴 林	0	-1.11
伊 朗	0.16	0	塞浦路斯	0.51	14.17
伊 拉 克	17.27	3.24	也 门	0.44	0
黎 巴 嫩	3.17	0	卡 塔 尔	1.69	0

资料来源：联合国贸发会议（UNCTAD），*World Investment Report*，2014。

大跌之后必有复苏。据汤森路透数据，截至2014年12月14日，外资在西亚地区（不包括以色列和塞浦路斯）的并购额达95亿美元，比2013年全年增长53%。其中，美国占49.8%，中国占10.3%，瑞士占7.1%。美国在该地区的并购交易数量达43笔，印度和中国分别为8笔。就具体国家而言，至2014年12月14日，阿联酋已宣布的交易数量达58笔，交易总金额达39.8亿美元，比2013年的12.9亿美元增长了208%；沙特阿拉伯的外资并购数量下降、金额上升，金额达12亿美元，比2013年全年增长91%。

（四）流入西亚地区的FDI仍主要分布在和石油相关的行业及公共服务业

根据联合国贸发会议（UNCTAD）相关数据，2013年绿地投资占全部西

亚地区FDI流入额的比率接近99%。如果不包括以色列、塞浦路斯和伊拉克，就其他西亚国家而言，在全部绿地投资中，10.5%流入油气石资源开采业，33.1%流入制造业，56.3%流入服务业。就流入制造业的绿地投资而言，有42.5%和石油资源的再加工有关；就流入服务业的投资而言，流入水电气供应业和建筑业的部分占53.4%。

二　中国对西亚地区投资发展态势

（一）中国对西亚地区投资存量和流量规模均高速增长

2012年和2013年中国对西亚地区投资存量和流量规模发展态势如表3所示。

表3　2012年和2013年中国对西亚各国投资流量和存量及其年增长率

范围	存量（万美元）		年增速（%）	流量（万美元）		年增速（%）
	2012	2013	2013	2012	2013	2013
伊　　　朗	207046	285120	37.7	70214	74527	6.1
沙特阿拉伯	120586	174706	44.9	15367	47882	211.6
阿　联　酋	133678	151457	13.3	10511	29458	180.3
土　耳　其	50251	64231	27.8	10895	17855	63.9
也　　　门	22130	54911	148.1	1407	33125	2254.3
伊　拉　克	75432	31706	−58.0	14840	2002	−86.5
卡　塔　尔	22066	25402	15.1	8446	8747	3.6
阿　　　曼	3335	17473	423.9	337	−74	−122.0
塞浦路斯	9495	17126	80.4	348	7634	2093.7
科　威　特	8284	8939	7.9	−1188	−59	−95.0
以　色　列	3846	3405	−11.5	1158	189	−83.7
约　　　旦	2254	2343	3.9	983	77	−92.2
叙　利　亚	1446	641	−55.7	−607	−805	32.6
黎　巴　嫩	301	369	22.6	0	68	—
巴　　　林	680	146	−78.5	508	−534	−205.1
巴勒斯坦	2	4	100.0	2	2	0
西　　　亚	660832	837979	26.8	133221	220094	65.2

资料来源：中国商务部：《中国对外直接投资统计公报2013》。

（1）2013年末，中国在西亚投资存量总额达83.8亿美元，相比上年末增长26.8%，大大高于中国对全球直接投资存量24.2%的年增长率。中国直接投资存量超过1亿美元的西亚国家包括伊朗、沙特阿拉伯、阿联酋、土耳其、也门、伊拉克、卡塔尔、阿曼、塞浦路斯，中国对上述国家的投资存量分别达到28.51、17.47、15.15、6.42、5.49、3.17、2.54、1.75、1.71亿美元。2013年末相比上年末，除伊拉克投资存量大幅下降之外，上述诸国投资存量均实现超过10%的年增速，其中对也门、阿曼的投资增速分别高达148.1%、423.9%。

（2）2013年，中国对西亚各国的直接投资流量高达22.01亿美元，同比增长65.2%，大大高于中国全部对外直接投资流量22.8%的年度增速，并和西亚地区全部FDI流入额继续下降形成鲜明对比。中国对也门、塞浦路斯、沙特阿拉伯、阿联酋、土耳其的年度流量增速分别高至2254.3%、2093.7%、211.6%、180.3%、63.9%。2013年中国投资流量超1亿美元的国家包括伊朗、沙特阿拉伯、阿联酋、土耳其、也门，年度投资额分别达7.45、4.79、2.95、1.79、3.31亿美元，对上述五国的投资额占到所有西亚16国投资额的92.2%。

（二）中国企业在西亚各国投资行业涵盖能源、制造、建筑、电信等诸多行业

以下择主要典型国家，简述中国在该国投资状况。

（1）伊朗。亚洲和欧洲是伊朗最主要的外资来源地。近年来，很多欧洲企业撤出伊朗，亚洲企业则一定程度上弥补了相应空间，但程度有限。伊朗汽车行业投资和经营的主要外资/合资公司有奇瑞、力帆、标志和雷诺；食品饮料行业有雀巢、可口可乐；石油天然气行业主要有法国Total、挪威Statoil、荷兰壳牌、俄罗斯Gasprom和韩国Lucky Goldstar、中国石油CNPC、中国石化SINOPEC等；电信行业有法国Alcatel、南非MTN集团、德国西门子、中国华为、中国中兴。2013~2014年，在伊朗开展直接投资活动的中国企业包括：常熟达涅利冶金设备有限公司在伊朗伊斯法罕投资建设的设备生产项目；苏州阀门厂在伊朗投资建立合资阀门生产厂；山东伟峰矿业和伊朗方面合资成立库马矿业有限公司；北方工业公司、长春客车厂与德黑兰城乡铁路公司合资组装地铁客车；大众陶瓷厂在马什哈德投资生产瓷砖；等等。

（2）沙特阿拉伯。约40%的外商直接投资集中在工业领域，如炼油、石化、矿业、建筑、食品、塑料、橡胶等行业。在沙特阿拉伯投资的著名跨国公司包括：法国道达尔石油公司、美国康菲石油公司、美国道化公司、韩国三星工程有限公司、法国阿尔斯通电力公司等。中国对沙特投资主要集中在石化领域。2004年，中石化集团与沙特阿美公司组建了中沙天然气公司，中标沙特B区块天然气勘探开发项目，双方对该项目累计投资已超5亿美元。沙特阿美公司、福建石化有限公司与埃克森美孚公司在中国福建合资建设了福建炼油一体化项目。中国石化集团和沙特基础工业公司合资兴建的天津炼油化工一体化项目已于2009年建成投产。2011年8月，中石化集团正式决定参股沙特阿美石油公司，并在沙特延布设立年产2000万吨的红海炼厂项目。该项目厂址位于沙特西部延布市工业区，毗邻沙特阿美现有炼厂及天然气厂，占地面积487万平方米。项目设计原油加工能力为40万桶/日（约2000万吨/年）。

（3）阿联酋。中国对阿联酋投资主要领域为钢铁、建材、建筑机械、五金、化工等。主要投资项目包括：天津钢管厂投资15亿元人民币（近2亿美元）在迪拜杰拜勒·阿里自由区设立分公司；中化公司累计投资约1亿美元开发阿联酋油气田项目。中国对阿联酋投资的另一重要部分是承包工程带动投资，而带动效应较强的工程承包领域是能源领域和电信领域。在能源领域，中化公司为投资开发油气资源，专门成立中化Atlantis公司。在电信领域，两大中国电信巨头华为和中兴都在阿联酋设立了子公司，并都已成为阿联酋电信业设备的主流供应商。

（4）土耳其。据土耳其中央银行统计，来自亚洲直接投资占31%，达32亿美元。2013年，流入制造业外资下滑一半，为20亿美元，占外资流入额的16%。对电力、天然气和供水的投资增长176%，达26亿美元；对金融业的投资增长79%，达37亿美元；对房地产业的外资增长16%，达30亿美元。目前在土耳其开展投资或者工程建设的中国公司包括：华为技术有限公司、中兴通讯股份有限公司、中国通用技术集团、中国钢铁工业集团、中国机械设备进出口总公司、中国航空技术国际有限公司、中国铁道建筑总公司、中国天辰工程有限公司、海南航空集团、中电电气（南京）光伏有限公司、中国南车股份有限公司、重庆力帆集团、新希望集团等知名企业。中国企业在土耳其的经济技术合作与投资活动主要集中在通信、交通、能源、采矿、制造等领域。

（5）也门。也门是联合国公布的全球经济最不发达国家之一。近年来也门大力推进经济改革，增加预算，扩大基础设施投资，加快经济发展。同时，国际社会也在不断加大对也门的经济援助力度。随着经济逐步好转，也门在能源和矿产开发、渔业、基础设施、旅游、通信、电力、农产品加工等众多领域都存在大量投资机会。中国对也门的投资领域主要是资源开发、餐饮、建筑工程和渔业捕捞等，其中，中资企业在也门的油气和矿产资源开发领域的风险性投资较为活跃。截至2014年第一季度末，中石化国勘公司也门分公司已经拥有2个作业风险勘探区块和1个参股生产区块；中化勘探开发公司参股也门10区块经营；中水产公司在也门开展捕捞和加工合作项目。2011年2月以来，由于也门的安全局势越来越差，经济持续恶化，投资环境较差，大多数中资机构已撤离也门。2012年2月，也门局势有所好转，至2014年4月，共16家中资公司返回也门开展经营活动。

（6）伊拉克。驻伊拉克的中资企业有中石油、中海油、绿洲公司、上海电气、苏州中材、中建材、葛洲坝、中电工、中地国际、中曼石油、中国机械设备工程股份有限公司、新疆贝肯、华为技术有限公司、中兴通讯股份有限公司、杭州三泰公司，大部分集中在伊拉克北部库尔德斯坦地区，以及瓦希特省、米桑省、巴士拉省等南部地区。

（7）卡塔尔。卡塔尔吸收外资主要体现在石油、天然气上游开发和石化项目上，如已建成和在建的共14条液化天然气生产线全部由卡塔尔石油公司（QP）与欧美跨国石油公司合资。卡塔尔吸收外资的一个显著特点是：在卡塔尔所有大型石油、天然气企业和工业企业中，几乎全部是由卡方控股。目前中国在卡塔尔的主要企业有中国水电建设集团、中国港湾建设公司、华为技术有限公司、中国建筑工程总公司、中国海洋石油总公司等。中国对卡塔尔的投资多为工程承包带动投资。

（8）阿曼。英国、美国和阿联酋是阿曼的最大投资国，其他对阿曼直接投资较多的国家还有印度、沙特阿拉伯、科威特、卡塔尔和巴林等。外国对阿曼的直接投资主要集中在油气行业和工业制造业，占比高达82%，其他的行业还有银行、保险、旅游、房地产、交通运输和通信。中国对阿曼投资排名靠后，主要是工程承包和能源合作带动投资。常年在阿开展经营活动的企业有中

化集团、中石油、中石化、中国水利水电集团公司、中铁十八局、长城钻井、中油物探、北京恒聚化工公司、华为技术有限公司等。

（9）以色列。以色列自然资源匮乏，该国吸引外国直接投资主要依靠高科技行业。以色列高端人才资源丰富，科研实力雄厚，创业条件优越，微软、谷歌、苹果、英特尔等高科技跨国公司均在以色列投资设立分公司或研发中心。2010 年后，在以色列开展投资合作的中国企业包括：2010 年 2 月，深圳易方数码科技股份有限公司宣布整体收购以色列高科技企业佩格萨斯公司，收购将通过现金及股权置换完成，金额超过 3000 万美元；2011 年，中国化工集团成功收购以色列著名农业化工企业马克特信·阿甘集团，交易金额达 24 亿美元；2013 年，上海复星医药（集团）股份有限公司出资 2.4 亿美元控股收购以色列医疗美容器械制造商阿尔玛激光公司（Alma Lasers Ltd.）95.6% 的股权；2013 年底，以色列著名风投基金皮坦戈完成了旗下第六支子基金总额为 2.7 亿美元的募资，其中部分资金来自中国；2014 年初，光大控股（香港）出资 7500 万美元与以色列 Catalyst 基金合作成立一支总金额为 1 亿美元的私募基金，致力于投资有意开拓中国市场的成长中期或成熟期的以色列高科技企业；桥道管理中国公司、常州市武进经济开发区与以色列 PTL 集团合作组建 WBP 风投基金，计划首轮募资 5000 万美元，投向寻求进入中国市场的以色列公司。

（10）约旦。中国在约旦的主要投资项目有约旦业晖制衣有限公司、上海双钱（约旦）销售公司等。此外，在约旦亚喀巴经济特区还有 54 家中国个体经营公司，以经营小额贸易为主。

三　西亚投资前景展望和中国西亚投资合作策略

从整体上看，国际社会对未来西亚地区直接投资环境持负面看法，即认为西亚大部分国家投资环境竞争力仍在下降，未来投资增长态势仍会弱于全球平均水平。同时需要注意的是，西亚地区各国投资环境差异很大，整体投资环境竞争力下降，不排除少数国家竞争力有所改善。

政治安全环境仍是影响西亚各国投资环境的首要因素。在本文分析的西亚 16 国中，有 3 个国家未能进入世界经济论坛（WES）发布的《2014～2015 年全球竞争力报告》全球最具竞争力144个国家和地区排名，分别是伊拉克、叙利亚、巴勒斯坦，它们都在政治政局或国家安全环境上面临巨大挑战。其余国家排名及其变化如表4所示。在这13国之中，排名上升的只有科威特、塞浦路斯、也门3国。实际上从2014年末开始，随着也门局势由政治动荡演变为军事冲突，也门、沙特阿拉伯等国的投资环境分值和排名都应该比表4所反映出来的大大下降。排名不变的有以色列和塞浦路斯。其余8国排名下降，其中阿曼、黎巴嫩排名大幅下降。除了军事冲突、政局动态、民族纠纷等原因影响投资环境之外，《2014～2015年全球竞争力报告》还指出，基础设施状况、劳工教育素质、政府效率、劳工管理制度、劳工敬业不足、政府政策不稳定、金融资源可获得性等，都是西亚各国最常见的不利于商务活动的因素。

表4 2014年西亚各国投资环境全球竞争力评分排名及其变化

国家	分值	位次	变	国家	分值	位次	变
阿联酋	5.33	12	-7	阿曼	4.46	46	-13
卡塔尔	5.24	16	-3	塞浦路斯	4.31	58	0
沙特阿拉伯	5.06	24	-4	约旦	4.25	64	+4
以色列	4.95	27	0	伊朗	4.03	83	-1
科威特	4.51	40	+4	黎巴嫩	3.68	113	-10
巴林	4.48	44	-1	也门	2.96	142	+3
土耳其	4.46	45	-1				

资料来源：World Economic Forum, *The Global Competitiveness Report 2014-2015*。

中国对西亚地区投资前景依然看好。尽管西亚地区各国投资环境竞争力连年下降，以及投资流入额连年下跌，中国近年来对西亚诸国的直接投资却连续多年保持增长态势，特别是2014年，同比增幅高达65.2%，这表明中国对西亚直接投资有其内在的发展潜能，当前这种潜能尚未释放殆尽。支持这种潜能的主要因素包括以下几个方面。其一，中国对能源类资源需求强劲，西亚是全球能源产品主产地之一，中国的能源需求将持续推动中国在西亚能源主产国投资。其二，中国是制造业大国，西亚诸国大部分人均收入处在全世界中上水平，不论是工业过程还是家庭消费，对制造业产品需求巨大，这为中国制造品的生产和销售商投资西亚提供了广阔的活动天地。其三，西亚基础设施建设需

求巨大，为中国工程承包市场提供了巨大商机，也将促进相关企业对外直接投资。

考虑到西亚地区经济商务环境和特定的政治、安全、文化局势，本文就中国企业通过对外直接投资开拓西亚市场，以及中国政府和商协会开展配套促进和服务工作，提出以下建议。

（1）继续巩固和开拓能源开发投资。据《中国石油报》（2015年5月14日）报道，中国目前有26家石油开发企业在中东地区立足，中外雇员达到2.3万人；15项油气投资业务在8个国家开展；工程技术等服务保障业务拓展至9个国家，每年完成合同额达40亿美元，签约额约180亿美元。2010年，由中国石油集团公司牵头成立中国石油企业中东协调组。这个协调组探索建立共享平台，在安保、后勤、环境等方面开展统一协调管理，并防止中国企业恶性竞争。建议该协调组加强和政府、商协会的互动，并将协调范围延伸到新能源开发企业。中东地区具备发展新能源的自然条件优势，同时部分中东国家也在促进新能源开发，因此我国新能源开发企业应密切关注中东市场，并敏锐发现商机。

（2）发掘拓展制造业生产销售投资机会。当前，如阿联酋、伊朗、沙特阿拉伯等产油大国，都有进一步发展本国制造业、推动经济收入来源多元化的设想，有的国家还采取了相应的投资促进措施。不论是发展消费品工业，还是生产资料制造业，都能为我国制造、商贸、物流、电子商务企业开拓西亚市场提供机遇。因此，我国广大制造业厂商和相应经济管理部门，应逐渐摆脱西亚地区不适合投资开发制造业的传统观念，密切关注相应国家市场动态，努力通过对外直接投资占领市场先机。

（3）加强对外承包工程和对外直接投资互动。西亚地区工程市场潜力巨大，同时"不缺钱"，而我国在西亚工程市场开拓已有一定基础。未来，中国工程承包企业在开拓工程服务市场的同时，应通过以下方式，实现本企业直接投资和工程服务业务的互动：以海外分支机构建设促进工程承接和服务营销；以成立项目子公司的方式，开展BOT/BOOT项目；以后续服务为纽带，通过和当地公司合资合作，加大对工程项目交接后运营公司的参与。

（4）对投资风险和经营困难做充分考量和准备。在投资项目落实前，要对东道国未来的政治安全局势做全面预判，并对各种可能情况准备预案。投资项目落实后，应依照国际惯例，购买海外投资政策性保险产品，以防范未来可能发生的政策性风险。对某些风险较高的经贸业务，也可以酌情购买相关商业保险。另外，西亚地区虽收入水平较高，但大部分国家政府管理、劳工素质、基础设施都存在各种问题，特别是企业跨国经营初期，可能会面临各种始料未及的问题。在遇到困难的时候，企业和政府驻外机构应加强联络，冷静考虑和妥善应对。

Ｙ.16
2014年西亚国家的工程承包

金 锐*

摘　要：　2014年西亚多国政府大举投资大型基础设施建设项目，并在
承办迪拜世博会、卡塔尔世界杯等利好因素的带动下，抵御
了低油价和局部地区局势动荡对建筑市场的冲击，基础设施
建设已成为西亚国际工程承包市场的重要组成部分。我国对
外承包工程企业牢牢抓住"一带一路"战略实施和亚投行建
立等有利机遇，推行属地化经营，克服劳工短缺等困难，在
西亚地区的业绩稳步增长。展望未来，西亚建筑市场经济和
市场调整的影响依然较大，安全和政治因素的影响力进一步
提升，竞争将进一步加剧，但基础设施建设特别是跨境基础
设施建设仍将是西亚建筑市场的重要发展方向。

关键词：　西亚　国际工程承包

　　2014年，西亚地区遭受了低油价对经济的冲击以及局部地区的动荡和战
乱，部分国家的建筑市场出现波动。但与国际贸易和投资不同，大型建筑项目
特别是政府投资的基础设施建设项目从规划、设计到施工的周期很长，从统计
数据来看，对市场变化的反应要延缓一段时间，且西亚主要国家政府仍持续投
资大型基础设施工程，而阿联酋将承办2020年世博会、卡塔尔将承办2022年
世界杯也为该地区承包工程市场带来大量发展机遇。

---

　*　金锐，商务部国际贸易经济合作研究院副研究员，主要研究中国对外工程承包、劳务合作、
　　海外投资、服务贸易，以及自贸区、政府采购协议等问题。

2014 年中国企业在西亚国家新签合同额占当年在全球新签合同总额的 11.7%，西亚市场依然是中国对外承包工程业务的传统市场，而"一带一路"战略的实施、亚投行的建立均有力促进了中国对西亚国家承包工程业务的升温。

一　西亚国际工程承包市场的主要特点

尽管油价大幅下跌，且局部地区安全局势紧张，导致西亚国家建筑市场增长减缓，但西亚国家特别是海湾各国政府为促进经济多元化发展，维护社会稳定，近年来纷纷扩大基础设施和民生工程建设。因此，全球及区域性事件的影响暂未波及西亚地区大部分国家，尤其是海湾地区包括建筑业在内的非石油经济发展。

（一）市场规模保持增长

2014 年，西亚国家对重点领域的投资在一定程度上减轻了低油价、安全局势动荡对其建筑市场造成的不利影响，而迪拜世博会、迪拜智慧城市建设、卡塔尔世界杯以及海合会成员政府对外宣布的数十亿美元的基础设施投入，均为西亚承包工程市场抵御下行趋势提供了有力支撑。

沙特阿拉伯、伊朗和阿联酋仍然是西亚地区最主要的工程承包国别市场，海湾六国的影响日益突出。据《海湾时报》公布的数据，2014 年海湾六国工程发包额有望达到 1800 亿美元，较 2013 年增长 15%。《海湾时报》援引 Ventures Online 公司公布的研究报告显示，2014 年海湾国家基础设施建设项目新签合同额约达 860 亿美元，较上年增长 77.8%。其中，卡塔尔新签项目合同额（下同）为 262 亿美元，增长 179%；阿联酋为 151.8 亿美元，增长近 5 倍；阿曼为 74 亿美元，增长近 3 倍；科威特为 34.5 亿美元，增长近 10 倍；巴林为 34 亿美元，增长近 8 倍。而沙特阿拉伯是唯一一个新签项目合同额出现下滑的海湾国家，2014 年为 293.4 亿美元，降幅为 12.7%。但沙特阿拉伯 2013 年 336 亿美元的新签合同额很大程度上受益于利雅得地铁项目，该项目合同额高达 225 亿美元。

沙特阿拉伯保持着西亚地区工程承包市场的龙头地位。2014 年，在沙特政府大力投资基础设施建设的推动下，其建筑业增幅约为 7.2%，并有望在 2015 年继续保持高速增长（《阿拉伯新闻》）。

阿联酋建筑市场扭转连年下滑趋势，开始逐渐回暖。迪拜获得 2020 年世博会主办权后，阿联酋的工程承包市场更加活跃，多个大型项目上马，基础设施投资逐步增加。据《中东经济文摘》公布的数据，2014 年阿联酋工程发包额超过 2013 年的 230 亿美元。

据卡塔尔半岛网援引德勤分析报告称，2014～2015 财年卡塔尔政府加大了工程建设投资力度，达 240 亿美元，较 2013～2014 财年增长 16%。为顺利承办 2022 年世界杯，卡塔尔启动涉及能源和交通等领域的多个项目。

据科威特国民银行发布的报告，2014 年科威特新签项目合同额达 250 亿美元。科威特最高计划与发展委员会宣布该年度科威特发展计划中包含 82 个大项目，其中包括 5 个公众持股项目以及 10 个 BOT 项目，涵盖住房、机场、港口、石油基础设施等领域。2013～2014 财年及 2014～2015 财年政府投入的建设资金将达到 362 亿美元。

（二）基础设施投资及旅游业推动行业发展

旅游业带动商业地产建设，普通房建市场稳定增长。因经济快速增长及游客数量攀升，迪拜等城市大量兴建三星、四星级酒店。仅 2015 年 3 月，迪拜（阿联酋）在建酒店项目 49 家，多哈（卡塔尔）24 家，麦加（沙特阿拉伯）10 家，利雅得（沙特阿拉伯）21 家，位列中东地区前列。2014 年迪拜建设房屋建筑约 5000 座，包括 2500 多栋别墅及 300 多座公寓楼。

医疗机构建设力度有所增加。2014 年海湾国家新签医疗机构建设合同总额约为 95.3 亿美元，比 2013 年增长 25%。沙特阿拉伯投资建设麦加阿卜杜拉国王医疗城等多个医疗设施。科威特卫生部投资多项医疗机构扩建及新建项目。阿联酋位列全球 20 大医疗旅游目的地之一，计划在 2020 年前吸引 50 万人赴迪拜进行治疗，为此开始启动建设 18 座私立医院和 4 座公立医院的计划，力图将迪拜打造成地区医疗中心。

交通基础设施成为建设重点。据《海湾时报》报道，2014 年海湾地区交通设施建设项目总额超过 200 亿美元。阿联酋居该地区首位，其中阿布扎比有 31 个项目，合同总额近 140 亿美元，迪拜有 13 个项目，合同额为 20 亿美元，主要包括铁路、高速公路、国际机场基建及新航站楼项目等。沙特阿拉伯斥资 1.22 亿里亚尔，改善利雅得至达曼 2 号线货运铁路运输条件，以提升运力。

传统能源及可再生能源项目齐头并举。2014 财年伊朗从国家发展基金中拨付 10 亿美元用于支持油气项目，包括南帕斯气田 14 区块开发项目及伊朗南部的天然气液化项目。约旦签订 400 兆瓦可再生能源项目，并与阿联酋合作上马 1000 兆瓦的可再生能源项目。

（三）多种融资模式缓解资金困境

阿联酋等国家引入公私合营（PPP）模式吸引了更多的潜在投资者关注项目投资建设。阿联酋迪拜借助公私合营模式推动可再生能源和节能型项目的发展，力图将迪拜建设成为区域绿色能源中心。迪拜太阳能公园第二期 200MW 项目采用 PPP 模式，目前已完成招标工作，中标价创全球太阳能价格新低。

科威特政府出台管理公私合营（PPP）关系的新法律，由科威特合作项目管理局取代科威特技术合作局成为管理部门。此项法律的出台将加速私营部门在科威特建筑市场的发展。

（四）用工问题日益严峻

沙特阿拉伯是西亚地区乃至中东地区最重要的承包工程市场，其对外籍劳工的政策变化必将影响该地区。2014 年沙特阿拉伯进一步收紧外籍劳工政策，并逮捕数万名非法外籍劳工，清除劳工市场的违法现象。沙特劳工部调整私营企业新雇用沙特劳工的计算周期，目前企业雇用非沙特籍雇员并在社保系统注册后，需 13 周才可算作正式沙特雇员，而调整后延长为 26 周。由于实施沙特化率政策，外籍劳工签证政策收紧，工程承包企业用工短缺现象突出，并导致多个项目延期。

2014 年 8 月沙特内阁会议通过了数项决议，旨在鼓励跨国公司参与沙特重大项目建设。根据决议，各大跨国公司不受资质评定制度的限制，可以参与沙特基础设施、能源、建筑工程及信息技术的运营和维护等重大项目。知名外资公司名录由城乡事务部负责拟定，投资总局负责协助上述企业注册，并向其发放临时参与政府项目的许可。

由于难以满足沙特化率指标，以及对市场信心不足、竞争日趋激烈等原因，目前已有超过 20 万家承包工程企业退出沙特承包工程市场。

二 中国对西亚工程承包业务的发展特征

中国和西亚各国借力"一带一路"战略的实施和亚投行的筹建,继续深化务实合作,不断扩大在能源与基础设施建设等领域的合作,取得了良好效果。

(一)"一带一路"战略惠及西亚国家

"一带一路"贯通西亚等沿线国家,区域内的基础设施合作面临庞大的市场机会。丝路基金已经顺利启动,一批基础设施互联互通项目正在稳步推进。中国通过提供金融、人才和技术支持,继续同西亚各国深化在能源、高铁、高速公路、电力、通信等领域的合作。

在中国政府领导人的高度重视下,对西亚承包工程业务规模持续稳定增长。根据商务部统计,2014 年中国对西亚新签合同额达 283.2 亿美元,比上年增长 40.8%,大大高于中国当年对全球新签合同总额 11.7% 的平均增速;完成营业额达 177.3 亿美元,同比增长 10.4%,高于中国当年对全球完成营业总额 3.8% 的平均增速。中国对西亚新签合同额占当年对全球新签合同总额的 14.8%,较上年的 11.7% 明显增长;对西亚完成营业额占当年对全球完成营业总额的 12.5%,比上年的 11.7% 略有增长。

在中国对沙特阿拉伯、也门等国承包工程业务呈快速增长的同时,受社会安全形势恶化等因素的影响,对叙利亚、约旦、黎巴嫩等国的业务大幅萎缩(见表1)。

表1 2013~2014 年中国对西亚地区承包工程业务统计

单位:万美元

	新签合同额		增幅(%)	完成营业额		增幅(%)
	2014 年	2013 年		2014 年	2013 年	
阿联酋	189378	149114	27.0	115007	133959	-14.1
阿曼	33255	25596	29.9	30408	24229	25.5
巴林	0	56	—	265	533	-50.3
卡塔尔	79674	103151	-22.8	156402	166010	-5.8
科威特	101584	86463	17.5	140063	104947	33.5
黎巴嫩	2365	7124	-66.8	935	10206	-90.8
沙特阿拉伯	946836	637517	48.5	594713	588411	1.1
叙利亚	661	5575	-88.1	941	1418	-33.6

续表

	新签合同额		增幅(%)	完成营业额		增幅(%)
	2014 年	2013 年		2014 年	2013 年	
也　　门	83422	32443	157.1	10485	10544	-0.6
伊 拉 克	638416	524620	21.7	489810	338070	44.9
伊　　朗	650707	431024	51.0	222979	218133	2.2
以 色 列	103759	401	25775.1	9535	4934	93.3
约　　旦	1620	7897	-79.5	1661	4216	-60.6
西 亚 合 计	2831677	2010981	40.8	1773204	1605610	10.4
全 部 合 计	19175640	17162946	11.7	14241066	13714273	3.8
西亚/全部(%)	14.8	11.7	—	12.5	11.7	—

资料来源：商务部。

（二）行业结构不断优化

2014 年，中国对西亚承包工程行业结构继续调整优化。一是在中国高铁"走出去"的带动下，中国在全球新签交通运输工程项目合同额占比大幅提高，达到31%，而其中对西亚新签交通运输建设项目合同额占对全球新签交通运输建设项目合同总额的比重达9.4%；二是对全球房屋建筑项目新签合同额占比为17.9%，其中对西亚新签房屋建筑项目合同额占全球的12.0%；三是对全球电力项目占比略有下降（降幅1%），为15.5%，而对西亚电力项目新签合同额占对全球电力项目新签合同总额的12.1%；四是对全球新签水利建设项目合同额占比仅为4.5%，而其中西亚占26.6%。

中国对西亚承包工程项目中，按照新签合同额计算，主要集中在以下行业：石油化工项目（占比25.1%）、交通运输建设项目（19.5%）、房屋建筑项目（14.5%）、电力工程建设（12.7%）、水利建设项目（8.1%）。其他分布在工业建设项目（5.2%）、通信工程建设（3.3%）、制造加工设施建设项目（1.3%）、废水（物）处理项目（1.2%）等领域（见图1）。

按照完成营业额计算，中国对西亚承包工程项目主要集中在以下行业：石油化工项目（占比27.5%）、房屋建筑项目（19.2%）、电力工程建设（18.5%）、交通运输建设项目（12.6%）。其他分布在工业建设项目（4.9%）、通信工程建设（4.1%）、水利建设项目（3.9%）、制造加工设施建设项目（1.6%）、废水（物）处理项目（1.5%）等领域（见图2）。

243

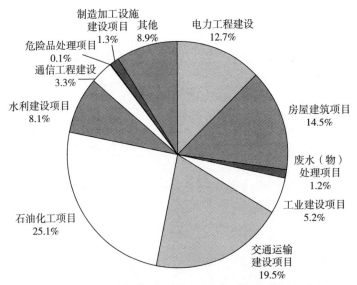

图1　2014年中国对西亚承包工程新签合同额的行业分布

资料来源：根据商务部数据计算。

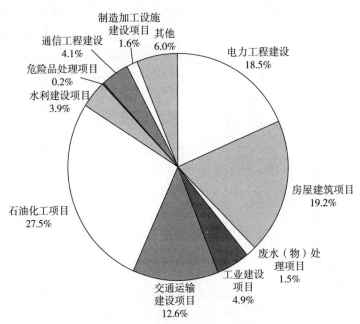

图2　2014年中国对西亚承包工程完成营业额的行业分布

资料来源：根据商务部数据计算。

（三）超大型项目数量增加

新签合同额在 500 万美元以上的项目为 232 个，平均项目规模为 1.2 亿美元。其中新签合同额 1 亿美元以上的项目为 55 个，平均项目规模为 4.2 亿美元。新签合同额 10 亿美元以上的项目为 6 个，较上年的 2 个明显增长，平均项目规模为 15.4 亿美元，分别为：中国铁建股份有限公司承建的沙特阿拉伯内政部安全总部第五期军营项目（19.8 亿美元），中国机械进出口（集团）有限公司承建的伊朗德黑兰马线电气化改造项目（19 亿美元），山东电力基本建设总公司承建的沙特阿拉伯吉赞 2400 兆瓦煤气化联合循环电站项目（18.3 亿美元），山东电力基本建设总公司承建的沙特阿拉伯燃气增压站项目（12.8 亿美元），中国寰球工程公司承建的伊拉克注水站集输管线和井场设施总承包项目（12 亿美元），中国葛洲坝集团股份有限公司承建的伊朗大灌溉网一期工程项目（10.4 亿美元）。

2014 年 11 月，中国铁建沙特公司赢得沙特内政部签署的安全总部第五期工程第 1、3、5 号承包合同，合同总金额为 19.79 亿美元，创中国铁建海外房建项目单次签约最大合同额纪录。该项目采用设计施工总承包模式，合同总工期为 1440 天。该项目充分展示了中央企业在海外工程承包市场的实力，对中国承包工程企业深耕中东市场具有十分重要的意义。

（四）中国技术与标准"走出去"

2014 年 12 月，国家铁路局批准发布铁道行业标准《高速铁路设计规范》，并从 2015 年 2 月 1 日起实施。作为我国第一部高速铁路设计行业标准，同时也是世界上首部系统完整、内容全面的高速铁路设计规范，中国高铁"走出去"将更具竞争力和掌握谈判话语权。中国与西亚的高铁合作获得标准支撑。

约旦次临界装置（JSA）是约旦第一个核设施，由中国原子能科学研究院承建。原子能项目组先后克服了日本福岛核事故、约旦国内穆兄会倒王运动、约旦项目负责人更换等事件带来的影响，历时四年多，于 2013 年 6 月 4 日顺利通过了约方现场验收。2014 年 6 月，JSA 质保期已满一年，标志着 JSA 建造及技术转让工作完成，项目合同内容全部执行完毕。

（五）推行属地化经营

随着沙特阿拉伯等国对外籍劳工政策的调整，加之中国企业对履行社会责任的认识不断提高，越来越多的企业注重员工本土化，推行属地化经营。北京建工集团遵守沙特用工政策，从当地和第三国聘用劳务人员，取得良好效果。目前北京建工集团沙特分公司已经有139名外籍管理人员，外籍管理人员比例为51.1%；4个在施项目共3158名劳务人员，包括1928名外籍劳务人员，第三国劳务人员比例达到61.1%，涉及印度、巴基斯坦、菲律宾、埃及等六个国家。为有效管理外籍员工，北京建工集团沙特分公司重视招聘与入职前的培训工作，加强组织协调，严格制度保障，并注重与员工进行有效的沟通交流，不仅激发了员工的工作热情，也提高了员工的工作效率。

三　西亚工程承包市场的趋势展望

未来西亚地区对外承包工程市场的发展既取决于经济和市场的走势，也将受到地区政治安全形势变化的影响。尽管油价走势尚未明朗，但西亚各国包括建筑业在内的非石油经济受益于各国政府稳健的财政支出及民众富足的可支配收入，暂不会受太大影响。而卡塔尔世界杯、迪拜世博会及各国政府的基础设施建设规划，将是西亚工程承包市场保持稳定发展的助推剂。

（一）低油价的长期影响依然存在

当前西亚国家仍然保持对公路、铁路等基础设施及住房的大力投资，但从长期来看，油价持续下跌可能会导致政府因财政收入减少而无力保障政府投资，从而被迫调整基础设施建设规划。因此，低油价对西亚建筑市场造成消极影响的可能性依然存在。

（二）安全形势的变化将导致多重风险冲突

中东目前的热点是也门局势、伊拉克和叙利亚问题，但巴以冲突持续升级、"伊斯兰国"的突起加剧中东紧张局势。而2015年将有一系列选举，并面临伊核协议到期等问题，也使得地区局势面临多重风险冲突，威胁中资企业的生产经营安全和人身安全。而承包工程企业的经营也势必受到宗教冲突影响。由于认为荷兰政府未努力制止荷兰极右自由党领导人对沙特阿拉伯和伊斯兰的不敬，沙特政府对荷兰企业发布禁令，禁止任何荷兰企业直接或间接参与任何沙特项目。

（三）区域经济融合将助推基础设施合作新发展

当前，世界经济加速发展，区域合作方兴未艾，中国政府倡议的"一带一路"得到了沿线国家的普遍欢迎。"一带一路"战略的实施将促进中国与西亚各国承包业的发展，基础设施的互联互通是"一带一路"建设的优先领域，因此，可以预见，基础设施合作将成为中国对西亚承包工程业务的重要组成部分。

（四）建筑市场规模预计将继续保持增长

根据德勤公司预测，预计2015年海湾地区基建合同总额将达到482亿美元。而根据海合会国家工商联合会发布的报告预测，2015年海合会国家工程承包行业将增长35%，且受人口增长和基础设施投入不断加大等因素的影响，未来五年海合会国家基础设施建设及相关服务项目总价值将达8000亿美元。

科威特将启动新的五年发展规划（2015～2020年）和2015～2016财年计划，30个有关战略和重要经济发展的项目将于2015年启动，总额达224亿美元。

迪拜世博园区计划于2015年11月后开工建设，园区总面积438公顷，包括150公顷的核心区和周边的居住、酒店和物流区。世博园展区设计接待游客量为平均每日15.3万人，高峰时间接待游客量为每日30万人。

为实现2030远景规划和顺利举办2022年世界杯，卡塔尔未来20年基础设施领域投资规模巨大。其中，未来10年将投资2000亿美元用于基础设施建设，卡塔尔政府出资将超过1600亿美元。

（五）跨境基础设施建设步伐将加快

区域互联互通基础设施建设是各国开展合作的重点领域。西亚各国政府非常重视跨境基础设施建设，海合会国家就经贸、金融、铁路等合作达成共识。海湾地区六国将投资2000亿美元修建40000公里的轨道交通，其中目前正在

建设的海湾六国铁路联网项目（投资额为155亿美元）将于2018年完成。连接沙特阿拉伯和巴林的87公里长的铁路也将成为联通海合会成员国的大铁路网的一部分。此外，沙特阿拉伯和巴林拟融资50亿美元，兴建第二座连接两国的公路、铁路两用大桥。

伊拉克与伊朗探讨兴建连接两个国家的铁路项目，共计32公里，预计投资总额为4500万美元。该项目将借助穿过伊朗境内的丝绸之路，帮助伊拉克与其他国家实现互联互通，包括中国、亚美尼亚和阿塞拜疆。

（六）多国承包商大举进入西亚基建市场

经过多年开发，日本国内基础设施市场已趋饱和，相关企业把目光转向亚洲其他基础设施相对落后的地区。日本政府将基础设施出口作为其经济增长战略的核心内容，并提出海外订单金额从2010年约10万亿日元（约合人民币5170亿元）到2020年扩大为约30万亿日元的目标。日方希望将其在技术方面的优势和中方成本的优势相结合，在竞争的同时寻求合作。日本三菱公司已与卡塔尔水电公司签署一项价值10.9亿美元的水电站建设合同，总装机容量达2400ZW，预计于2018年第二季度完工。

韩国建筑工程公司在中东市场大显身手。根据韩联社报道，2014年韩国建筑工程公司海外承包工程合同额达700亿美元，其中中东地区成为其重要市场。由GS建筑工程公司、SK建筑公司、三星工程公司、现代重工、大宇建设公司等韩国公司组成的联合体，将承揽科威特石油公司发包的清洁能源项目，合同额为70亿美元。在伊拉克，由韩国公司组成的联合体再次大展身手，将承揽总金额为64亿美元的卡尔巴拉新炼油厂项目。韩国韩华集团还获得了伊拉克国家投资委员会价值12.2亿美元的基础设施建设合同。此外，韩国公司还将在中东地区承建14亿美元的热电站项目和4.49亿美元的输油管道项目。

印度IVRCL公司与沙特阿拉伯内政部签署房建项目EPC合同，合同额为5.9亿美元，总占地面积达50万平方米，包括行政楼、学校、公寓和购物中心等在内的513栋大楼，工期为36个月。

2014年西亚国家的对外贸易[*]

周 密[**]

摘 要： 2014年，受多种因素影响，西亚国家的国际贸易整体出现下滑，国与国之间贸易差距有所减小，能源价格走低推动了贸易结构的调整。海合会和石油输出国组织依旧为西亚国家间协调经贸关系和开展相互贸易提供了重要保障，油价下跌促进了非石油贸易的发展，加快了区内贸易结构的转型。中国与西亚国家的双边贸易继续增强，总量增加、不平衡减弱。相比而言，中国对西亚国家出口的多元化程度更高，在"一带一路"战略的推行和中国——海合会自贸区早日启动的预期支撑下，双边贸易有望实现结构的优化、领域的拓展深化、方式的融合创新，并获得更为完善的机制保障。

关键词： 西亚 国际贸易 一带一路

2014年，全球经济贸易依然处于再平衡期。除美国外，其他主要发达经济体表现不佳直接导致总需求不足，出口导向型的发展中国家受到较大的负面影响，经济增长的压力从发达经济体传导至发展中经济体。作为衡量工业生产活动的重要指标，国际油价持续低迷，使得"世界油库"西亚国家面临较大挑战。"伊斯兰国"在西亚崛起并迅速扩大，将武装袭击与石

---

[*] 本文所指西亚国家，包括伊拉克、沙特阿拉伯、阿拉伯联合酋长国、伊朗、也门共和国、阿曼、叙利亚、约旦、卡塔尔、科威特、以色列、黎巴嫩和巴林共计13个国家。

[**] 周密，管理学博士，复旦大学博士后，美国斯坦福大学访问学者，商务部研究院世界经济研究所副主任、研究员，主要研究对外投资合作、服务贸易、国际经贸协定等问题。

油贸易、金融运作结合，成为影响西亚乃至全球经济的重要因素。在纷繁复杂的世界经济变化中，西亚国家积极推动经济和贸易转型，加强与中国发展双边经贸关系，为双方实现经济可持续发展的目标提供了更为有效的支撑。

一 西亚国家的国际贸易

2014 年，西亚国家的国际贸易整体出现下滑，全球市场油气价格下跌对西亚产油国的冲击较为直接。尽管西亚国家整体对外贸易能力有所减弱，但西亚富国与穷国间的差距有所缩小，而产油国也在积极探索发展新的贸易能力，推动对外贸易的多元化发展。

（一）整体对外贸易能力持续下滑

西亚国家的国际贸易对能源资源商品的依赖性较强。如图 1 所示，2014 年，受全球需求市场疲软等因素影响，西亚国家整体对外贸易能力持续下滑。2014 年，西亚国家货物贸易出口 1.29 万亿美元，同比增长 1.2%；货物贸易进口 7895.7 亿美元，同比减少 3.9%。西亚国家的出口增长放缓明显。2014 年，西亚国家出口增速比全球各国出口增速慢 4.53 个百分点，差距比 2013 年扩大 2.1 个百分点。另外，西亚国家的进口增速比与同期全球贸易进口增速的差值则呈现减少态势。2014 年，西亚国家的进口增速比全球同期快 0.56 个百分点，比 2012 年的 7.82 个百分点和 2013 年的 4.39 个百分点差距继续减少。由此可见，西亚国家在全球货物贸易中的位置呈现进一步下降态势。但是，由于货物贸易的出口和进口按照显性比较优势指数计算，西亚国家的国际贸易逐渐从不存在国际贸易比较优势向基本平衡方向发展。2008 年，西亚国家的对外贸易显性比较优势指数为 -0.01，到 2011 年，显性比较优势指数回升至0.00，说明西亚国家的竞争力有所增强。

（二）贫富差距较大但呈现缩小态势

在西亚国家中，阿联酋和沙特阿拉伯仍然是出口最大的国家，2014 年的出口额分别达到 3590.0 亿美元和 3535.1 亿美元；叙利亚和黎巴嫩仍然

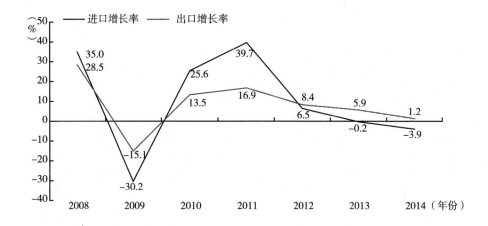

图1 西亚国家对外贸易额增长率

资料来源：根据WTO数据计算。

是出口最小的国家，2014年的出口额分别为20.0亿美元和45.5亿美元。与上年相比，西亚领先国家出口的优势呈现缩小态势。2014年，西亚国家出口最多的国家仍然是阿联酋、沙特阿拉伯、卡塔尔、科威特和伊拉克，五国合计占到西亚国家总出口的80.8%，比上年占比下降了0.6个百分点；出口最少的国家仍然是叙利亚、黎巴嫩、约旦、也门和巴林，五国合计占到西亚国家总出口的3.3%，与上年持平。阿联酋和沙特阿拉伯也是西亚最大的进口国，2014年两国进口额分别为2620.0亿美元和1630.0亿美元，分别占西亚国家进口总量的33.2%和20.6%；叙利亚和巴林则是西亚进口最少的国家，2014年进口额分别为67.0亿美元和139.1亿美元，分别占西亚国家进口总量的0.8%和1.8%。

2014年，西亚国家的贸易条件整体有所变弱。如表1所示，与2013年相比，13个西亚国家中有9个国家的贸易出现顺差减少或逆差增加。只有伊朗和伊拉克的贸易顺差同比有所增加，以色列和黎巴嫩的贸易逆差有所减少。13个西亚国家中，2014年贸易显性优势指数为正数的有8个国家，数量与上年持平。但除伊朗、伊拉克和以色列的显性优势略有0.01的增强、巴林保持不变外，其余国家的贸易显性优势指数均呈现恶化趋势，不利于这些国家购买境外商品或资源、能源。

表1 2013～2014年西亚国家的贸易显性竞争力指数

		贸易差额			贸易显性优势指数		
		2014年	2013年	变化值	2014年	2013年	变化值
巴	林	65.60	65.67	(0.07)	0.19	0.19	0.00
伊	朗	368.00	335.00	33.00	0.26	0.25	0.01
伊 拉	克	299.68	285.50	14.18	0.20	0.19	0.01
以 色	列	(72.18)	(80.86)	8.69	(0.05)	(0.06)	0.01
约	旦	(146.51)	(139.53)	(6.98)	(0.47)	(0.47)	(0.00)
科 威	特	755.93	856.31	(100.38)	0.53	0.59	(0.06)
黎 巴	嫩	(165.87)	(168.56)	2.69	(0.65)	(0.62)	(0.03)
阿	曼	177.48	214.64	(37.15)	0.22	0.23	(0.01)
卡 塔	尔	976.50	1019.55	(43.05)	0.57	0.59	(0.02)
沙特阿拉伯		1905.10	2077.52	(172.42)	0.37	0.38	(0.01)
叙 利	亚	(47.00)	(34.00)	(13.00)	(0.54)	(0.46)	(0.08)
阿 联	酋	970.00	1280.00	(310.00)	0.16	0.20	(0.05)
也	门	(50.30)	(50.05)	(0.25)	(0.24)	(0.23)	(0.01)

资料来源：根据WTO数据计算。

（三）能源价格改革推动贸易结构调整

按照国际贸易中的比较优势理论，一国总是倾向于出口自身具有一定比较优势的商品。在全球经贸合作发展中，各国的优势可能受博弈的过程而发生调整。2014年，全球能源价格呈现明显颓势，西亚国家坚持不减产，油气的供过于求推动国际市场能源价格下跌。多数西亚贸易出口大国都以能源为主要商品，外部压力下贸易结构发生较大调整。为了获得经济发展的多元化支撑，西亚国家重视拓宽油气资源之外的其他类别商品。以阿联酋为例，据其经济部外贸助理次长朱玛·凯伊提供的数据，2014年阿联酋非石油贸易额为3087亿美元，比上年增加620亿美元，同比增长5.8%，其中出口增长6.4%，转口贸易增长8%，进口增长5%。由于担忧海湾地区局势的变动，加之"伊斯兰国"的兴起，中东国家利用其外汇储备和盈余，大量采购武器，应对外部环境变化带来的挑战。根据全球军火贸易主要咨询公司——HIS简式咨询公司的研究报告，2014年沙特阿拉伯的军火开支增加了54%，达到65亿美元，其中相当部分的军火是从其他国家（特别是美国）进口的。沙特阿拉伯和阿联酋在2014年从美国进口的防务系统价值 87 亿美元，超过了西欧国家总和。其他西亚非产油国也重视推动多种产业的发展，希望与产油国形成产业分工和配合，以提升自身的国际地位。

二　西亚国家的区内贸易

海合会和石油输出国组织依旧为西亚国家开展相互贸易提供了重要保障。国际油价的下跌加快了区内贸易结构的转型，非石油贸易占据了更为重要的地位。但受经济产业结构和宗教等因素影响，以色列与区内其他国家的双边贸易规模相对有限。

（一）互为重要贸易伙伴

西亚国家互为重要的贸易伙伴。如表 2 和表 3 所示，2013 年西亚国家出口目的地前五位的 65 个国家中，西亚国家就占到了 24 个。其中，4 个西亚国家的最大出口目的地是区内的其他西亚国家。阿联酋是阿曼最大的出口目的地，出口额占比为 9.0%，伊拉克、叙利亚和沙特阿拉伯则分别是约旦、黎巴嫩和巴林的最大出口目的地，在各自出口额中的比重分别为 17.5%、13.3% 和 7.3%。相比而言，西亚国家间对进口的依赖性相对较低。2013 年，西亚国家进入区内各国进口额前五位的国家只有阿联酋和沙特阿拉伯两个。其中，阿联酋是伊朗、也门和阿曼最大的进口来源国，从该国的进口分别占到三国进口总额的 26.6%、16.7% 和 29.6%；沙特阿拉伯是巴林最大的进口来源国，从沙特阿拉伯的进口额占到巴林进口总额的 45.9%。2014 年，西亚出口大国依旧保持较大贸易顺差。阿联酋与其他海合会国家贸易的顺差为 90 亿美元。受益于海合会框架内诸多优惠政策，预计海合会国家间贸易将继续保持增势。

表 2　2013 年西亚国家间及对中国的出口额排位

| | 出口目的地排位（占比%） | | | | |
	第一	第二	第三	第四	第五
伊　拉　克	叙利亚(0.2)				
沙特阿拉伯	中国(2.0)	阿联酋(1.7)			
阿　联　酋		伊朗(5.6)			伊拉克(1.3)
伊　　　朗	中国(4.1)	伊拉克(3.6)	阿联酋(3.3)		
也　　　门	中国(24.1)				巴林(4.9)

| 出口目的地排位(占比%) | | | | |
第一	第二	第三	第四	第五
阿　　曼 阿联酋(9.0)		沙特阿拉伯(4.3)		中国(2.7)
叙 利 亚	伊拉克(20.2)		沙特阿拉伯(4.8)	黎巴嫩(3.8)
约　　旦 伊拉克(17.5)		沙特阿拉伯(12.2)		阿联酋(4.0)
卡 塔 尔				
科 威 特 中国(2.2)	阿联酋(1.1)	沙特阿拉伯(0.9)		
以 色 列			中国(4.3)	
黎 巴 嫩 叙利亚(13.3)			沙特阿拉伯(8.8)	阿联酋(8.4)
巴　　林 沙特阿拉伯(7.3)	卡塔尔(3.4)	阿曼(3.4)	阿联酋(2.7)	

资料来源：根据WTO数据计算。

表3　2013年西亚国家间及从中国的进口额排位

| 进口来源地排位(占比%) | | | | |
第一	第二	第三	第四	第五
伊 拉 克				
沙特阿拉伯		中国(12.8)		
阿 联 酋		中国(7.1)		
伊　　朗 阿联酋(26.6)		中国(10.3)		
也　　门 阿联酋(16.7)		中国(7.8)	沙特阿拉伯(6.4)	
阿　　曼 阿联酋(29.6)				沙特阿拉伯(5.9)
叙 利 亚		中国(8.8)		
约　　旦	沙特阿拉伯(18.7)	中国(10.4)		
卡 塔 尔		中国(8.0)		阿联酋(6.5)
科 威 特				
以 色 列		中国(7.9)		
黎 巴 嫩	中国(10.8)			
巴　　林 沙特阿拉伯(45.9)		中国(7.7)		

注：受统计数据限制，伊拉克、科威特、沙特阿拉伯等部分数据没有统计。

资料来源：根据WTO数据计算。

（二）石油贸易有所下降

2014年，全球油价疲软，对石油出口国影响较大。阿联酋和沙特阿拉伯等国依旧是西亚地区重要的出口国。受本国经济需求总量所限，油价下跌并未对西亚石油进口国的进口量形成直接和较大的促进。油价下跌直接影响了西亚国家间的石油贸易额。同时，油价下跌加快了西亚国家经济结构的转型，非石油贸易在各国贸易出口中的比重有所增加，各类工业制成品和生活用品的贸易增长较快。据阿联酋海关统计，2014年上半年，阿联酋与海合会其他国家的非石油贸易约为132亿美元，占阿联酋对外贸易总额的9.2%。其中，沙特阿拉伯的贸易额为47亿美元（36%），阿曼的贸易额为36亿美元（27%）、科威特的贸易额为20亿美元（15%）、卡塔尔的贸易额为17亿美元（13%）、巴林的贸易额为12亿美元（9%）。

三 中国与西亚国家的双边贸易

中国与西亚国家间的双边贸易在2014年继续增强。双边贸易总量增长，贸易不平衡有所减弱，重要国家和重要商品仍然在中国与西亚国家间贸易中扮演重要角色，但相比而言中国对西亚出口的多元化程度更高。如果中国—海合会自贸区能够早日启动并发挥作用，中国与西亚国家间的双边贸易将获得更好的发展环境，从而获得更好的机制保障。

（一）进出口规模均创历史纪录

2014年，尽管存在诸多不确定因素，中国与西亚国家间的双边贸易再次创历史新高。如图2所示，据中国海关统计，2014年中国从西亚国家进口商品总额为1611.7亿美元，同比增长3.7%；对西亚国家出口商品总额为1132.8亿美元，同比增长22.7%；中国对西亚国家总体呈现贸易逆差，逆差额为28.9亿美元。西亚国家在中国对外贸易中的地位保持上升态势。如图3所示，中国从西亚国家的进口和向西亚国家的出口均在中国对外贸易中占有更为重要的地位。2014年，中国从西亚国家的进口额占中国当年进口商品总额的8.2%，比2013年提高0.2个百分点；当年中国向西亚国家出口商品占当年

中国贸易出口总额的 4.8%，比 2013 年增加了 0.6 个百分点。2005～2014 年的 10 年间，西亚在中国进口中的比重从 4.7% 增加到 8.2%，同期西亚在中国出口中的比重则从 2.7% 增加到 4.8%。

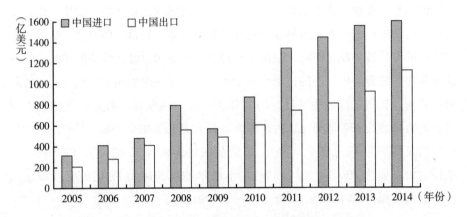

图 2 2005～2014 年中国与西亚国家的双边贸易额

资料来源：根据中国海关数据计算。

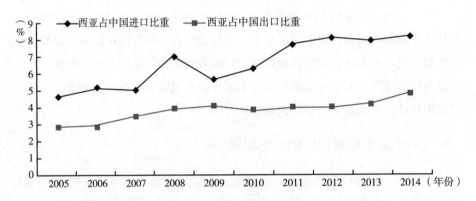

图 3 2005～2014 年中国与西亚国家的双边贸易额在中国对外贸易中的比重

资料来源：根据中国海关数据测算。

（二）中国对西亚国家逆差继续下降

作为中国能源进口的主要来源地，中国对西亚国家间的贸易依赖性较强。2005～2014 年，中国对西亚国家整体一直保持逆差。经济危机爆发前，全球石油价格达到历史高点,中国从西亚国家贸易进口规模较大。随着危机后全球需求的快速减弱和供给的不断增加,石油价格大幅下降,中国对西亚的贸易逆差继续下降,贸易不平衡继续减弱。如图2所示,十年间中国对西亚国家整体上逆差最小的是2007年,为61.5亿美元;逆差最大的是2012年,为644.6亿美元。2014年,中国对西亚国家出现贸易逆差478.9亿美元。相应的,如图3所示,中国与西亚国家的贸易不平衡指数也呈现相似的变化趋势。2007年和2009年,中国对西亚国家的贸易不平衡指数均为-0.07;2012年,中国对西亚的贸易不平衡指数最高,达到-0.29;2014年的不平衡指数降至-0.17。

(三)中国与西亚国家贸易的集中度较高

由于西亚国家自身的资源禀赋特点和产业竞争优势,中国与西亚国家双边贸易的国别较为集中。相比而言,中国从西亚国家进口的国别集中度较高,对西亚国家出口的国别集中度相对较低。

从进口来看,沙特阿拉伯是中国从西亚进口最大的国家。2014年,中国从沙特阿拉伯的进口总额为486.8亿美元,占中国从西亚进口总额的30.2%。伊朗、阿曼和伊拉克分别是中国从西亚进口排名第二、第三和第四的国家,2014年的进口额分别是274.7亿美元、238.2亿美元和207.5亿美元,分别占中国从西亚进口总额的17.0%、14.8%和12.9%,上述四国在中国从西亚国家进口总额中的占比均超过10%,中国从四国进口总额合计占到中国从西亚进口总量的74.9%(参见图4)。在西亚国家具有较强出口能力的阿联酋在2014年并未进入到中国进口前四,当年中国从阿联酋的进口额占中国从西亚进口总额的9.7%。

从出口来看,阿联酋是中国对西亚出口最大的国家。2014年,中国对阿联酋的出口总额为390.4亿美元,占中国对西亚出口总额的24.2%。伊朗和沙特阿拉伯分别是中国对西亚出口排名第二和第三的国家,2014年的出口额分别为243.4亿美元和205.9亿美元,分别占中国对西亚出口总额的15.1%和12.8%。如图5所示,上述三国在中国对西亚国家出口总额中的比重均超过10%,中国对三国出口总额合计占到中国对西亚出口总额的52.1%。

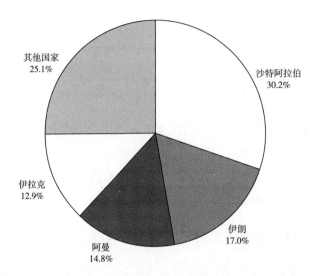

图4　中国从西亚进口的主要来源国的份额

资料来源：根据中国海关数据测算。

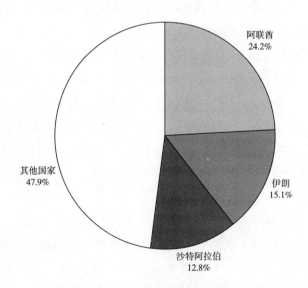

图5　中国对西亚出口的主要目的国的份额

资料来源：根据中国海关数据测算。

（四）重要国家贸易额与增速均保持领先

中国与西亚国家的双边贸易无论在总量还是在增速上，部分国家均保持了较高位置。如表4所示，2014年，沙特阿拉伯、伊朗、阿曼、伊拉克和阿联酋分列中国进口来源地前五位。其中，阿联酋、伊拉克、阿曼和伊朗又都分列中国从西亚国家进口的第二至第四位。相比而言，中国在西亚的出口目的地在贸易额和贸易增速上同步性相对较弱。2014年，中国出口最多的阿联酋、伊朗、沙特阿拉伯、伊拉克和科威特中，只有伊朗和科威特进入了出口增速的前5位，分列第一和第四位。由此可见，中国与部分西亚国家间的贸易具有较强的增长能量和空间。表4显示，约旦既是中国进口来源西亚国家中增速最快的，又是中国出口目的西亚国家里增速最慢的，外汇的积累使其从中国进口的增长潜力较大。

表4　2014年中国与西亚国家间贸易额和增速排序

	中国进口		中国出口	
	贸易额排名	贸易增速排名	贸易额排名	贸易增速排名
1	沙特阿拉伯	约　　旦	阿　联　酋	伊　　朗
2	伊　　朗	阿　联　酋	伊　　朗	叙　利　亚
3	阿　　曼	伊　拉　克	沙特阿拉伯	卡　塔　尔
4	伊　拉　克	阿　　曼	伊　拉　克	科　威　特
5	阿　联　酋	伊　　朗	科　威　特	以　色　列
6	科　威　特	科　威　特	以　色　列	阿　联　酋
7	卡　塔　尔	以　色　列	约　　旦	伊　拉　克
8	以　色　列	卡　塔　尔	黎　巴　嫩	沙特阿拉伯
9	也　　门	也　　门	卡　塔　尔	阿　　曼
10	约　　旦	沙特阿拉伯	也　　门	黎　巴　嫩
11	巴　　林	巴　　林	阿　　曼	也　　门
12	黎　巴　嫩	黎　巴　嫩	巴　　林	巴　　林
13	叙　利　亚	叙　利　亚	叙　利　亚	约　　旦

资料来源：根据中国海关数据测算。

（五）进出口商品均呈现较为集中分布

中国与西亚国家贸易进出口的商品类别均较为集中。相比而言，由于西亚

国家的优势主要集中于资源要素,而中国则在工业制成品上具备广泛、较强的竞争力,中国从西亚国家进口商品的集中度高于对西亚国家出口商品的集中度。

2014年,中国从西亚国家进口的商品集中度较高。例如,从沙特阿拉伯的进口商品中,矿物燃料和油类的进口为378.6亿美元,在全部进口中的占比为77.8%;有机化学品的进口为60.8亿美元,占比为12.5%;塑料的进口为41.0亿美元,占比为8.4%。前三类商品占到中国从沙特阿拉伯进口总额的98.7%,其余类别商品进口的占比均未达到1%。伊朗是2014年中国从西亚进口排名第二的国家,排名前四位的矿物燃料和油类、塑料、矿石、有机化学品的进口额分别是211.2亿美元、24.3亿美元、21.3亿美元和13.7亿美元,在中国从伊朗进口额中的占比分别为76.9%、8.8%、7.8%和5.0%,上述四类商品进口合计占比达到98.5%。

2014年,中国对西亚国家出口的商品集中度也不低。例如,阿联酋是中国对西亚出口额最大的目的国。中国对阿联酋电子机械、机械、编织饰品、家具日用品、针织饰品的出口额分别为73.9亿美元、67.8亿美元、28.8亿美元、23.2亿美元和20.9亿美元,分别占到中国对阿联酋出口总额的18.9%、17.4%、7.4%、5.9%和5.4%,五类商品合计占到中国对阿联酋出口总额的55%。伊朗是中国对西亚出口第二大目的国。中国对伊朗电子机械、电器、交通车辆、家具日用品、钢铁制品、塑料制品的出口额分别为36.8亿美元、31.0亿美元、19.5亿美元、15.8亿美元、15.2亿美元和12.8亿美元,分别占中国对伊朗出口总额的15.1%、12.8%、8.0%、6.5%、6.3%和5.2%,上述六类商品合计占到中国对伊朗出口总额的53.9%。

(六)自贸区有望重新启动提供更好贸易机制保障

2014年,时任沙特王储的萨勒曼在中国为期4天的正式访问中多次谈及"加快推进中国—海合会自贸区谈判"的内容。在2015年萨勒曼继位沙特国王后,其外交理念有望成为沙特新的外交行动准则,沙特在海合会中的领袖作用有利于其理念的拓展,加之中国正在推行的混合所有制改革等国内经济体制改革,中国与海合会自贸区谈判的重新启动有望迎来新的机遇。中国与海合会成员国贸易互补性较强,在现有的WTO贸易便利化协定等多边协定框架的基础上,中国与海合会的自贸区有望达到新的开放水平。以中国已经签署的自贸区协定为参照，中国与海合会的自贸区很可能全面涵盖包括货物贸易、服务贸易、投资、知识产权和贸易争端解决等诸多方面的规定，甚至有可能在负面清单模式下推动双边投资领域的安排。如果海合会国家能够接受这一对等开放的模式，中国企业对西亚国家的贸易和投资都会面临更大的市场开放，并获得更为全面的机制保障。在更为自由的市场环境中，质量较高、标准较高的西亚国家加工炼制的成品油可能获得更为便利的进入中国市场的通道，不仅有利于消费者降低成本，而且有可能在油品标准上带来更高的要求，有利于减少有害废气的排放，有利于环境的保护。同样，西亚国家的消费者也可以获得更多质优价廉的中国制造商品，满足其消费需求的升级。

四　中国与西亚国家双边贸易的趋势展望

中国与西亚国家间的双边贸易在规模持续扩大的同时，结构有望继续得以优化。"一带一路"创造的外部条件将促使双边贸易领域拓展深化，方式融合创新，并进一步推动与贸易相关的保障机制的发展和完善。

（一）双边贸易整体不平衡将得以改善

受内部与外部因素共同作用，中国与西亚国家的双边贸易不平衡将继续得以改善。一方面，油价较低使得在高油价时期启动的能源产能因为不盈利无法进入市场，全球能源价格开始逐步企稳，能源输出国的出口获得更有力的支撑。但受经济结构和发展模式调整，中国规模庞大的炼钢、有色金属冶炼、水泥生产等高能耗产业开始收缩，工业用能源需求可能触高回落，对能源进口的需求有所减弱。居民消费使用的能源对品质要求较高，天然气作为清洁能源将发挥更大作用，其对石油的替代效果更加明显，多元化的天然气进口也会抑制中国对西亚石油的需求。加之西亚产油国积极调整产业结构，促进非能源商品出口，使得中国从西亚国家的进口商品结构呈现多元化发展。另一方面，原来与中国贸易量较小的西亚国家经济增长的动力较强，随着经济发展，从中国进口更多日常消费品的需求将有所增加，从而促进中国向西亚国家出口的发展。受中国进口平稳发展和出口增强两个方面力量共同作用，中国与西亚国家间贸易整体不平衡的状况将得以改善。

（二）"一带一路"创造更好合作条件

中国提出的"一带一路"战略构想获得了包括西亚国家在内的沿线国家的肯定，为中国与西亚国家经贸关系的发展创造了良好的外部环境。按照"一带一路"的愿景，中国加强了与中巴经济走廊和孟中印缅经济走廊等沿线国家合作的力度，拓展了中国通过南亚和东南亚国家南向与印度洋连接的通道，为中国与西亚国家间贸易的顺利开展和效率提升提供了更为有力的支撑。中国与海合会自贸区谈判已经历时十余年，双方已较为熟悉对方的诉求，在"一带一路"战略目标的引导下，双方谈判立场和策略可能都会出现变化，从而为自贸区的完成创造难得的历史条件。西亚国家是"一带一路"沿线重要的节点和基地，在包括中国在内的沿线国家间互联互通和经贸合作中将扮演十分重要的角色。作为重要节点，西亚国家在亚、欧、非国家经贸往来中可以巩固和加强其枢纽地位，对阿联酋等传统商品、人员枢纽作用的升级十分重要。同时，西亚国家还可以成为以能源为代表的相关产业合作的基地，也是建筑设计和建筑施工创造奇迹的"天堂"，聚集了大量金融、创意、科技人才，可以通过"一带一路"实现优势的有效发挥，巩固其自身的全球地位。

（三）重点经贸合作领域继续拓展深化

中国与西亚国家可以在重点的经贸合作领域实现新的发展。在传统的贸易优势领域，中国企业可以继续发挥自身优势，满足西亚国家更为多元和发展的需求，利用贸易便利化协定和信息技术协议推进的时机，在日用消费品和工业制成品出口数量上实现新的增长。在促进中国具备竞争优势商品出口的同时，鼓励企业拓展更多贸易产品需求市场，通过市场细分优化要素供给渠道，创造新的竞争优势。在贸易进口领域，中国进一步推动的奢侈品关税调整可能为中国与西亚国家开拓新的贸易领域。对包括农产品在内的海关和动植物检验检疫管理的改进，有利于中国从西亚国家进口，或通过西亚国家以转口贸易方式从更为广阔的来源地进口相关商品，以满足中国消费者升级和多样化的进口需求。以下一代互联网、云计算和"互联网＋"为代表的网络技术的升级，与以大数据为代表的计算能力的发展，为中国与西亚国家开展双边贸易创造了更多可能性，也有利于双边重点经贸合作领域的拓展和深化。

（四）双边贸易合作方式不断融合创新

中国与西亚国家间双边贸易合作的方式也有着不断融合创新的态势。传统的贸易与投资的融合可以使得中国与西亚国家的企业有更多空间把握全球价值链带来的重要机遇，依照成本最优和竞争力最强的方式重新进行全球产业布局。来自中国、西亚国家本地和全球其他国家的金融资源可以在西亚国家市场实现更为充分的结合，发挥各自优势，实现共同发展。中国工程承包企业也将更为积极地参与西亚国家基础设施建设，不仅改造恶劣的自然条件，为当地居民提供更好的生活环境，而且通过参与重要国家工程项目的设计和创新，提升自身把握产业链更高价值的能力，实现本国企业对业务发展平台期的突破，为产业整体的升级提供更大的发展空间。推动中国与西亚国家间服务贸易与货物贸易的相互促进，促进合作方式的不断融合，通过服务业市场开放领域的拓展和开放深度的增加，减少企业进入对方服务业市场的壁垒，提高市场参与的能力和意愿。沙特国王更替和王储易人既可能带来新的挑战，又可能引起这个西亚大国经济发展理念的调整，对整个伊斯兰文明自身发展、伊斯兰文明与其他文明间的关系，以及石油输出国组织的发展模式都会产生深远的影响。贸易与文化的融合创新也可能提出新的议题，为双边贸易关系产生促进作用。

（五）贸易相关保障机制更为健全有效

为双边贸易提供保障的多双边机制将更为完善，也会发挥更大的作用。中国正在积极筹建的亚洲基础设施投资银行（简称"亚投行"）将与丝路基金、开发性金融机构等一起，为影响"一带一路"互联互通的基础设施项目提供更多的引导性资金支持。西亚国家特有的伊斯兰金融也可能会加大对本地区经济转型发展的关注与支持力度。在国际组织和政府等金融机构的引领和带动下，沿线国家市场的活力得以释放，投资机遇更大，国际私募基金和商业资本也会积极参与中国和西亚国家间的经贸合作活动，促进双边贸易的发展。双边贸易额的发展，对支撑贸易发展的保险、物流、金融、法律、咨询、认证等在内的服务的需求更大，也会通过更为激烈的市场竞争促进相关服务效率的提高。社会服务与双边贸易的相互促进作用更为明显，通过包括 WTO、FTA、

BIT 等在内的多双边协议,将为贸易活动的可持续发展创造更多的保障,约束各国的行为。以"伊斯兰国"为代表的恐怖主义活动对双边贸易的影响不容忽视,可能推动各国加强协同,在军事打击的同时,加强对贸易和投资活动的规范与监管,尽量减少通过未监管的贸易投资活动为恐怖组织提供金融资源的可能性。

资 料 文 献

Documentation

Y.18

2014年国内外中东研究的新进展

王金岩　仝 菲　马文琤*

摘　要： 2014年，中东地区依然持续动荡不安，阿拉伯剧变后的未来
依然不清晰，地区热点问题持续难决。在此背景下，世界各
地的中东学人对该地区政治、经济、文化、社会等多方面问
题的研究进入较快发展阶段，成果层出不穷，主题更加全
面。本年度，中东研究的新特点为：中国学者的研究新热点
为对习近平总书记提出的"一带一路"构想与当前中东局势
相结合的研究；西方学者注重追溯当前中东乱局的历史渊
源；中东地区学者开始重视对地缘政治的研究。中国社会科
学院西亚非洲研究所中东学人在深入调研的基础上提供大量
极具现实意义的对策信息，智库功能凸显。

关键词： 中东研究　学科建设　进展

---

* 王金岩，文学博士，中国社会科学院西亚非洲研究所助理研究员；仝菲，博士，中国社会科
学院西亚非洲研究所副研究员；马文琤，中国社会科学院西亚非洲研究所助理研究员。

中东地区多国自 2010 年底爆发"阿拉伯之春"这一政坛"地震"以来,"余震"不断,学者们对此也持续关注。2014 年,世界各地学者对中东地区的关注聚焦于对"阿拉伯之春"后地区持续乱局的纵深和扩展研究,除此之外,对于该地区出现的新情况也及时关注并研究。

一 国内研究新进展

2014 年国内中东研究成果丰富,公开成果主要发表在《西亚非洲》《现代国际关系》《国际问题研究》《亚非纵横》《阿拉伯世界》《国际政治研究》《中东研究》等学术期刊上。从研究态势上看,现状与政策研究更加繁荣,对热点问题的回应及时,理论与现实的结合研究稍显弱势。从研究重点上看,主要关注中东国际关系、中东地区政治发展、中东安全领域和中东经贸能源。从研究视角上看,内容涵盖政治、宗教、经贸、文化、能源和军事等广泛领域。从研究主体上看,以中央机关研究机构和高校研究基地为主,研究队伍呈老中青三代结合的良好梯队。具体而言,2014 年国内中东学科研究集中在以下五个方面。

(一)中东国际关系研究成果丰富

2014 年国内对大国与中东关系的研究更加深入全面,主要集中在以下几个方面:世界大国对中东地缘格局的影响、大国在中东政策的调整、大国在中东和平进程中的推动与参与、伊拉克战后重建、美国从阿富汗撤军后的大国分歧与合作、大国外交中的伊斯兰因素以及中东与大国历史溯源等。代表作有:郭威著的《美国在中东伊斯兰国家的文化外交》①,从教育交流、艺术交流、倡议互动和大众传播四个方面进行具体实践及案例分析,全方位论述了美国在中东伊斯兰国家实施的文化外交活动,揭示了美国文化外交未能改变其中东政策的本质;钮松的《欧盟的中东民主治理研究》②。值得一提的是,中国学者与中东学者合作研究推出力作:孙德刚与阿尔及利亚学者叶海亚·祖必何合著

① 郭威:《美国在中东伊斯兰国家的文化外交》,社会科学文献出版社,2014。
② 钮松:《欧盟的中东民主治理研究》,时事出版社,2014。

的《构建新丝绸之路：21 世纪的中国与中东关系研究》①，从中国应对中东剧变的危机管理、中国与中东国家的政治与安全关系、中国与中东国家的能源和经贸关系、中国与中东国家的文化关系四个方面展开论述。

（二）中东政治社会发展及热点问题研究更加成熟

2014 年，中东地区持续动荡，国内学者全面总结和归纳了中东变局的性质、特点、根源和影响，深入分析了中东变局以来主要中东国家的转型动态与演变，考察了地区格局的深刻变化。最具代表性的成果为多本中东地区相关的发展报告：杨光主编的《中东发展报告（2013～2014）：盘点中东安全问题》②，以"盘点中东安全问题"为研究专题，详细论述了中东地区各种传统和非传统安全问题及其发展前景；刘中民、朱威烈主编的《中东地区发展报告：转型与动荡的二元变奏（2013 年卷）》③，研究了 2013 年的中东形势及动荡和转型国家的现状，以及该年度我国与中东地区国家的交往和对中东乱局的应对；马晓霖主编的《阿拉伯发展报告：2013～2014》④，从地区政治安全形势、对外关系、经济贸易和金融投资发展，以及环境、社会文化和传媒等角度，比较全面和系统地介绍了 2013 年阿拉伯国家的整体发展现状；郭长刚、刘义主编的《土耳其发展报告 2014》⑤，主要介绍了土耳其的政治、经济、社会、外交、文化等领域，对 2013 年以来土耳其的复杂政治与社会政策、土耳其的亚洲转向、中国和土耳其文化年等进行了整体概括。此外还有相关专著，如王泰著的《埃及的政治发展与民主化进程研究：1952～2014》⑥，从文明交往的视角出发，考察活跃于埃及政治舞台上的三支基本力量——国家、社会和政治伊斯兰（主要是穆兄会）在威权主义的构建与转型及政治民主化问题

① 孙德刚、〔阿尔及利亚〕叶海亚·祖必何：《构建新丝绸之路：21 世纪的中国与中东关系研究》，世界知识出版社，2014。
② 杨光主编《中东发展报告（2013～2014）：盘点中东安全问题》，社会科学文献出版社，2014。
③ 刘中民、朱威烈主编《中东地区发展报告：转型与动荡的二元变奏（2013 年卷）》，时事出版社，2014。
④ 马晓霖主编《阿拉伯发展报告：2013～2014》，社会科学文献出版社，2014。
⑤ 郭长刚、刘义主编《土耳其发展报告 2014》，社会科学文献出版社，2014。
⑥ 王泰：《埃及的政治发展与民主化进程研究：1952～2014》，人民出版社，2014。

上的历史演进，探究三者间的互动关系及其本质，分析它们对于埃及民主化的作用和意义；姚明君著的《好懂的世界格局4：中东的诱惑》①，从当今中东地区的格局出发，详细分析了中东地区复杂局势的成因，解读造成这种局势的历史渊源，通过分析中东主要国家的发展状况以及与外国的交往关系，分析在特定的历史时期出现的对中东有着决定性影响的历史事件，并且通过全面的总结，对中东局势的走向问题等提出独到的见解。徐以骅著的《宗教与美国社会（第九辑）：美国与伊斯兰世界》②，分别从伊斯兰世界和美国国内的宗教、政治以及对外关系等视角，审视美国与伊斯兰世界的关系。

（三）中东宗教文化研究进展显著

中国对中东地区文化、宗教与思想研究的主要成果有：张锡模著的《圣战与文明：伊斯兰与西方的永恒冲突》③，以伊斯兰的兴起、发展、衰落、转变为叙事线索，借助各个不同时代国际政治体系、权力斗争格局、东西方交流冲突形势的演变，透彻说明伊斯兰的兴衰与世界政治的紧密关系以及伊斯兰与世界政治的深刻互动影响；中国社会科学出版社编著的《伊斯兰文化小丛书（11本套装）》④、杨平著的《伊斯兰经济常识问答》⑤，以简明的语言、翔实的资料，全面、系统地介绍了《古兰经》、伊斯兰法、苏非主义、伊斯兰哲学各流派、穆斯林的文学艺术成果，对先知兼政治家的伟大人物——穆罕默德的一生做了简明而完整的介绍，分门别类地介绍各主要教派，简略地介绍了伊斯兰教育与科学的发展盛况，扼要介绍了阿拉伯国家各个时期有代表性的教义学派及其信仰体系，并生动地再现了伊斯兰文化与中国文化的精神；朱爱农著的《当代回族伊斯兰法文化》⑥，首先从理论上辨析了法文化、伊斯兰法文化和回族伊斯兰法文化之间的关系，在此基础上，针对回族伊斯兰法文化的概念和范

---

① 姚明君：《好懂的世界格局4：中东的诱惑》，江苏出版社，2014。

② 徐以骅：《宗教与美国社会（第九辑）：美国与伊斯兰世界》，时事出版社，2014。

③ 张锡模：《圣战与文明：伊斯兰与西方的永恒冲突》，上海三联书店，2014。

④ 《伊斯兰文化小丛书（11本套装）》，中国社会科学出版社，2014。

⑤ 杨平：《伊斯兰经济常识问答》，甘肃民族出版社，2014。

⑥ 朱爱农：《当代回族伊斯兰法文化》，宁夏人民出版社，2014。

围，作者从回族伊斯兰法文化信仰与攻修制度、组织制度、阿訇调解制度、村规民约制度、婚姻家庭制度等方面的表现和特点进行了梳理，等等。此外，还有大量相关论文，代表作有：张燕军的论文《中东国家建构中的少数族群问题》①，主要以埃及科普特人为例，阐明少数族群与主体民族间关系的演变及他们如何在中东民族国家构建进程中被边缘化。此外，还讨论了中东国家对待少数族群的政策性失误对民族国家构建的影响，认为政策及执行的公平性是确保中东国家各族群和平共处、共同发展的唯一出路。

（四）对中东历史的研究成果斐然

一方面，出版了一系列对西亚北非战争历史巨著的中文译本。其代表作有：斯科特·安德森著、陆大鹏译的《阿拉伯的劳伦斯：战争、谎言、帝国愚行与现代中东的形成》②，讲述了第一次世界大战期间阿拉伯人反抗土耳其统治的起义和争夺中东的秘密较量。该书推翻了史学界关于现代中东形成的诸多旧观念，严厉谴责了欧洲殖民主义阴谋对中东地区造成的破坏，并记录了过去的愚蠢如何造成现今的痛苦。此外，还有"地中海史诗三部曲"，分别为：罗杰·克劳利（Roger Crowley）著、陆大鹏译的《1453：君士坦丁堡之战》、《海洋帝国：地中海大决战》和《财富之城：威尼斯海洋霸权》。③

另一方面，对地区国家历史的研究著作颇多。如汪波著的《中东库尔德问题研究》④，讲述库尔德人为争取生存权、民族权、公民权和自治权而展开的库尔德民族运动，包含了政治运动、武装斗争、政党组织、传统维护等多种形式；蒋真著的《后霍梅尼时代伊朗政治发展研究》⑤，探讨了1979年伊朗伊斯兰革命后，伊斯兰教什叶派的教义理论在伊朗国家建构中的实践，即在伊朗政教关系出现新的演变趋势下，探究伊朗政治保守与务实、传统与现代并进的历史背景和时代诉求，从而深化对其政治演变的规律性认识；尚劝余著的

① 张燕军：《中东国家建构中的少数族群问题》，《阿拉伯世界研究》2014年第3期。
② 〔美〕斯科特·安德森（Scott Anderson）：《阿拉伯的劳伦斯：战争、谎言、帝国愚行与现代中东的形成》，陆大鹏译，社会科学文献出版社，2014。
③ 均由社会科学文献出版社于2014年推出。
④ 汪波：《中东库尔德问题研究》，时事出版社，2014。
⑤ 蒋真：《后霍梅尼时代伊朗政治发展研究》，人民出版社，2014。

《阿拉伯帝国》①，按照阿拉伯帝国产生、发展和衰亡的内在逻辑与进程，分上、中、下三篇，系统展现了阿拉伯帝国孕育与发端、崛起与兴盛、衰落与灭亡的宏伟历史画卷。此外，还有王海利著的《埃及通史》②，以生动的笔触描绘了一幅绵延五千年的埃及文明和历史的斑斓画卷，即从埃及文明的起源，经古王国时期、中王国时期、新王国时期、托勒密王朝、罗马帝国时期、拜占庭帝国时期、倭马亚王朝、法蒂玛王朝、马木路克王朝、奥斯曼土耳其帝国时期、穆罕默德·阿里王朝，至英国统治时期和埃及共和国的埃及历史；王彦敏著的《以色列政党政治研究》③，该书主要从历史传统、地缘环境、移民社会、经济变迁和宗教文化等诸多层面入手，全面系统地梳理和探究了以色列政党政治的发展演变及特征；邓涛著的《中东装甲战 1948～2006》④，讲述从 1948 年到 2006 年，绵延半个多世纪的中东地面对抗战。

（五）对中东地区涉及中国的研究盛况空前

2014 年，中国中东研究中涉及中国的研究盛况空前。主要围绕如下几个方面。（1）梳理丝绸之路的历史渊源、丝绸之路沿岸国家文化交往与经贸往来以及中国利用其公共产品的现实策略，其中以马丽蓉著的《丝路学研究：基于中国人文外交的阐释框架》⑤ 最具代表性，该书是国内外首部全面系统深入研究中国"丝路战略"软环境的权威性著作，该书论述最突出的特点是从人文角度来看待和研究"一带一路"战略，而这正是"丝绸之路"精神的一个重要方面，即强调人文、社会、交流合作。（2）研究中国与中东的文化合作与交流，主要成果有：时延春主编，郑达庸、李中著的《中国驻中东大使话中东·沙特》⑥、刘宝莱著的《中国驻中东大使话中东·约旦》⑦，以上两本著作展现了中国驻中东国家大使亲历的中东事件和亲身感受的中东国家。丁俊、金

① 尚劝余：《阿拉伯帝国》，中国国际广播出版社，2014。
② 王海利：《埃及通史》，上海社会科学院出版社，2014。
③ 王彦敏：《以色列政党政治研究》，人民出版社，2014。
④ 邓涛：《中东装甲战 1946～2006》，中国长安出版社，2014。
⑤ 马丽蓉：《丝路学研究：基于中国人文外交的阐释框架》，时事出版社，2014。
⑥ 时延春主编，郑达庸、李中著《中国驻中东大使话中东·沙特》，世界知识出版社，2014。
⑦ 时延春主编，刘宝莱著《中国驻中东大使话中东·约旦》，世界知识出版社，2014。

云峰著的《伊斯兰教与中国穆斯林文化论集》①，共收入西北民族大学的学者关于伊斯兰教与中国穆斯林文化方面的学术论文 24 篇，涉及伊斯兰教教义学理及中国穆斯林历史文化的诸多方面；加法尔·卡拉尔·艾哈迈德（Gaafar Karar Atoned）著、史月译的《跨越二千年的苏丹中国关系探源求实》②，以时间为序对苏丹与中国的关系进行梳理，系统介绍了西汉至 1989 年苏丹与中国往来的关系史，不仅时间跨度大，而且涵盖内容也十分广泛，论述了两国从民间到官方在政治、经济、文化、技术等领域的友好往来。（3）2014 年恰逢中阿合作论坛十周年，中国国家主席习近平提出中阿共建"一带一路"的构想，对这方面的研究涌现出大量极具现实意义的成果，如姚匡乙、马丽蓉主编的《丝路新篇——中阿合作论坛十周年论文集》③，对"论坛"十年发展脉络、收获成果、前景展望及其对中阿关系的促进作用等进行了较为系统深入的总结和分析，使所有参与、关心"论坛"建设的人们能够充分了解"论坛"的发展道路，更好地规划"论坛"的未来。

（六）对中东恐怖主义的研究不断深入

2014 年，中东乱局导致恐怖主义加剧，"伊斯兰国"的崛起和迅速发展成为威胁全球的公害。在此方面涌现出大量论文，如刘中民著的《恐怖主义缘何在中东强劲反弹?》④，文中提出，转型阿拉伯国家宗教与世俗势力的严重对抗、地方和部落势力坐大、经济与民生问题的持续恶化、利比亚战争后遗症、叙利亚内战的久拖不决及其外溢效应均构成了有利于恐怖主义发展的肥沃土壤；"基地"组织利用转型阿拉伯国家的严重困难和利比亚战争、叙利亚内战等地区热点问题，积极进行意识形态和策略调整，力图将"阿拉伯之春"引向"基地"组织的发展轨道，使其生存能力和适应能力不断增强；美国中东战略和反恐战略收缩使恐怖主义面临的反恐压力下降，而美国在中东变局中执

---

① 丁俊、金云峰：《伊斯兰教与中国穆斯林文化论集》，上海古籍出版社，2014。
② 〔苏丹〕加法尔·卡拉尔·艾哈迈德（Gaafar Karar Atoned）：《跨越二千年的苏丹中国关系探源求实》，史月译，时事出版社，2014。
③ 姚匡乙、马丽蓉主编《丝路新篇——中阿合作论坛十周年论文集》，世界知识出版社，2014。
④ 刘中民：《恐怖主义缘何在中东强劲反弹?》，《社会观察》2014 年第 8 期。

行双重标准，违反国际法越境打击导致大量平民伤亡，进一步加剧了中东地区反美主义情绪的高涨，这些都构成了有利于恐怖主义发展的重要因素。刘中民著的《中东变局以来中东恐怖主义的新发展及其根源》①，阐释中东变局发生以来，"基地"组织阿拉伯半岛分支、伊斯兰马格里布分支和"伊斯兰国"等新老恐怖主义势力的活动十分猖獗。恐怖主义势力积极利用地区形势动荡扩充力量，传播恐怖主义意识形态，并发动了一系列恐怖主义袭击。除此之外，恐怖主义组织还积极利用利比亚战争、叙利亚内战和马里危机造成的混乱局势，广泛介入地区热点问题，进而对地区安全造成严重威胁，尤其是近期"伊斯兰国"的建立对中东地区格局产生了十分消极的影响。转型中的阿拉伯国家陷入长期动荡，宗教与世俗、民主与民生、改革与稳定等矛盾不断加剧，都构成了有利于恐怖主义发展的肥沃土壤；"基地"组织的战略调整尤其是意识形态调整，以及美国中东反恐战略的日趋功利化，也对中东地区恐怖主义的泛滥有重要影响。董漫远著的《"伊斯兰国"崛起的影响及前景》②，该文中提出的观点为："伊斯兰国"组织利用叙利亚、伊拉克乱局迅速崛起，已构成国际恐暴势力主干，不仅威胁叙、伊两国政权，而且催生"溢出效应"，对地区和全球安全构成挑战。"伊斯兰国"的崛起打乱了美国的中东战略部署，迫使美国调整地区议程，将遏制"伊斯兰国"扩张作为优先事项。但是，美国目前出台的相关举措局限性明显，恐难遏制"伊斯兰国"扩张势头，打击恐怖主义亟须扩大国际合作。王鸣鸣著的《中东乱局下的仇恨与杀戮——"伊斯兰国"突起的原因及挑战》③，作者认为从"伊斯兰国"的缘起、发展和壮大历程可见，其直接诱因是美军占领伊拉克、叙利亚内战和伊拉克政府对局势的失控。尽管"伊斯兰国"历史很短、规模有限，但其之所以能够异军突起，除了直接的诱因外，还有更为深刻的宗教与历史根源。"伊斯兰国"实力的壮大和地域的扩展，不仅对当地民众生命财产带来灾难，也对地区安全和全球稳定构成一系列意义深远的挑战。

---

① 刘中民：《中东变局以来中东恐怖主义的新发展及其根源》，《西亚非洲》2014 年第 6 期。
② 董漫远：《"伊斯兰国"崛起的影响及前景》，《国际问题研究》2014 年第 5 期。
③ 王鸣鸣：《中东乱局下的仇恨与杀戮——"伊斯兰国"突起的原因及挑战》，《当代世界》2014 年第 10 期。

二 西方研究新进展

国外中东学者、智库和媒体一直比较关注中东国家的政局变化、社会变革、经济发展形势和地区安全问题，长期进行跟踪研究和热点问题的重点研究。2014 年，对西亚北非问题研究的西文成果主要包括以下几个方面。

（一）对西亚北非地区国家经济形势的研究

持续三年多的中东乱局带来地区经济形势的不稳定甚至倒退，本年度大量西文著作聚焦地区当前的经济形势研究。代表作有：《中东经济与政治变革》①，揭示了中东政治变革对地区经济的影响；《巴勒斯坦的经济问题》②，此书突破了以往关于巴勒斯坦的介绍只关于巴以冲突的局限，而是从经济角度看待巴勒斯坦问题，分析得出巴勒斯坦建国的经济前提以及维持生存的经济底线等具有重大现实意义的问题。

（二）对中东变局的后续研究

2011 年中东剧变后，地区持续动荡，且程度不断加剧，2014 年出版的西文著作对其持续关注与研究。代表作有：《新中东："阿拉伯之春"后的世界》③，揭示中东变局后地区国家发展的特点以及地区总体局势；还有法齐·乔治斯著的《新中东：阿拉伯世界的抗议和革命》④，讲述"阿拉伯之春"后的中东变迁；大卫·罗迪著的《战争背后：对美国在新中东的作用与目标的再思考》⑤，对"阿拉伯之春"后美国的中东政策及其在中东的影响力进行评估。此外，还依国别出版了一套题为《理解当今中东国家》的丛书，深入分析各国在中东变局后的发展情况。

---

① Elias H. Tuma, *Economic and Political Change in the Middle East*, Routledge, 2014.
② Elias H. Tuma, *The Economic Case for Palestine*, Routledge, 2014.
③ Paul Danahar, *The New Middle East：The World After the Arab Spring*, Bloomsbury, 2014.
④ Fawaz A. Gerges, *The New Middle East：Protest and Revolution in the Arab World*, United States of America：Cambridge University Press, 2014.
⑤ David Rohde, *Beyond War：Reimagining America's Role and Ambitions in a New Middle East*, Penguin Books, 2014.

此外，对中东地区国家历史的研究依然继续，代表作有：英国学者威廉·R. 史密斯著的《以色列的先知及其历史地位》①；叶·普里马科夫著的《揭秘：中东的台前与幕后（20 世纪后半叶—21 世纪初）》②；埃里诺·塔吉安著的《冲突、征服与改变信仰：中东基督教宣教的两千年》③ 等，讲述历史，以古鉴今。

三　本土研究新进展

2014 年，西亚北非地区学者对本土研究著作较以往量多质高，主要集中在两个方面。

（一）对地区形势的研究

本年度内阿拉伯文著作中大部分为对西亚北非地区动荡国家及地区形势的研究。其中，既有对某一个动荡国家和转型过程的专门研究，尤以对地区大国埃及和地区顽疾巴以问题的研究居多，代表作有：《巴勒斯坦的苦难及其政治、军事因素》④，讲述自 1948 年后历次中东战争中关于巴勒斯坦问题的政治态度和军事做法；又有对地区动荡因素的研究，代表作有：《突尼斯革命与阿拉伯之春的化学性质》⑤，作者在书中驳斥了一些美国研究人员宣称的突尼斯、埃及等革命并未改变政权性质之说，而是认为一些变局国家已发生"化学变化"。还有对地区形势不同方面的研究，如《社会公平与发展模式》⑥，以埃及

---

① 〔英〕威廉·R. 史密斯：《以色列的先知及其历史地位》，孙增霖译，上海三联书店，2014。

② 〔俄〕叶·普里马科夫：《揭秘：中东的台前与幕后（20 世纪后半叶—21 世纪初）》，李成滋译，中国对外翻译出版公司，2014。

③ Eleanor H. Tejirian, Reeva Spector Simon, *Conflict, Conquest, and Conversion：Two Thousand Years of Christian Missions in the Middle East*, Columbia University Press, 2014.

④ الباحثالعربيمركزالعربية،والعلاقةالسياسيةامراأسرارأوفلسطينمحنةالجبورحاصخاص 2014، وداراسةالسياسات،.

⑤ الباحثالعربيمركزالعربي،والعلاقةالتونسيوالعربيعيميكياالكبسي،عليمحمد 2014 وداراسةالسياسات.

⑥ الباحثالعربيمركزالعربي،والتنميةوالعدالةالاجتماعيةالتنمويةماذجالسيوي،إبراهيم 2014، وداراسةالسياسات.

为案例研究了近年来的收入和财富分配情况，并将该研究延伸至其所处的阿拉伯世界乃至整个世界。此外，还有以色列学者多尔·戈尔德著的《耶路撒冷：伊斯兰激进派、西方及圣城的未来》①，预测耶路撒冷城的命运；伊朗学者阿卜杜勒·侯赛因·扎林库伯著的《波斯帝国史》②，阐述该国历史；霍马·卡图简、侯赛因·沙希迪编著的《21世纪的伊朗：政治、经济与冲突》③，展现伊朗现状并对未来做出预判；穆罕默德·萨拉曼著的《伊斯兰教、东方学与思想史：自伊本哈勒敦时期以来的现代性与排外政治》④，从思想和文化视角解读当前的政治问题。

（二）对地缘政治的研究

中东巨变不仅引发地区局势的大动荡，也促使大国与中东国家关系及其中东政策的调整，本年度的阿拉伯文著作对此着以重墨。主要代表作有《阿拉伯革命的地缘战略需要》⑤，该书中包含14名阿拉伯研究者对"阿拉伯之春"后阿拉伯世界的全方位研究。

四 中东学科取得的进展

2014年度，中国社会科学院西亚非洲研究所中东学科的科研工作者继续脚踏实地、奋力前行，在学科建设、学术研究、智库建设、对外学术交流等方面取得了丰硕成果。

在科研项目方面，中国社会科学院西亚非洲研究所的"中国对中东战略和大国关系""中东热点问题研究""中国与中东国家经贸与能源"三个创新

---

① 〔以〕多尔·戈尔德：《耶路撒冷：伊斯兰激进派、西方及圣城的未来》，王育伟、关媛译，世界知识出版社，2014。

② 〔伊朗〕阿卜杜勒·侯赛因·扎林库伯：《波斯帝国史》，张鸿年译，昆仑出版社，2014。

③ 〔伊朗〕霍马·卡图简、侯赛因·沙希迪编著《21世纪的伊朗：政治、经济与冲突》，李凤、袁敬娜、何克勇译，江苏人民出版社，2014。

④ Mohammad R. Salama, *Islam, Orientalism and Intellectual History: Modernity and the Politics of Exclusion Since Ibn Khaldun*, I. B. Tauris & Co Ltd, 2014.

⑤ الحاجات الاستراتيجية الجيوسياسية للثورات العربية، مركز الجزيرة للدراسات، مجموعة مؤلفين، 2014 ودراسة السياسات.

项目组，多次赴新疆、云南、陕西、浙江、上海等地积极开展调研，取得了丰富成果，并举办了一系列高质量学术研讨会。与此同时，还启动了"当代中东政治发展""当代中东国际关系"两大项重点课题研究。

在科研成果方面，中国社会科学院西亚非洲研究所中东学科在 2014 年度创作出大量重要的学术成果。主要体现在：首先，各个创新项目组及个人共写出数十篇调研报告，通过实地深入调查研究，发现问题、分析问题并对问题的解决提出对策建议，得到相关部门的重要批示。其次，涌现出大量兼具理论性与现实意义的学术论文，代表作有：王林聪的《土耳其大选与埃尔多安的"新时代"》[1]；朱泉钢、王林聪的《论军队在埃及变局及其政治转型中的作用》[2]；唐志超的《中东新秩序的构建与中国作用》[3]；王凤的《阿富汗总统选举及其政治发展态势研判》[4]；刘冬的《货物贸易视角下中海自贸区收益的实证分析》[5]；陈沫的《从苏丹和沙特阿拉伯研究案例透析中国石油企业的国际化经营》[6]；王建的《中东地缘政治格局变化与中阿经贸发展长远战略》[7]；姜英梅的《伊斯兰金融全球化发展及其在中国的发展前景》[8]；王琼的《国际法准则与"保护的责任"——兼论西方对利比亚和叙利亚的干预》[9]；王金岩的《利比亚战后政治重建诸问题探究》[10] 等，共 30 余篇。

---

[1] 王林聪：《土耳其大选与埃尔多安的"新时代"》，《当代世界》2014 年第 10 期。

[2] 朱泉钢、王林聪：《论军队在埃及变局及其政治转型中的作用》，《西亚非洲》2014 年第 3 期。

[3] 唐志超：《中东新秩序的构建与中国作用》，《西亚非洲》2014 年第 5 期，第 62 ~ 77 页。

[4] 王凤：《阿富汗总统选举及其政治发展态势研判》，《西亚非洲》2014 年第 5 期，第 12 ~ 27 页。

[5] 刘冬：《货物贸易视角下中海自贸区收益的实证分析》，《西亚非洲》2014 年第 3 期，第 65 ~ 81 页。

[6] 陈沫：《从苏丹和沙特阿拉伯研究案例透析中国石油企业的国际化经营》，《西亚非洲》2014 年第 5 期，第 116 ~ 128 页。

[7] 王建：《中东地缘政治格局变化与中阿经贸发展长远战略》，《西亚非洲》2014 年第 3 期，第 48 ~ 64 页。

[8] 姜英梅：《伊斯兰金融全球化发展及其在中国的发展前景》，《西亚非洲》2014 年第 2 期，第 45 ~ 61 页。

[9] 王琼：《国际法准则与"保护的责任"——兼论西方对利比亚和叙利亚的干预》，《西亚非洲》2014 年第 2 期，第 95 ~ 113 页。

[10] 王金岩：《利比亚战后政治重建诸问题探究》，《西亚非洲》2014 年第 4 期，第 133 ~ 147 页。

　　此外，中国社会科学院西亚非洲研究所中东学科重视对现实问题的应对研究，产生出一批具有重大现实意义的研究成果，主要体现在：共提交15篇报送信息并得到不同层次的批示；在多个媒体发表时政评论文章数十篇，评介中东热点问题。中东学人还多次接受各种中央和社会媒体采访，评论中东热点问题，提升社会影响力，如王林聪于2014年6月28日接受人民网理论频道专访评论《构建国际关系新秩序答案就在五项原则基本精神中》。

　　在学术交流方面，中国社会科学院西非洲研究所中东学科研究人员积极展开形式丰富和主题多元的学术交流合作。主要有：11月16日，西亚非洲研究所中东研究室在本所举办了库尔德问题学术研讨会；9月23日，西亚非洲研究所中东国际关系研究室主办了"美国的犹太和以色列研究"学术报告会；10月14日，西亚非洲研究所"中国对中东战略和大国与中东关系""中国与西亚非洲经贸能源关系"创新项目联合举办了"伊朗问题与中伊经贸能源合作研讨会"；10月24日，由中国社会科学院主办、中国社会科学院西亚非洲研究所承办、中国社会科学海湾中心协办了中国社会科学论坛——"迈向新的十年：中阿合作论坛框架下的中阿关系"国际学术研讨会；12月2日，西亚非洲研究所"中东热点问题与中国应对之策研究"创新项目组、《西亚非洲》期刊创新项目组、国际关系研究室举办了"2014年中东形势回顾与展望"学术研讨会；12月19日，社会科学院西亚非洲所举办了中国土耳其关系国际研讨会。

　　总体而言，2014年中国社会科学院西亚非洲研究所中东学科保持了持续繁荣发展的态势，并取得较大成绩，这与当前国家对中东等国家问题研究持续投入增加、中国与中东关系蓬勃发展密切相关。但是，从学科方面来讲，依然存在诸多不足。主要体现在：①中东学科的研究依然严重依赖于西方文献，我国的中东学科研究基础条件依然薄弱；②对中东的基本问题缺乏深入研究，基础研究不足，宏观多，微观少；③中东学科发展不平衡，历史、外交、政治研究发达，而宗教、文化、法律等方面投入不够；④创新性研究成果依然不够多。努力解决以上问题，则有可能把中东研究水平提到新高度。

Ⓨ.19
中东地区大事记

成 红*

1月

1月3日 "基地"组织分支"伊拉克和黎凡特伊斯兰国"宣称占领伊拉克首都附近重镇费卢杰,并成立"伊斯兰酋长国"。

1月5日 巴勒斯坦发电公司和以色列利维亚坦天然气公司签署一份协议,这家以色列公司将在未来20年内向巴方出售47.5亿立方米天然气,合同价值12亿美元。

1月6日 苏丹总统巴希尔对南苏丹首都朱巴进行短暂访问。访问期间,巴希尔与南苏丹总统基尔举行了会谈。

1月9日 突尼斯总理拉哈耶德正式向总统马尔祖基递交辞呈,马尔祖基同日授权新总理马赫迪·朱马组建新内阁。1月26日,突尼斯临时政府新任总理马赫迪·朱马向临时总统马尔祖基正式递交了组阁名单。

1月11日 以色列前总理阿里埃勒·沙龙因病医治无效,在特拉维夫去世,享年85岁。

1月13日 巴勒斯坦政府宣布,将重新开始申请加入联合国机构,以此作为对以色列持续扩建犹太人定居点的回应。

1月14~15日 埃及举行新宪法草案公民投票。公投通过的埃及新宪法规定,总统有权决定议会和总统选举的先后顺序。

1月15~17日 宁夏回族自治区党委书记李建华率领中共代表团对阿曼

---

* 成红,毕业于北京师范大学图书馆学系,中国社会科学院西亚非洲研究所科研处处长、研究馆员。

进行访问。访问期间，阿曼内阁事务副首相法赫德会见代表团。

1 月 16 日　伊朗外长扎里夫对俄罗斯进行访问。访问期间，扎里夫与俄总统普京、外长拉夫罗夫会谈。

1 月 17 日　中国—海湾合作委员会（海合会）第三轮战略对话在北京举行，中国外交部长王毅和海合会现任轮值主席国科威特第一副首相兼外交大臣萨巴赫共同主持。海合会秘书长扎耶尼、下任轮值主席国卡塔尔外交大臣助理鲁梅黑以及其他海合会成员国外交部负责人或外长代表参加。战略对话结束后，双方签署了《中华人民共和国和海湾阿拉伯国家合作委员会成员国战略对话 2014～2017 年行动计划》，并发表了《中华人民共和国和海湾阿拉伯国家合作委员会第三轮战略对话新闻公报》。同日，中国国家主席习近平在京会见了来华出席中国—海湾阿拉伯国家合作委员会第三轮战略对话的海合会代表团。

1 月 20 日　伊朗国家电视台报道说，伊朗已在当天中午 12 时停止最敏感的铀浓缩活动，作为履行伊朗核问题阶段性协议的实际步骤。

联合国秘书长潘基文通过其发言人发表声明宣布，鉴于伊朗当天的公开声明违反了此前的承诺，不认可会议的基础和目标，将不邀请伊朗参加 1 月 22 日在瑞士举行的第二次叙利亚问题国际会议。

1 月 22 日　第二次叙利亚问题国际会议在瑞士蒙特勒举行。美、俄、中等数十个国家的外长，叙利亚政府与反对派代表等出席会议。中国外交部长王毅应邀出席此次会议。王毅外长 1 月 20 日在京接受新华社和中央电视台采访时就政治解决叙利亚问题提出五点主张：一是坚持通过政治手段解决叙利亚问题；二是坚持由叙利亚人民自主决定国家的未来；三是坚持推进包容性政治过渡进程；四是坚持在叙利亚实现全国和解和团结；五是坚持在叙利亚及周边国家开展人道主义救援。

1 月 23 日　南苏丹冲突双方谈判代表在埃塞俄比亚首都亚的斯亚贝巴签署停火协议及解决有关"政治犯"的民族和解协议。这是南苏丹执政党苏丹人民解放运动内部自 2013 年 12 月 15 日爆发政治危机，进而导致大规模武装冲突以来，双方达成的首个停火协议。

1 月 25～31 日　叙利亚冲突双方在瑞士日内瓦进行首次面对面谈判。此次谈判进展甚微。在联合国—阿盟叙利亚危机联合特别代表卜拉希米主持下，双方就人道主义救援、结束暴力冲突和建立过渡政府等事宜阐述了各自的立场。

1 月 26 日 埃及临时总统曼苏尔宣布修改政治过渡"路线图",即先进行总统选举,然后进行议会选举。根据 2013 年 7 月埃及军方宣布的政治过渡"路线图",宪法公投后将进行议会选举和总统选举。

1 月 27 日 埃及武装部队最高委员会宣布,同意军方领导人塞西参加埃及总统选举。同日,埃及总统府宣布,临时总统曼苏尔签署总统令,授予塞西陆军元帅军衔,这是埃及最高军衔。

2月

2 月 7 日 中国国家主席习近平在俄罗斯索契会见阿富汗总统卡尔扎伊。

2 月 8~9 日 伊朗与国际原子能机构在德黑兰举行会谈,并发表共同声明,同意采取更多具体措施深化合作。

2 月 10 日 第二次叙利亚问题国际会议第二轮和谈在日内瓦举行。叙利亚政府、叙利亚反对派和革命力量全国联盟的代表在联合国—阿盟叙利亚危机联合特别代表卜拉希米的斡旋下展开谈判。2 月 14 日,和谈代表表示,第二轮叙利亚和谈未达成任何进展。

2 月 18~20 日 伊核问题六国(美国、英国、法国、俄罗斯、中国和德国)与伊朗在维也纳举行 2014 年的首次谈判。20 日,欧盟外交和安全政策高级代表阿什顿和伊朗外长扎里夫共同会见记者时表示,过去三天的会谈富有成效,各方确定了今后 4 个月谈判的时间表和相应谈判框架。

2 月 20 日 英国外交部发言人宣布,英国与伊朗同意从即日起,两国双边外交往来将通过双方互设的非常驻临时代办等官员直接进行,双方不需再通过各自委托的第三国来处理双边外交事务。

2 月 22 日 联合国安理会一致通过有关叙利亚人道主义问题的第 2139 号决议,要求叙利亚各方立即为联合国人道主义机构等提供迅速、安全、不受阻碍的通道,解除对居民区的包围,保证人道主义救援通过最直接的路线送达需要的民众。

2 月 24 日 德国总理默克尔抵达以色列,开始了为期两天的正式访问。访问期间,默克尔与以色列总理内塔尼亚胡举行会谈,并发表了共同声明。

埃及临时政府总理贝卜拉维通过国家电视台宣布，其内阁已经向埃及临时总统曼苏尔提出了辞呈。

3月

3月5~12日　中国中东问题特使吴思科在意大利出席利比亚国际援助部长级会议并访问巴勒斯坦、以色列，就促进利比亚经济社会重建、巴以和谈最新进展以及当前地区局势与国际社会有关各方交换意见。

3月13~16日　沙特阿拉伯王国王储兼副首相、国防大臣萨勒曼·本·阿卜杜勒-阿齐兹·阿勒沙特亲王对中国进行正式访问。访问期间，习近平主席会见了萨勒曼王储，双方就发展中沙战略性友好关系及共同关心的地区和国际问题深入交换意见，达成重要共识。

3月15日　突尼斯总理马赫迪·朱马抵达迪拜，开始其海湾五国之行的首站访问。

3月17日　此间正在美国访问的巴勒斯坦总统阿巴斯与美国总统奥巴马举行会谈。

3月17~20日　伊核问题六国与伊朗第二轮谈判在维也纳举行。

3月18日　巴勒斯坦政府宣布了在约旦河西岸进行石油开发的计划，并欢迎国际公司进行勘探与开采。

3月25~26日　第二十五届阿拉伯国家联盟首脑会议在科威特首都科威特城举行。本次会议的主题是"团结——为了更好的未来"，重点讨论叙利亚危机、反恐、巴勒斯坦问题和阿盟自身发展四个议题。会议发表了题为《加强团结以实现阿拉伯全面复兴》的《科威特公报》。

3月29日　美国总统奥巴马结束对沙特阿拉伯的访问。访问期间，奥巴马与沙特国王阿卜杜拉在沙特阿拉伯就地区和国际热点问题举行了会谈。

3月31日至4月4日　苏丹国民议会议长法提赫·伊扎丁应邀对中国进行正式友好访问。访问期间，中国国家主席习近平在京会见了法提赫议长。

4月

4月5日 阿富汗举行总统选举。5月15日，阿富汗独立选举委员会公布了总统大选投票结果，反对党领袖阿卜杜拉·阿卜杜拉和前财长阿什拉夫·加尼·艾哈迈德扎伊得票领先，但两人得票均未超过半数，大选进入第二轮投票。在第二轮投票期间，阿卜杜拉指责选举中存在舞弊，并表示拒绝接受第二轮投票结果，其支持者也威胁另立政府，大选陷入僵局。7月17日，阿富汗总统第二轮选举的选票核查工作正式启动。9月21日，阿富汗独立选举委员会宣布，前财长阿什拉夫·加尼在总统大选中获胜，但委员会并没有立即公布大选的得票情况。同日，加尼和参加总统选举最终角逐的反对党领袖阿卜杜拉·阿卜杜拉签署协议，同意组建团结政府，并确定了新政府的执政框架。根据协议规定，双方同意设立"政府长官"一职，由总统选举落选者担任。"政府长官"将作为政府部长会议的主席，行使相关职权，而内阁依旧由总统领导。9月29日，中国国家主席习近平特使、人力资源和社会保障部部长尹蔚民应邀赴阿富汗出席了当天举行的阿富汗新总统就职典礼。

4月8~9日 伊核问题六国与伊朗第三轮谈判在维也纳举行。本轮谈判的重点是商讨起草伊核问题全面协议，但并未取得突破性进展。

4月8~10日 以色列国总统希蒙·佩雷斯应邀对中国进行国事访问。访问期间，佩雷斯与中国国家主席习近平在京举行会谈，就发展中以关系深入交换意见，一致决定推动双边友好交流合作取得更大发展。

4月9日 美国国务院宣布，把活跃在埃及西奈半岛的极端组织"耶路撒冷支持者"列为恐怖组织，相关制裁措施包括禁止向该组织提供支持或与之进行交易，冻结其在美国境内所有资产。

4月13日 利比亚临时政府总理阿卜杜拉·萨尼向利比亚国民大会递交辞职信，并在政府网站发表声明宣布辞职。

4月17日 海湾阿拉伯国家合作委员会（海合会）成员国外长在利雅得举行特别会议。会后海湾各国外长签署了一份共同声明，决定结束数月来卡塔尔与其他海合会成员国间的外交危机。

阿尔及利亚举行总统大选，共有6位候选人参加本次总统角逐。4月18

日，阿尔及利亚内政部长贝莱兹宣布，现任总统布特弗利卡以 81.53% 的得票率再次赢得总统大选，经独立的最高选举委员会统计，本次总统大选投票率为 51.7%，符合法定的超过半数选民投出有效票的规定。4 月 28 日，阿尔及利亚总统布特弗利卡宣誓就职。

4 月 21 日 叙利亚人民议会在大马士革举行特别会议。叙利亚议长拉哈姆宣布，叙利亚总统大选将于 6 月 3 日举行，本月 22 日至 5 月 1 日期间进行候选人提名工作。5 月 4 日，叙利亚最高宪法法院宣布，包括现任总统巴沙尔在内，共有 3 人符合叙利亚总统大选的条件，从而正式成为 6 月总统大选的候选人。6 月 3 日，叙利亚总统大选的境内投票工作正式启动。6 月 4 日，叙利亚人民议会议长拉哈姆宣布，巴沙尔·阿萨德以 88.7% 的得票率连任叙利亚总统。本次叙利亚大选的境内外合法选民有 1584 万人，实际投票为 1163 万人，投票率为 73%。

利比亚制宪委员会在利比亚东部城市贝达召开首次会议，着手起草卡扎菲政权倒台后的首部宪法。

4 月 23 日 哈马斯和法塔赫达成一份旨在结束巴勒斯坦内部长达 7 年分裂的和解协议，同意在未来 5 周内组建联合政府，并在联合政府成立后 6 个月内举行全国大选。4 月 24 日，以色列总理办公室发表声明，决定中止与巴勒斯坦方面的和平谈判。

4 月 28 日 埃及明亚省一法院判处 683 名埃及穆斯林兄弟会成员及支持者死刑，其中包括穆兄会最高决策机构指导局前主席穆罕默德·巴迪亚。

4 月 29 日 巴勒斯坦和以色列为期 9 个月的和谈即日到期，双方分歧依然严重，未达成任何协议，此轮和谈再次以失败告终。

4 月 30 日 伊拉克开始新一届国民议会选举投票。这是伊拉克在美国撤军后举行的第一次议会选举。5 月 19 日，伊拉克公布新一届国民议会选举的初步结果。

5月

5 月 4 日 利比亚国民议会选举艾哈迈德·马蒂格为利比亚新一任临时政府总理。

5月5日 中国人民解放军海军第十六批护航编队指挥舰盐城号导弹护卫舰驶入突尼斯拉古莱特港，与此前进港停泊的洛阳号导弹护卫舰、太湖号补给舰会合，开始为期三天的访问活动。

5月9日 南苏丹冲突双方在亚的斯亚贝巴签署停火协议。双方重申遵守1月23日在亚的斯亚贝巴签署的停火协议，并将在24小时内停止敌对行动。

5月12日 第三届中非民间论坛在苏丹首都喀土穆开幕。论坛围绕"分享经验、深化合作、付诸行动——中非人民共同实现减贫脱困的目标"主题，讨论如何以务实高效的共同行动改善中非人民福祉，巩固中非人民友谊。中国国家主席习近平向第三届中非民间论坛致贺信。

5月13日 土耳其西部马尼萨省索马地区的一处煤矿爆炸并起火，事故造成至少238名矿工遇难，超过300人仍被困井下。14日，土耳其政府宣布开始为期三天的国家哀悼日，全国降半旗向遇难矿工致哀。16日，中国国家主席习近平向土耳其总统居尔致慰问电。

5月14日 伊朗核问题六国与伊朗第四轮谈判在维也纳正式开始，双方开始着手进行解决伊核问题全面协议案文起草工作。

5月16~21日 土耳其共和国总统阿卜杜拉·居尔应邀对中国进行国事访问，并出席在上海举行的亚洲相互协作与信任措施会议第四次峰会。

5月18日 埃及两家地方法院对160余名穆斯林兄弟会成员及其支持者判处10~15年监禁，他们被控在去年的暴力袭击事件中违反法律。

利比亚军方军事警察部队司令穆赫塔尔·费尔纳纳宣布解散国民议会，并由制宪委员会代行议会职能，同时现政府留任至新一届议会选举举行。

5月18~26日 中国国务院副总理刘延东应邀对以色列和克罗地亚进行正式访问，并出席首届以色列创新大会。

5月19日 中国国家主席习近平在上海会见来访的阿富汗总统卡尔扎伊。

5月20~22日 伊朗伊斯兰共和国总统哈桑·鲁哈尼应邀对中国进行国事访问。访问期间，鲁哈尼出席了21日在上海举行的亚洲相互协作与信任措施会议第四次峰会。22日，中国国家主席习近平在上海同鲁哈尼举行会谈。

5月21日 亚洲相互协作与信任措施会议第四次峰会在上海举行。阿富汗总统卡尔扎伊、伊朗总统鲁哈尼出席此次会议。中国国家主席习近平主持会议并发表题为《积极树立亚洲安全观 共创安全合作新局面》的主旨讲话。

习近平主席邀请亚信主席国土耳其总统特别代表、外长达武特奥卢发言。达武特奥卢总结了土耳其担任主席国以来所做的工作，宣布土耳其向中国移交主席国职权。中国正式接任 2014～2016 年亚信主席国。峰会发表了《亚洲相互协作与信任措施会议第四次峰会上海宣言》。

埃及开罗刑事法院宣布，埃及前总统穆巴拉克因挪用公款修缮总统府被判处三年监禁。

5 月 22 日　联合国安理会就法国等国提交的将叙利亚局势提交国际刑事法院安理会决议草案进行表决。由于中国和俄罗斯行使否决权，决议草案未获通过。

5 月 26 日　叙利亚外交部宣布约旦驻叙利亚使馆代办为"不受欢迎的人"。叙利亚外交部称，此举是针对当天早些时候约旦方面驱逐叙利亚大使的回应。叙利亚外交部已经禁止约旦驻叙利亚使馆代办进入叙利亚领土。

5 月 31 日　黎巴嫩内政部宣布，面对大批叙利亚难民不断涌入黎巴嫩，黎内政部从 6 月 1 日起实施一项限制叙利亚难民入境的新规定。同日，黎巴嫩内政部发表声明说，这项新规定是加强管理叙利亚侨民进出黎巴嫩的举措之一，其内容包括在联合国难民署登记注册的叙利亚难民一旦离开黎巴嫩返回叙利亚后再次来到黎巴嫩将失去难民身份。该规定将从 6 月 1 日起实施。

6月

6 月 2 日　巴勒斯坦总统阿巴斯宣布成立新一届联合政府，同时宣布长达7 年的国家内部分裂正式结束。

6 月 2～5 日　科威特首相贾比尔·穆巴拉克·哈马德·萨巴赫对中国进行正式访问。访问期间，中国国家主席习近平会见了贾比尔，李克强总理与贾比尔举行了会谈。6 月 5 日，贾比尔出席了在北京举行的中国—阿拉伯国家合作论坛第六届部长级会议开幕式。

6 月 5 日　中阿合作论坛第六届部长级会议在北京举行。中国国家主席习近平出席会议开幕式并发表题为《弘扬丝路精神，深化中阿合作》的重要讲话。中国和阿拉伯国家的外长或代表及阿盟秘书长出席会议。本届部长级会议就中阿合作论坛发展建设、中阿关系、加强中阿各领域务实合作以及双方共同

中东黄皮书

关心的国际、地区问题进行全面、深入的讨论。同日，习近平主席在京会见来华出席中阿合作论坛第六届部长级会议的阿拉伯国家代表团团长。

6月8日 埃及当选总统阿卜杜－法塔赫·塞西在开罗最高宪法法院宣誓就职，任期四年。习近平主席特使苗圩出席埃及总统就职典礼。6月4日，中国国家主席习近平致电祝贺阿卜杜勒－法塔赫·塞西当选埃及总统。

6月9日 美国和伊朗从即日起在日内瓦举行为期两天的高层直接会谈，就伊朗核问题进行谈判，这是美、伊数十年来第一次举行高层直接会谈。

6月17日 埃及新总统塞西就任后的首届内阁在开罗宣誓就职。

6月20日 伊核问题六国与伊朗第五轮谈判在维也纳结束。经过五天谈判，六国和伊朗拟出了一份供下一步磋商的工作文本。

6月25日 利比亚举行国民代表大会选举。7月21日，利比亚国家最高选举委员会公布选举最终结果，总共200个议席中的188个席位得以确认，剩余席位将通过补选获得。7月23日，利比亚国民议会发表声明宣布，将于8月4日向新一届议会——利比亚国民代表大会移交权力。

7月

7月1日 中共中央政治局常委、国务院总理李克强在京会见来访的南苏丹副总统、苏丹人民解放运动副主席瓦尼。

7月2~15日 伊朗与伊核问题六国第六轮谈判在维也纳举行。此间，谈判双方举行了一系列多边和双边外长级磋商。但是由于分歧过大，未能取得明显突破。

7月7日 伊拉克总理马利基在巴格达会见中国中东问题特使吴思科，双方主要就双边关系和当前伊拉克局势等问题深入交换了意见。

7月8日 以色列国防军宣布，以军已经向加沙地带发起代号为"保护边界"的军事行动。

7月10日 联合国秘书长潘基文任命意大利前副外长斯塔凡·德米斯图拉为联合国秘书长叙利亚问题特使，接替于今年5月辞职的前联合国—阿拉伯国家联盟叙利亚危机联合特别代表卜拉希米的工作。

7月15日 伊拉克国民议会举行第三次会议，逊尼派议员萨利姆·朱布里当选新一届国民议会议长。

联合国安理会一致通过了关于叙利亚人道主义问题的第 2165 号决议，授权联合国人道主义机构及其执行伙伴跨越边界线和冲突线，为叙利亚人民提供紧急人道主义救援。

7 月 21 日 中国中东问题特使吴思科在开罗会见阿盟秘书长阿拉比，双方就中阿关系、巴勒斯坦问题及地区热点问题交换了意见。同日，吴思科特使在开罗会见了埃及外交部部长助理扎耶德，双方就巴勒斯坦当前局势和中埃关系发展交换了意见。

7 月 23 日 中国中东问题特使吴思科在多哈会见卡塔尔外交大臣阿提亚。

7 月 24 日 中国中东问题特使吴思科在多哈会见巴勒斯坦伊斯兰抵抗运动政治局领导人迈沙阿勒。

7 月 25 日 中国国家主席习近平就阿尔及利亚航空公司客机坠毁事件分别致电阿尔及利亚总统布特弗利卡、法国总统奥朗德表示慰问。

7 月 26 日 由于利比亚首都的黎波里的激烈武装冲突持续，美国宣布临时关闭其驻利比亚使馆。

8月

8 月 3 日 中国外交部长王毅在与埃及外长舒凯里举行会谈后共见记者时发表中方解决巴以冲突五点和平倡议。

8 月 4 日 利比亚国民代表大会在东部城市图卜鲁格召开首次会议，阿基拉·萨利赫·伊萨当选议长。

8 月 8 日 美国国防部宣称美国已向伊拉克北部发动空袭。两架美军战机当天携带激光制导炸弹轰炸了伊拉克北部极端组织"伊拉克和黎凡特伊斯兰国"的自行火炮阵地。

8 月 9 日 埃及最高行政法院裁定解散穆斯林兄弟会下属的自由与正义党。2011 年 4 月，埃及最大政治派别之一的穆兄会宣布成立自由与正义党，由穆尔西任党主席。

8 月 10 日 土耳其总统选举投票开始，5000 多万选民将在全国各地投票

选出新总统。这是土耳其首次举行总统直选，3名候选人分别是执政的正义与发展党领导人埃尔多安、共和人民党和民族行动党联合提名的候选人伊赫桑奥卢和人民民主党候选人德米尔塔什。8月11日，土耳其最高选举委员会宣布，根据最新统计结果，现任总理、执政党正义与发展党主席埃尔多安在首次总统直选中获胜，将成为土耳其第十二任总统。8月28日，土耳其当选总统埃尔多安在大国民议会宣誓就职，正式出任土耳其共和国第十二任总统。中国国家主席习近平特使陈雷出席土耳其总统就职典礼。

8月12日 埃及总统塞西抵达俄罗斯索契开始访问，这是塞西担任总统以来首次访俄。

利比亚国民议会通过决议，今后利比亚总统将通过全民投票直选产生。

8月13日 以色列代表团正式抵达开罗，同巴勒斯坦方面进行"间接"谈判。

应伊拉克库尔德自治区紧急要求，法国总统奥朗德即日正式宣布，法国将在数小时之内向伊拉克库尔德武装提供武器。

8月16~18日 国际原子能机构总干事天野之弥访问伊朗，并同伊朗总统鲁哈尼等众多伊朗高级别官员就如何进一步扩大双方之间的合作和推动解决伊核问题进行磋商。8月20日，伊朗外交部发言人阿芙哈姆表示，伊朗与国际原子能机构已就核查路线图达成一致。

8月18~22日 南苏丹共和国外交与国际合作部长巴尔纳巴·马里亚尔·本杰明应邀对中国进行访问。

8月19日 由中国向叙利亚民众提供的人道主义物资交付签字仪式在叙利亚大马士革的叙利亚红新月会总部举行。

8月20日 利比亚政府宣布重新开放该国最大的石油出口港锡德尔港。该港口开放后，利比亚的原油日出口量将达到56万桶。

8月26日 巴勒斯坦总统阿巴斯宣布，加沙地带巴以停火于当天19时开始生效。

8月26~28日 苏丹共和国外交部长卡尔提应邀对中国进行访问。

8月31日 以色列政府宣布将约旦河西岸约400公顷（合4平方千米）土地收归国有。这一举动被认为是以色列准备在该地区建立永久性犹太定居点的开端。

9月

9月3日 中国外交部发言人秦刚宣布，即日起，宫小生大使将接替吴思科大使担任中国中东问题特使。

9月7日 阿拉伯国家联盟成员国外长在开罗举行会议，并在会后发表联合声明，表示各成员国要采取一切必要措施共同打击"伊斯兰国"等恐怖组织。

9月8日 伊拉克国民议会表决通过了候任总理阿巴迪提交的新一届内阁大部分成员名单，并正式批准阿巴迪出任伊拉克总理。

9月10日 中国—阿拉伯国家友好年暨第三届阿拉伯艺术节开幕式在北京举行，中国国家主席习近平发来贺信，祝愿友好年活动圆满成功。

美国总统奥巴马宣布，将对极端组织"伊斯兰国"实施"系统的"空袭，包括对该组织在叙利亚境内目标采取行动，以求将其"削弱"并最终予以"摧毁"。美国还推动其他国家加入打击"伊斯兰国"的广泛联盟。

9月15日 埃及一家刑事法院判处穆斯林兄弟会最高决策机构指导局前主席穆罕默德·巴迪亚等15人终身监禁。

9月19日 伊朗与伊核问题六国第七轮会谈在美国纽约启动。这也是7月份伊朗与伊核问题六国达成的阶段性协议到期以来举行的第一次谈判。此次谈判的目的旨在化解分歧，尽早达成伊核问题全面协议。

9月21日 来自也门西北部的什叶派胡塞武装占领了首都萨那的一座政府大楼，此前，该武装已经控制了国家电视台、电台和萨那北部一处军事基地。同日，也门总理巴桑杜宣布辞职。本轮也门冲突的导火索是也门政府7月30日大幅提高民用燃油价格，引发民众不满，导致持续一个多月的大规模抗议示威活动。

也门政府与胡塞武装组织在首都萨那签署停火协议，标志着双方持续近一周的武装冲突结束。

9月22日 伊朗军队和伊斯兰革命卫队在伊玛目霍梅尼陵墓附近举行阅兵活动，纪念两伊战争爆发34周年。

利比亚国民代表大会在东部城市图卜鲁格举行会议，大会投票通过新一届

内阁人选名单，但国防部长一职暂时空缺。

9 月 25 日 巴勒斯坦国内两大政治派别巴民族解放运动与巴伊斯兰抵抗运动的代表团在开罗举行会谈，就双方之间的所有问题达成一致，并签署内部和解协议。

9 月 30 日 阿富汗和美国代表在喀布尔签署阿美《双边安全协议》，协议将递交阿富汗国民议会审议。该协议生效后将为美国 2014 年后继续在阿驻军提供法律依据。

10月

10 月 5 日 英国财政部宣布，根据欧盟法院的裁决，英国将解除对伊朗 5 家相关机构和伊朗商人的制裁。

10 月 18 日 伊拉克国民议会召开会议，会议表决通过了总理阿巴迪提交的内政部长和国防部长等空缺内阁职位人选。

10 月 24 日 埃及总统塞西签署总统令，宣布西奈半岛北部部分地区自 25 日 5 时起进入为期 3 个月的紧急状态。

10 月 27 日 以色列总理内塔尼亚胡批准在东耶路撒冷的犹太人定居点修建 1060 套新住宅，这一计划立即引起巴勒斯坦人强烈抗议。

10 月 28~31 日 阿富汗伊斯兰共和国总统阿什拉夫·加尼·艾哈迈德扎伊对中国进行国事访问。访问期间，习近平主席同加尼总统举行会谈。会谈后，两国元首共同见证了两国政府经济技术合作协定等文件的签署。双方还发表关于深化中阿战略合作伙伴关系的联合声明。10 月 31 日，加尼总统出席了阿富汗问题伊斯坦布尔进程第四次外长会议开幕式。

10 月 30 日 瑞典外交部发表声明，宣布瑞典正式承认巴勒斯坦国家地位，并将在 5 年内提供 15 亿瑞典克朗（约合 2 亿美元）的经济援助和其他形式的人道主义援助。

由突尼斯制宪议会任命的"全国最高独立选举委员会"主席沙菲克·萨尔撒正式宣布议会选举结果，在野的突尼斯呼声党获得议会 217 个席位中的 85 个，赢得议会大选，成为未来突尼斯新议会席位最多的政党及政府的第一大执政党。

10 月 31 日 40 多个国家和国际组织的高级官员在北京出席阿富汗问题伊斯坦布尔进程第四次外长会议。会议发表了《阿富汗问题伊斯坦布尔进程北京宣言》。中国国务院总理李克强与阿富汗总统加尼共同出席了会议开幕式并致辞。

11 月

11 月 1～9 日 中国全国政协主席俞正声应邀对阿尔及利亚、摩洛哥、巴林和约旦四国进行正式友好访问。

11 月 3～4 日 卡塔尔国埃米尔塔米姆·本·哈马德·阿勒萨尼应邀对中国进行国事访问。

访问期间，中国国家主席习近平在京同卡塔尔埃米尔塔米姆举行会谈。两国元首共同宣布，建立中卡战略伙伴关系，推动两国务实合作迈上更高水平。会谈后，两国签署了"一带一路"、金融、教育、文化等领域的合作文件。双方还发表了中卡关于建立战略伙伴关系的联合声明。

11 月 11 日 俄罗斯国家原子能公司与伊朗原子能组织在莫斯科签署关于在伊朗新建核电机组的一揽子协议。

11 月 14 日 阿富汗新任总统阿什拉夫·加尼抵达伊斯兰堡，开始对巴基斯坦进行为期两天的正式访问。

11 月 15 日 阿联酋内阁举行会议，宣布将"东突厥斯坦伊斯兰运动"等全球 85 个非法组织及团体纳入恐怖主义组织名单。

11 月 15～17 日 中国国家主席习近平的特使、中共中央政治局委员、中央政法委书记孟建柱在德黑兰分别会见伊朗第一副总统贾汉吉里、副总统阿明扎德、最高国家安全委员会秘书沙姆哈尼等，并与内政部长法兹利会谈。双方就扩大和深化中伊双边关系，特别是推进执法安全合作交换意见，达成重要共识。

11 月 23 日 以色列总理办公室发表声明称，以内阁于当天批准了将以色列定义为"犹太国家"的法律草案。

突尼斯开始全国总统投票活动。

11 月 24 日 伊朗和伊核问题六国发表共同声明，决定将达成伊核问题全面协议的谈判期限延长至明年 6 月 30 日，并力争在明年 3 月 1 日前达成政治

协议。中国外交部长王毅出席了当日在维也纳举行的伊朗核问题六国与伊朗外长会议。

联合国举行"声援巴勒斯坦人民国际日"纪念大会。中国国家主席习近平向大会致贺电。

11月25日 第三届中阿妇女峰会在阿联酋的阿布扎比举行，会议围绕妇女参政议政、培养女性领导力和女性企业家的贡献等主题展开广泛讨论。

11月27~28日 摩洛哥国王穆罕默德六世应邀对中国进行国事访问。

11月29日 埃及开罗刑事法院做出撤销对埃及前总统穆巴拉克涉嫌"谋杀示威者"和"经济贪腐"两项指控的决定。

11月30日 俄罗斯经济发展部长乌柳卡耶夫对外宣布，俄拟于近期开始向伊朗出口粮食和工业品以换取石油。

12月

12月2日 法国国民议会以339票赞成、151票反对的投票结果通过了承认巴勒斯坦国家地位的决议。

12月3日 以色列议会宣布将于2015年3月17日提前举行大选。在随后举行的解散本届议会动议投票中，解散议会法案以84票赞成、0票反对、1票弃权的压倒性多数得以通过。

12月4日 中国人民对外友好协会、中国阿拉伯友好协会在北京举行招待会，纪念"声援巴勒斯坦人民国际日"并庆祝"中阿友好日"。

12月6日 英国外交部发布声明称，将在巴林建立永久军事基地，这将是自1971年英国从中东地区撤军以来，在该地区建立的第一个军事基地。

12月9日 第三十五届海湾阿拉伯国家合作委员会首脑会议在卡塔尔的多哈举行。会议发表多哈声明，决定组建统一的海湾国家海军部队，以应对各成员国面临的安全挑战和海上威胁。会议同意以阿联酋迪拜为总部设立"地区警察力量"。会议重申了对政治解决也门及叙利亚冲突的支持，并谴责了目前在利比亚发生的军事冲突。会议还讨论了巴以问题、海合会国家与伊朗关系、全球油价下跌以及反恐等议题。

中国政府向伊拉克库尔德自治区提供的人道主义救援物资运抵库尔德自治

区首府埃尔比勒。

12 月 22 日　突尼斯最高独立选举委员会宣布，突尼斯呼声党领导人埃塞卜西在总统选举第二轮投票中胜出。

12 月 22～25 日　埃及总统阿卜杜勒－法塔赫·塞西应邀对中国进行国事访问。访问期间，两国元首就中埃双边关系及深化两国各领域合作进行了正式会谈，并就共同关心的国际和地区问题交换意见。两国元首共同签署了《中埃关于建立全面战略伙伴关系的联合声明》。两国还签署了经济、贸易、航天、能源等领域合作文件。

12 月 28 日　以美军为主的北约驻阿富汗国际安全援助部队在喀布尔举行仪式，宣布正式结束在阿富汗的战斗任务。

Abstract

The Annual Report on Development in the Middle East (2014 – 2015) takes low oil prices and the impact on the Middle East as the special subject, because the collapse of oil prices constitutes the important change of development environment facing all the Middle Eastern countries since last year. The report explores the sources and prospects of the lower oil prices and the possible impact on the Middle East economies and on the geo-politics of the region. Around this special subject, 4 chapters are devoted to the specific research on OPEC's position and roles in the world oil markets, Saudi Arabia's market behavior, the changes of Middle East financial markets and the prospects of the Iranian nuclear negotiation.

The report believes that this round of oil price decline has resulted not only from the changes of demand and supply in the world oil markets, but also from geo-political games between the external and regional powers as well. Instead of being a short term phenomenon, it could mark the beginning of a new cycle of low oil prices that may last for years. Though the Middle East economies are divided into oil exporters and oil importers, sustained low oil prices may produce more negative than positive effects on the Middle East economy in general, as even the benefits of lower energy import cost to the oil importers would be offset by the poor export prospects due to the continued economic recession in Europe. The lower oil prices may also produce some effects on Middle East geo-politics, promoting the Iranian nuclear negotiation, but would not affect the multi-polarization trends of Middle East geo-political structures.

The report reviews and analyses the latest development of the Middle East political situation over the past year and defines the situation as characterized by turbulence with governance. It discusses the emergence and expansion of ISIS and the crisis in Yemen on the one side, and elaborates the smooth elections and succession in a number of countries on the other side, analyzing the ideas of governance by the new leaders of Egypt, Saudi Arabia, Tunisia, Turkey and Afghanistan, and the gradual process of back to governance in some countries that experienced the choc of "Arab Spring" movement.

The report also reviews and analyses the markets development in the Middle East, with specific focus on latest changes in the trade of goods, contracted construction projects and investment markets. A summary of the research works on Middle East published home and abroad over the past two years and a chronology of the Middle East events are also included in this report. These market assessment and documentation provide reliable information for those who follow the markets trends and research progress about the Middle East.

Keywords: Middle East Economy; Middle East Politics; Middle East Markets; Middle East Studies Oil Prices; ISIS

Contents

Ⅶ Ⅰ Main Report

Abstract: International oil prices have collapsed since the second half of 2014. Apparently, this sharp change resulted from the unbalanced demand and supply, as well as from the geo-political situation in the Middle East. The in-depth driving forces however, are related to a game of strategic interests. This game could drive the international oil marked into a new low price cycle that may last for years. A sustained low price cycle may produce more negative than positive impact on the Middle East economy. It may also play a role in promoting the Iranian nuclear negotiation but would not change the multi-polarized geo-political structures in the Middle East.

Keywords: Oil prices; Middle East; Geo-politics

Ⅶ Ⅱ Special Report

Abstract: From the perspective of resources, production and exports, OPEC is the world's most important oil supplier, and its importance in the international oil market is still rising steadily in recent years. However, from the point of view of organizational mechanism, due the reason that production constraint mechanism keep loose, quota observance rate keep falling, OPEC is also gradually losing its cartel glamour. In OPEC, only several core countries led by Saudi Arabia still delivers influences to the international oil market positively at this moment. And for the current oil policies, OPEC devoted itself to keep the oil demand and supply on a "modest" tense balance. Although this policy does not help to dampen short-term fluctuations of oil prices, it is still very important for maintaining and influencing the high oil prices equilibrium formed in the new century.

Keywords: OPEC; Cartel; Oil Prices

Y. 3   An Analysis of Saudi Arabia's Market Behavior *Chen Mo* / 029

Abstract: During the low oil price period since 2014, Saudi Arabia did not play the classical role and reduce production. Instead, it earned high profit due to the changes in prices of the international oil market and maximized its market share, which serves the strategic profit of the country and ensures its leading position in the oil market. The way Saudi Arabia relies on its reserves, sovereign wealth fund and liquidity can prevent itself from the shock of low oil price.

Keywords: Saudi Arabia; Oil Price; Market Behavior

Y. 4   Impact of Low Oil Prices on the Middle East Financial And Investment Market *Jiang Yingmei* / 044

Abstract: Due to differences in natural endowments and economic structure, the impact of low oil prices on Middle East oil-exporting countries and oil-importing countries are not the same. Low oil prices improve the current account balance and fiscal situation of oil importing countries while deteriorate the current account balance and fiscal situation of the oil-exporting countries. Low oil prices increased banking exposure risks, but the banking system still remains resilient. Low oil prices weaken the stock market and other capital market but these markets still remain optimistic. Low oil prices led to the fall of FDI, sovereign wealth funds and project finance market, but market potential is still high. All in all, in the near term, the impact of low oil price on Middle East financial and investment market are controllable. However, if the oil price goes down for longer time, it is not optimistic for Middle

中东黄皮书

East financial and investment market.

Keywords: Low Oil Price; Investment; Finance; Bank; Sovereign Wealth Funds; FDI

Y. 5　The Impact of Low Oil Price on the Economy
　　　and Nuclear Issue of Iran　　　　　　　　　*Lu Jin* / 068

Abstract: From February to November, 2014, Iran and the "5 +1" countries held as many as 10 rounds of negotiations for reaching a final agreement on Iran's nuclear issue. Though more common grounds were achieved by the parties concerned, a big gap remained on some focal issues, which twice caused the deadline of the negotiations to be extended. Both Iran and the U. S. are in need of a comprehensive agreement, the facts that threats from ISIS remain and oil price continues to plummet make both sides render great concessions, and all parties of the negotiation are jointly moving in the same direction. On April 2, 2015, a framework agreement was reached between Iran and the "5 + 1" countries in Lausanne, Switzerland, which won wide applause among the international society, meanwhile contradictory interpretations of some key concepts of the agreement by Iran and the U. S. caused disputes and doubts. Many obstacles remain before a final agreement can be signed prior to June 30, however, a peaceful resolution of Iran's nuclear issue is the general trend and popular feeling.

Keywords: Iran Nuclear Talks; Low Oil Price; Lausanne Framework Agreement; Final Agreement

Y. 6　Lagged Effect of Global Economic Changes and the
　　　Middle-East Economy　　　　　　　　　*Jiang Mingxin* / 082

Abstract: In 2014 the world economy underwent many significant changes, such as the consolidation of global economic recovery, the differentiation of economic growth among the major economies, the US normalization of monetary policy as well as the slump of international oil prices, all these factors have made and will make great impacts on the Middle East economy. However, due to the lagged effects of the world economic changes, especially that of the oil price in the international futures market, the Middle East economies followed by and large their trend in 2013 during most of time in 2014, namely, most influenced by the slow decline of international oil price and rapid change of the regional security situation. On the one hand, the fiscal balances in most Middle East oil exporters were weakening while their economic growth remained steady, this underscored their financial dependence on oil and sensitivity of their economies to oil prices, on the other hand, the Middle East oil importers depend much less on oil than those oil-exporting countries do, so that their economic performance varied according to the difference of their major economic partners.

Keywords: International Oil Price; Security; Middle East; Economy

Ⅶ Ⅲ Regional Situation

Y. 7 The Issues of "Islamic State" and its Regional Influences

Wei Liang / 108

Abstract: In recent years, the "Islamic State" has made big progresses and achievements in Iraq and Syria. All the successes can be attributed to its policies in different aspects and the whole regional chaos. At the same time, the growth of "Islamic State" also affects the Middle East policy of the United State and global fights against terrorism. Although military actions have made obvious scores, but the roots of its survival still remain, and ISIS can be easily contained but hard to be destroyed.

Keywords: ISIS; Developing Progress; Policies; Regional Influences

Y. 8 Interpretation of the Yemen Crisis in 2015   *Wang Jinyan* / 130

Abstract: Since September 2014, Houthi armed group in Yemen launched an

armed uprising to expand the scope of control, which raised the domestic crisis after its regime change in 2012. During 2015, the crisis is deteriorating and expanding: Houthi militia fought for more rights and controls of the country, while the government retreated one step after another. Because of sectarian conflict, geopolitics and some other factors, Saudi-led coalition carried out air strikes on Houthi's positions in Yemen. Now the crisis is still continuing, its future has not yet been clear. This crisis was caused by many reasons from both in and out of Yemen, and it will exert an all-round and deep influence on Yemen and the region.

Keywords: Yemen; Houthi Armed Group; Crisis

Y. 9　The Situation in Egypt: Fragile Stability　　*Wang Lincong* / 143

Abstract: Since the constitution was promulgated and Abdel Fattah Al-Sisi was elected as president in 2014, Strongman leadership returns to grip Egypt, the political transition is slow, and the political situation is relatively stable; through broadening the sources of income and reducing expenditure, Egypt has gradually resumed growth in the economy; Egypt's diplomacy is proactive to rebuild regional power status. However, on the other hand, Egypt faces an increasing threat of terrorism, the extremist thoughts keep spreading, and the public security condition is grim; the economic development lacks driving force, and the structural problems of Egypt's economy remain unchanged. Therefore, although Egypt has embarked on the road of stabilization, it is still facing a long-term and complex challenge. The current stability of Egypt is still fragile, and a prospect for the future remains uncertain.

Keywords: Political Stability; Transitivity; Resumed Growth; Extremism; Fragility

Y. 10　Reflection on the Sources of Turmoil and
　　　 Industrialization Path of Egypt　　*Tong Fei* / 159

Abstract: The development of Egyptian industrialization is full of bumpy,

different Presidents made different strategies of the industrialization. Because lacking of
suitable strategy of industrialization, the outbreak of popular movement in Egypt
overthrow the regime in 2011. Egypt should strengthen its' Labor-intensive
industries, to give full play to the advantages of demographic dividend and location
advantage, and make Egypt become the world-factory in the future, and lay the
foundation of the sustainable development of industrialization. At present, there are
many new opportunities and challenges for the cooperation of China and Egypt.

Keywords: Egypt; Industrialization; China-Egypt Cooperation

Y. 11   Succession in Saudi Arabia and Outlook   *Tang Zhichao* / 171

Abstract: The throne Succession problem has been long plagued the Saudi royal
family, and is also an important sensitive issues of national stability. As time went on,
"old brother eventually end, young brother up" traditional inheritance pattern is
facing increasingly severe challenges. After King Abdullah died, prince Salman
ascended the throne smoothly. By now, transition to the throne looks smooth, king
Salman's status is stable. But Salman will face many challenges, including succession
issue, a drop in oil prices, and the growing deteriorating regional security situation.

Keywords: Saudi Arabia; Throne Succession; Challenge

Y. 12   Governing Ideas of the New President of Turkey

Zhang Bo / 188

Abstract: Erdoğan is one of the most influential statesmen of the Republic of
Turkey. He served as the President of the AKP party and Turkish Prime Minister for
a long time. Turkish politics has undergone a transition from liberal conservatism to
authoritarianism. The AKP government has taken control of the military. The AKP
party has promoted many amendments to the Turkish constitution. The reconciliation
process of the Kurdish issue has made great progress. The AKP government gave an
iron-handed response to the Taksim protests and the Gülen movement. In March

中东黄皮书

2014 The AKP party won the local election. In August 2014 Erdogan was elected president of Turkey. President Erdogan is making efforts to amend the constitution, empower the presidency and build a New Turkey.

Keywords: Erdogan; the AKP Party; New Turkish Model; New Turkey

Y. 13   Presidential Election and Policy Orientation of Afghanistan

Wang Feng / 201

Abstract: With the withdrawal of the US troops, the third presidential election has been held in Afghanistan in 2014. Political crisis has ever been resulted from large quantities of fraud cases, yet been relieved with the help of the US, and Ghani has finally been elected as the new president. The new government has facilitated its ties with the US and the NATO, repaired the bilateral relations with Pakistan and gained the needed aids from other neighboring countries. However, the struggle for political powers within the new government will persist and therefore might have negative impact on the stability of Afghanistan in the future.

Keywords: Afghanistan; Presidential Election; Withdrawal of the US Troops; Taliban

Y. 14   Tunisia's Political Transition: Completion and Inspiration

Dai Xiaoqi / 214

Abstract: Many Arab countries have faced drastic changes, only Tunisia has achieved smooth transition. In 2014 Tunisia ended its transition and established a new political system after the landmark political process for 4 years, which includes 3 stages: the establishment of a new constitution, the parliamentary election, the presidential election. The paper explains why Tunisia gets rid of the turmoil first, introduces its political stages and potential changes, analyzes its new administration program and predict the opportunities and challenges. With the new government facing many problems in security, economy and society, it still has something to do in these fields. Under the leadership of the new government, Tunisia is expected to restore its economic competitiveness and achieve social stability.

Keywords: Tunisia; Political Process; Secularism

Ⅳ Market Trends

Y. 15 FDI Trends in West Asia

Abstract: Till 2014 the value of inwards-FDI flow of West Asia Region has been decreasing continuously for 6 years, whereas the M&A investment value in 2014 of several countries in the region increased vigorously after a sharp declining in 2013. The values of the stock and flow of China's direct investments in West Asia all grew in high speeds in 2013. The varieties of China's investment industries included energy, manufacturing, construction, communication, etc. International institutions gave negative accessions for the future prospecting of West Asia investment environment whereas only few economies there will improved marginally. Nevertheless, the growth status and future trends of China's investment in West Asia will be rather hopeful. Through consolidating energy areas, exploring manufacturing area, urge with engineering project contracting mutually, carefully coping with risk and difficulties, the China's FDI in West Asia will have a brighter future.

Keywords: Inwards-FDI-value; China's Investment; Investment Environment; Future Prospecting

Y. 16 Construction Markets in West Asia

Abstract: 2014 West Asian governments invested heavily in large-scale infrastructure construction projects, and will be playing host to the World Expo in Dubai, Qatar world cup and other favorable factors drive, resist the low oil prices situation in some areas and the impact of the construction market turmoil, infrastructure construction has become an important part of Western Asia in international project contracting market. International engineering contracting

中东黄皮书

enterprises in China firmly grasp the "along the way" the implementation of the strategy and infrastructure investment banking in Asia establishing favorable opportunity, the implementation of territorial management, to overcome the shortage of labor etc. difficulties, performance in the western region increased steadily. Looking to the future, the influence of West Asia building market economy and market adjustment is still large, the security and political factors influence to further improve, will further intensify competition, but infrastructure construction especially cross-border infrastructure construction will remain the West Asia region construction market is an important direction of development.

Keywords: West Asia; Construction Market

Y. 17 Foreign Trade Development in West Asia *Zhou Mi* / 249

Abstract: Due to changes of different factors, the international trade of West Asian countries declined in whole. The gap among the countries is reducing. The trade structure is also adjusted with the low price of oil in the international market. Gulf Cooperation Council (GCC) and Organization of Petroleum Exporting Countries (OPEC) have guaranteed the harmonization of trade and economy and promote the trade in this region. The low price of oil promotes the development of non-oil trade and speed up the transformation of trade in this region. The bilateral trade between China and Western Asian countries keeps its track to develop with larger volume and less imbalance. Export from China is more diversified. With the promotion of the Belt and Road (B&R) strategy and resumption of China-GCC negotiation's expectation, the bilateral trade between China and Western Asian Countries will move into a stage of better structure, more fields and innovation of cooperation modes under promotion and protection of better mechanism.

Keywords: West Asia; Foreign Trade; The Belt and Road

Ⅴ Documentation

Abstract：During the year 2014, the turbulence in the Middle East is going on, the future of the region is still vague, the hot issues have not been solved. Under these circumstances, the Middle East research communities all over the world have made a rapid-enhancement and yield plentiful results on politics, economics, culture, society and other respects. The characteristics of the studies in this year are as follow：Chinese scholars do their studies relevant to "One Belt and One Road Initiative" which was unveiled by Chinese president Xi Jinping in 2013; Western scholars pay attention to trace to the source of the turmoil in the region; most of the studies from the local scholars turn to geopolitics; while the scholars in the institute of West-Asian and African Studies raise more valuable suggestions based on its research, which highlights the role of a think-tank.

Keywords：Middle East Studies; Discipline Building; Progress Development

法 律 声 明

　　"皮书系列"（含蓝皮书、绿皮书、黄皮书）之品牌由社会科学文献出版社最早使用并持续至今，现已被中国图书市场所熟知。"皮书系列"的LOGO（🔖）与"经济蓝皮书""社会蓝皮书"均已在中华人民共和国国家工商行政管理总局商标局登记注册。"皮书系列"图书的注册商标专用权及封面设计、版式设计的著作权均为社会科学文献出版社所有。未经社会科学文献出版社书面授权许可，任何使用与"皮书系列"图书注册商标、封面设计、版式设计相同或者近似的文字、图形或其组合的行为均系侵权行为。

　　经作者授权，本书的专有出版权及信息网络传播权为社会科学文献出版社享有。未经社会科学文献出版社书面授权许可，任何就本书内容的复制、发行或以数字形式进行网络传播的行为均系侵权行为。

　　社会科学文献出版社将通过法律途径追究上述侵权行为的法律责任，维护自身合法权益。

　　欢迎社会各界人士对侵犯社会科学文献出版社上述权利的侵权行为进行举报。电话：010-59367121，电子邮箱：fawubu@ssap.cn。

社会科学文献出版社